IF THE OCEANS WERE INK

AN UNLIKELY FRIENDSHIP AND A JOURNEY TO THE HEART OF THE QURAN

古蘭似海

用生活見證伊斯蘭聖典的真諦

卡拉・鮑爾——著　　葉品岑——譯

目錄

第二部——家

第三部——世界

編輯的話

伊斯蘭究竟是怎麼樣的一個宗教？穆斯林朝夕拜頌的《古蘭經》究竟說些什麼？隨著新移民的湧入，台灣人已經逐漸習慣在街頭上看到纏著頭巾的穆斯林婦女，但是台灣本地的伊斯蘭信徒不到六萬，因此大多數人對它仍然相當陌生。有限的瞭解可能僅來自於片段的新聞報導，如被迫蒙面的婦女、極端主義者在伊拉克炸毀古文明遺跡等等。它們並未深入對方的社會與文化脈絡。我們仍然不知道穆斯林是誰。

《古蘭似海》正是一本想要協助讀者從零開始認識伊斯蘭的作品。十分有趣的是，儘管作者卡拉．鮑爾女士本身是長年報導中東、伊斯蘭事務的著名記者，理論上應該對伊斯蘭瞭若指掌，但當她回顧她的職涯卻發現，多年來她撰寫的報導只是滿足西方主流媒體的商業利益與文化上的刻板印象，強調「西方」與「伊斯蘭」之間的差異與衝突：

> 衝突和文化異數是新聞產業的兩大驅動渦輪，不過，它們在西方媒體對伊斯蘭世界的報導中尤其占據核心。這情況一部分得歸因於後九一一時代真實發生的戰爭。可是其他媒體部

門的專題故事，也鮮少對永無止境的衝突故事做出平衡報導……主流西方媒體對其經文的內容更是絲毫不感興趣。為雜誌報導伊斯蘭世界故事的十七年之中，不曾有編輯請我以《古蘭經》為題或引用《古蘭經》，然後探討穆斯林對那些文字的理解。

更發人深省的是，即使當西方人開始想要認真瞭解穆斯林，依然只是用西方的認知框架為他們貼上標籤，在穆斯林群體當中劃分「喜歡我們的」與「討厭我們的」。這類報導其實旨在鞏固西方的價值體系，而無視於穆斯林真正的內在心靈，不探索他們究竟是誰：

> 穆斯林也會買股票，和平常人一樣！他們與人社交！運動健身！喝清真精力飲料！這些文章固然脫離了以聖戰分子和全蒙面罩袍等刻板形象簡化伊斯蘭世界的層次，但它們仍是在「相同」與「不同」的陳腔濫調之間流連忘返。它們仍視西方文化為北極星，是一切其他文化必須據以改變自己的燈塔。這些文章的核心是西方文化及其偏見，而不是為呈現真正的伊斯蘭文化。

換言之，異文化之間的交流並不只能靠大量的「資訊」，它需要的更是一種「態度」。你是不是真的想知道對方在想什麼？你是不是能設身處地理解對方的處境？甚至，你是不是願意打開心胸、放下成見，相信對方的傳統與智慧也有值得學習借鏡之處？還是只是擺出優勢文明的姿態，以自身的價值為標竿，指點對方的不是？謙虛的提問、誠懇的學習，正是鮑爾女士寫作此書的初衷。

賦予本書靈魂的是鮑爾的摯友阿卡蘭。他有跨文化的多重身分，既在伊斯蘭世界中享有崇高的「謝赫」身分，也在牛津大學這個現代學術之殿堂占有一席之地。前一個身分讓他必須把西方價值帶回伊斯蘭，包括在仍然非常守舊的印度農村自己募款創辦女子穆斯林學校（並遭到鄰里的抵制）、在講經課堂中向穆斯林移民解說汽車貸款是否符合《古蘭經》教義、指甲油上是否可以有貼花；後一個身分讓他必須把伊斯蘭介紹給西方，為此他寫了一本《女聖訓專家：伊斯蘭的女性學者》，從古老文獻中挖掘出原來女性曾經在伊斯蘭世界扮演著一點也不亞於男性的公共角色。

阿卡蘭還是一位父親、丈夫、兄弟、「納德瓦烏拉瑪學校」校友與另一位「謝赫」的徒弟。鮑爾為了撰寫本書不僅拜阿卡蘭為師研讀《古蘭經》，更貼身跟隨他去旅行、採訪他的家人。阿卡蘭與其他穆斯林的互動構築了本書的骨肉。他怎麼看待他的家族義務？他只有小學四年級畢業、不懂英文的妻子如何適應移民生活？以及，可能是外人最好奇的，這位保守派穆斯林的父親要如何在一個多元文化、性解放的時代教育他的六個女兒，而且還教得相當好？

然而，阿卡蘭最重要的角色毫無疑問是一位虔誠的穆斯林。在本書中他反覆提到，做一個好穆斯林最重要的就是「虔信精神」（taqwa）——亦即把自己全然地交託、奉獻給真主。然而很遺憾的是，很多穆斯林忘了宗教的內在精神，而只是為尋求身分認同的建立而追逐表面的儀式與姿態。阿卡蘭呼籲面對徬徨與誤解的穆斯林回歸到信仰本身：

政治斬獲是短暫的，但後世是永恆的。對阿卡蘭來說，穆斯林的真正獎勵不在前一九六七年的巴勒斯坦邊界，也不在任何穆斯林國家裡。事實上，獎勵不在這個物理世界，而是在真主賜給敬慕祂的人的永恆世界裡。

正是在「信仰的本質」之中，阿卡蘭似乎在伊斯蘭與非伊斯蘭之間建立了對話的橋梁，也是《古蘭似海》一書最大的價值所在。我們真的都是自我最終的主人嗎？我們的成功一定只由此生此世的成就來評價嗎？在浩瀚恆常的宇宙之間，我們是不是需要更多一點的謙卑？《古蘭經》的教誨在此與基督教的《聖經》、猶太教的《妥拉》沒有太大的不同。

在這趟探索之旅中，從小浸淫在都市中產階級之世俗主義與個人主義的鮑爾女士受到很大的震撼：始於研讀《古蘭經》，終於對自身宗教、道德、人生價值的反省。各位讀者或許不是穆斯林，也或許沒有特定宗教信仰，但許多問題對所有人類來說應當是共通的。

導讀

伊斯蘭的人生觀

趙錫麟
台北清真寺教長
國立交通大學通識中心兼任助理教授

「伊斯蘭」或是我們俗稱的「回教」在最近二十年來，逐漸演變成一個熱門的名詞，主導世界潮流的西方新聞媒體也在最近的三十餘年裡，把伊斯蘭從一種傳統的宗教信仰逐漸改變成帶有食古不化、落伍封建、偏激狂熱、暴力恐怖等意義的字眼。

而現實世界裡的眾多穆斯林族群或國家，也因為政治、經濟、社會等因素，多數處在動盪不安的狀況下，徘徊於保守與激進的潮流裡。或許我們可以用「今天我們可以在世界許多地方發現許多虔誠並謹遵教規的穆斯林大眾，但是難以找到標準的伊斯蘭國家」這句話來概括今天的伊斯蘭世界。今天在許多穆斯林的生活裡仍然保留著傳統的伊斯蘭倫理與正向積極、寬容共存等優點，但是還無法將他們的理念完全帶入當前的政治、經濟制度裡。

大致簡單的說明，近代多數的亞非地區穆斯林族群，都是在脫離歐洲列強殖民後，才開始自主建國。我們從世界政治地圖上不難發現這廣大的穆斯林生活地區，他們的國界大多並非依照自然地理規畫，而是有許多人為的界定，一條歐洲人畫的直線就分割了不少的穆斯林族群。諸如北非、中東的一些國界、就連南亞的印度、巴基斯坦與孟加拉，彼此之間除了著名的印巴喀什米爾糾紛外，也仍然存在著不少尚待解決的「未定界」與飛地。遑論肥沃月灣地區裡的庫德族被畫分在五六個國家裡，還有無獨有偶的北非圖瓦雷克族群（Tuareg），被分別歸屬在阿爾及利亞、利比亞、尼日、馬利、布吉納法索等撒哈拉大沙漠周邊不同國家；足以證明列強殖民罔顧當地人文民情，真是情何以堪！

當這些被殖民地區獨立後，如何依照各地的人文建國，絕非短期內可以達成目標；而眾多的列強利益糾纏著那些具有戰略價值的伊斯蘭地區，更使得局面變的糾纏不清，而經過長期殖民統治的民眾，徘徊在傳統與西方的不同價值觀裡。再加上人為的種種因素，還有近代氣候變遷帶來的天災，使得許多地方的穆斯林無法安居樂業，這就是為何許多信仰伊斯蘭教的信眾聚居地區動亂的主因。

《古蘭似海：用生活見證伊斯蘭聖典的真諦》（*If the Oceans Were Ink: An Unlikely Friendship and a Journey to the Heart of the Quran*）這本書以現代英倫的學術背景連接上傳統的印度大陸穆斯

林，藉著一位西方女記者學習了解伊斯蘭的經典《古蘭經》與討論、參訪穿插，探討伊斯蘭的人生觀，對《古蘭經》做出了深入淺出的闡釋，值得一般大眾參考。本書同時提出一個重要並且嚴謹的課題：從「東方學」的角度探討研究甚至批判與伊斯蘭相關的事務，其產生的結論，必然不同於穆斯林從信仰的角度發展出來的伊斯蘭文化與典章制度。

事實上，伊斯蘭的人生觀可以概括的從瞭解人類在這個世界扮演的腳色開始：《古蘭經》描述人類在地球上的地位，就是代理造物主開發經營大地：「當時，你的主對天使們說：我必將在大地上設置代理者……」（二章三十節）。真主安拉造化不同的族群的理由乃是讓人類互相競爭向上：「祂以你們為大地的代理者，並使你們中的一部分人超越另一部分人若干等級，以便祂考驗你們如何享受祂賞賜你們的恩典…」（六章一百六十五節）。

代理的身分讓人們的生活具有使命感，人類必須積極努力謀求美好的生活，經營開發創造良性競爭。安拉將認可每一個人的努力與他的業績。而人類認真面對生活，除去在今世可以享受之外，將來在後世裡還能獲得安拉賞賜與慈憫。

真主安拉給全人類的生活目標與使命，不會有雙重的標準或特例。伊斯蘭的宇宙觀念明確凸顯人類的自主與因此而負起的責任，以及分享的義務與權利。「眾人哪！敬拜養育你們的主，祂造化了你們與你們以前的人類，你們必須敬畏。」（二章二十一節）「信奉天經的人們哪！讓我們共同遵守一種雙方認為公平的信條……。」（三章六十四節）「眾歸信的人哪！你們應當敬畏安拉，個人應當想一想，自己為明日準備了什麼……。」（五十九章十八節）「你們是人類裡最好的族群，你們命人行善，阻人作惡，確信安拉。假若信奉天經的人確信正道，那對他們是更好的。」（三章一百一十節）

穆斯林一向相信，上帝造化的人都是平等的。在某些今天亞洲與非洲的伊斯蘭社會，雖然存有王公與庶民的差異，但在很多場合，他們接受完全平等的對待。在慶典或民俗中，凡是賓客全部被一視同仁，甚至臨時路過的外人也被熱情招待。中文說的「以客為尊」在伊斯蘭世界也是相通的。在弔唁、慶祝、民俗節日中，身分較高的客人不會特別誇耀他的財富或權位，只是參與共享。在較傳統的阿拉伯半島上，有些國家沒有現代西方的議會，因此從我們的觀點來看可能是落後專制的。但他們會有合理的申訴管道，可以直通最高的統治階層，這些高層會定時地開放讓任何人、任何意見都可以在公共場合暢所欲言。這種管道比起西方的代議制度有時似乎還更有效。表面上他們確實還是極權，但人家有人家傳統的管道。

伊斯蘭教義明確指出，人類社會是多元共存的寬容社會。寬容的涵義是指，容許不同信仰與觀念的存在，而不能以個人好惡為標準來處理事情；或許用當下流通的「同理心」來解釋寬容，較能達到普及的概念。諸如飲食的偏好，甜酸苦辣香臭各有所好，不能勉強，也無法勉強。伊斯蘭倡導全人類的共同利益，是不分種族、地區、時空的，而且在顧及大眾利益的同時，也寬容的尊重與區別不同的習俗、語言、種族，儘量保留包括信仰、習俗等文化特色。

真主沒有讓世人全都歸信伊斯蘭，而僅有一部分世人歸信伊斯蘭：「如果安拉意欲，大地上所有的人都已歸信了」（十章九十九節）。「祂曾創造你們，但你們中有不信道的，有信道的，安拉是明察你們的行為的」（六十四章二節）「假若你的主意欲，祂必使眾人變成為一個民族，他們將繼續分歧，除去那些你的主所憐憫的人，祂為這件事而創造他們……」（十一章一百一十八至九節）意即人們永遠處於不同觀點的矛盾之中，他們的宗教、信仰與宗派都不一樣。

但是人類必須妥善處理彼此的關係，如同他們必須處理好自己與造物主之間的關係一樣。伊斯蘭律法裡是建立在遵守承諾的基礎上：「眾歸信的人們啊！你們當履行約言……」（五章一節）、「你們應當履行諾言，諾言卻是將被審問的。」（十七章三十四節）這在現代的國際法裡面也存在同樣的法理。雙方訂定了協議或條約，就必須遵守，不能輕易地違約。而雙方的互相承認與互惠，就已經說明友好的關係，雖然信仰、習俗不同，但是絕非敵人更不能開戰。《古蘭經》說：「那些未曾因為你們的宗教而對你們作戰，也未曾把你們從故鄉驅逐出去的人們，安拉並不禁止你們善待他們，與他們公平往來，安拉確實是喜愛公平行事的人們。」（六十章八節）這為寬容互惠奠定了法理基礎。

穆斯林的實際生活裡，必須誠實面對真主安拉，真誠對待世人，伊斯蘭嚴責雙重標準。例如《古蘭經》中說：「眾歸信的人們哪！你們為什麼說你們不去做的事情呢？在安拉那裡，你們說你們所不做的，是極為可恨的。」（六十一章二至三節）表裡不一，是嚴重違反伊斯蘭信仰的行為。

在伊斯蘭的歷史中，先知穆罕默德，祈求安拉賜他平安，在遷徙到麥地那以後，召集當地的阿拉伯部落、猶太部落、基督徒與穆斯林共同簽訂了《麥地那協定》，規範平等對待全體民眾，共同合作抵禦外侮。先知穆罕默德後來率領大軍不戰而光復麥加，寬恕了麥加的敵人，並未報復殺戮。先知從未強迫任何人歸信伊斯蘭，後來的聖門弟子也都是採取寬容政策，善待非穆斯林。

世界各地的穆斯林仍然將這個傳統保留至今，我們可以從歷史上在西班牙長達七百年的穆斯林文化中發現穆斯林與基督徒、猶太人共同發展出來的燦爛文明。而阿拉伯世界中留存至今的非伊斯蘭信仰、伊朗的祆教、東南亞地區的穆斯林寬容的接納了來自中國與印度的非穆斯林共同生活至今，都印證了伊斯蘭的寬容。《古蘭似海》在第一章中提到有西方知識分子懷疑沒有溫和寬容的穆斯林，然而，誠如作者卡拉·鮑爾所言，諸如塔利班等團體並未真正理解、遵循伊斯蘭。

相對的，我們也可以發現，偏激與恐怖的產生，都是因為人類社會的教育、倫理、寬容的同理心出現了危機而產生的；這些缺陷是絕對與宗教或族群、地區無關。我們必須思考：如何為消彌人類社會裡的一些歧見而貢獻一份心力？或許台灣的讀者能從《古蘭似海》當中找到伊斯蘭宗教對這個問題的回答。

序言

行旅地圖

十一歲時，我在開羅某清真寺外的小攤子，買了一本寫著古蘭經文的迷你小書。護身符的設計是為方便放進口袋，好讓持有者能夠隨時獲得慰藉。我並非穆斯林，也識不得阿拉伯文；我買它不是看上書裡的文字，而是喜歡它的小巧。一旁的攤子老闆娘困惑地看著我對火材盒般的小書驚聲讚嘆。我當時和家人住在埃及，回到家後，我拿一小張紙貼住封面，以蠟筆畫了個穿藍色連身長禮服的女人，並寫下，「簡愛，夏綠蒂．勃朗特著。」接著把書放進玩具娃娃蠟黃的手裡，玩偶動也不動地坐在我位於開羅的臥房壁架上。

小書比玩偶長壽：超過四分之一個世紀之後，在聖路易（St. Louis）某個黏膩的夏日午後，我從雙親屋裡的一個珠寶盒找到它。來自市集攤販的脆弱商品成功抵禦歲月摧殘堪稱奇蹟；而我竟能在因塞滿異國紀念品而被朋友戲稱為「阿拉丁洞穴」的三層樓房找到它，更是奇蹟中的奇蹟。總之我找到了那本小冊子，它和父親在中東與亞洲時積極收藏的戰利品放在一起：來自開羅的數盞清真寺燈、成堆印度錦緞和刺繡、數尊布哈拉（Bokhara）*莎慕瓦（samovar）†、數個青金岩盒子、堆積如山的部落珠寶，以及上百條地毯。

我的節選《古蘭經》遺落在上述戰利品之中。再次發現它時，我已懂得為當初以幼稚念頭包裝他人聖典的自己感到臉紅。我重拾此書的那個夏天，受九一一事件後的黯淡時局籠罩，許多激烈言論宣稱這是一場伊斯蘭世界和西方世界的「文明衝突」。當喀布爾和巴格達的自殺炸彈攻擊以及舉世震悸的阿布格萊布（Abu Ghraib）‡仍記憶猶新，我的兒時遊戲顯得麻木不仁。

那時，我不僅繼承父親遊歷伊斯蘭世界的興趣，而且我童年對小書的驚嘆也因為研究和報導穆斯林社會變得成熟。這些年下來，我的《古蘭經》又多了幾本。大學時期，我為選修的一門伊斯蘭入門概論課，購入美金五塊九九的平裝本。它擺在我的書櫃，紙張廉價粗糙，書背幾近斷裂。二十幾歲的時候，我在牛津大學底下的伊斯蘭智庫工作，收到沙烏地阿拉伯政府免費贈送的《古蘭經》。藍色牛皮裝幀，燙金草寫體，它是一九九〇年代，沙烏地阿拉伯為官方政治宣傳目的，分送全球的數百萬本贈書之一。第三本《古蘭經》是鸚鵡綠色，封面還有粉紅花朵裝飾。打開書本：一朵玫瑰押花、一些枯萎的茉莉花，以及兩張開羅歌劇院的票根——某個浪漫暑假在埃及遊學的時光遺物。光是我的書架上就有三個《古蘭經》譯本，各自代表三種象徵意義：一本是教科書，另一本是國家贊助的政治宣傳工具，最後一本是個人回憶的貯藏庫。

不過，我的《古蘭經》僅揭露此書象徵性潛力的鳳毛麟角。由於穆斯林視《古蘭經》為真主的話語，它不僅以文字提供慰藉和啟發，而且是眾人表達敬意的對象。這種力量也導致文本的政治化。對著群眾揮舞，可引發革命和戰爭。焚燒或玷污，會觸發外交衝突和人命損失。它曾被引用為寬恕辯解；也曾被錯誤地引用，以合理化大規模屠殺。在這個移民和科技將其訊息散布到傳統國度之外的時代，《古蘭經》在歐美有著可觀的影響力。偶爾，它成為不寬容勢力的攻擊對象。幾名荷蘭政治家曾試圖將它列為禁書。一名佛羅里達州的傳道者放火燒它，並透過網路串流直播毀壞過程。美國大兵在阿富汗焚燒《古蘭經》的新聞引發多起示威和殺戮事件。當北卡大學（University of North Carolina）把《古蘭經》節選列入暑期閱讀書單，右翼團體提起訴訟，聲稱閱讀《古蘭經》將干擾學生的宗教自由。[1]

《古蘭經》最初是西元七世紀沙漠旅行商人穆罕默德（Muhammad）所接收到的一連串啟示。短短二十載內，這些文字在阿拉伯半島演變成一股精神、社會和政治力量。今日，《古蘭經》的影響寰宇天下。自從先知穆罕默德聽到第一則啟示的一千四百多年後，古蘭經文持續改變地緣政治，以及許多人的世界觀。作為地球成長最快速的宗教[2]的聖典——伊斯蘭教有十六億信

---

* 譯注：位於今日烏茲別克境內。

† 譯注：一種盛行於俄羅斯的金屬製茶炊。

‡ 編注：指美軍二〇〇三年占領伊拉克後，於伊拉克阿布格萊布監獄發生的虐待戰俘事件，引發人權爭議。

徒，全球普及性僅次於基督教——它是成千萬上億萬人的道德指引。連同穆罕默德言行研究，《古蘭經》一直是憲法、領導風格和法律的基石。它的話語為政權增添合法性——同時提供反抗政權的正當理由。閱讀它是理解人性的先決條件。

然而，後來我才發現，讀過它的人少之又少。誠如其他博大精深的文本，《古蘭經》多數時候只是被人援引，而非精心研讀，而且人們經常將它解讀得有別於原意。懷抱敵意且不負責任的讀者指控《古蘭經》雜亂無章。虔誠穆斯林也承認，儘管《古蘭經》遣辭用句優雅莊嚴，有些段落只是令讀者徒增困擾。事實上，很多學習《古蘭經》的人對它所用的古典阿拉伯文一知半解，就連一流的「穆斯林學校」（*madrasa*）*也傾向忽略《古蘭經》，偏好教授有關伊斯蘭律法或哲學的古典作品，亦即比《古蘭經》遲到數百年的那些文本。更有許多人不曾動過讀它的念頭，無論是恭順的穆斯林或滿心好奇的非穆斯林。甚至《古蘭經》本身也表明其蘊含的無限可能：

假若以海水為墨汁，
用來記載我的主的言辭，
那麼，海水必定用盡，
而我的主的言辭尚未窮盡，
即使我們以同量的海水補充之。（十八章：一〇九節）†3

《古蘭經》受到富族群多樣性的「社群」（*umma*，指全球穆斯林社群）人口崇奉，閃耀出炫目光芒。舊金山民權律師從中發現自由真諦的篇章（*sura*）‡，在西元十二世紀開羅神職人員眼中強調的卻是約束。蘇丹的「毛拉」（*mullah*）§將某命令解讀為要求妻子服從，印尼妻子卻可能把同一段文字詮釋為對平等和慈愛的呼籲。從馬克思主義者、華爾街銀行家、專制君主、民主人士，到恐怖分子和多元主義者，人人皆能在經文中找到支持其理念的段落。

---

* 譯注：阿拉伯語，字面意思為「學習的地方」，泛指伊斯蘭世界所有類型的學校，包括世俗及宗教學校。因此穆斯林學校實際上就是學校，只不過穆斯林即便能說英語，仍然稱他們的學校為madrasa，而不是school。為避免school和madrasa中譯後無法辨識，madrasa通篇譯作「穆斯林學校」。

† 譯注：本書《古蘭經》之中譯大多採用馬堅譯本，偶而根據作者採用之英譯之變化而略做調整。各種《古蘭經》中譯本之異同比較，可參見：http://www.islam.org.hk/cqse/cqse.asp。

‡ 譯注：阿拉伯語，意為被籬笆或牆所圍起來的，特指《古蘭經》的章。

§ 編注：伊斯蘭文化中有多種對尊長的敬稱。「毛拉」意指伊斯蘭教中的宗教導師。本書主角阿卡蘭的稱謂「謝赫」（Sheikh）則通常是對長者的尊稱，有賢達、智者之意。「毛拉那」（maulana）為阿拉伯文，意指「我們的大師」。「伊瑪目」（imam）本意為「站在前面的人」，引伸有領袖、教長之意。在什葉派中，伊瑪目（Imam）則指伊斯蘭世界的最高領導人。中文中另有從波斯文傳來的「阿訇」一詞，意義略同於教長、謝赫。

結識「謝赫」阿卡蘭

帶我讀《古蘭經》的伊斯蘭學者「謝赫」莫哈瑪德・阿卡蘭・納德維（Sheikh Mohammad Akram Nadwi），曾告訴我一則古老的印度笑話。印度教徒登門拜訪穆斯林鄰居，想借一本《古蘭經》。「沒問題，」穆斯林說。「我們有很多！我現在就去書房拿一本。」一週後，印度教徒又上門。「非常感謝，」他說。「真是迷人的書。但我在想，能不能跟你借另外一本《古蘭經》？」

「呃，你不是正拿著嗎，」穆斯林說。「世上的《古蘭經》都一樣，你那本就是了。」

「我知道，我讀了，」印度教徒回道。「可是我需要穆斯林們依循的那本《古蘭經》。」

「這笑話所言不假，」阿卡蘭說。「發動『聖戰』（*jihad*）*和成立伊斯蘭國家的那些言論，《古蘭經》根本就沒提到！」

我們在牛津大學一間辦公室裡啜飲著茶，時間是九一一事件後兩年。我當時是《新聞週刊》（*Newsweek*）雜誌的記者，到牛津大學伊斯蘭研究中心（Oxford Centre for Islamic Studies）找阿卡蘭串門子。這間智庫是九〇年代我和他初識之處，也是當時他仍任職的地方。我們那天談論了持有飛行員執照的憤怒年輕人、躲在洞穴裡指天罵地的罪犯、綽號「滾球」（daisy cutters）的炸彈，以及血債血還等話題，和地球上其他數百萬對友人並無二致。

我們聊天的房間被書桌填滿，紙張四散，貌似某潦倒民兵組織的總部。牆壁上掛著多幅南亞地圖，上頭標著箭頭和紅色的小X記號，從開伯爾山口（Khyber Pass）以北一路延伸至孟買以南。書架上印有阿拉伯文和烏爾都文金色壓花體的書脊，閃閃發光。以英文、烏爾都文或波斯文標籤分類的活頁夾簿，合起來占據好幾個書櫃。

我從其中幾本活頁夾簿認出自己的筆跡。十年前，這就是我和阿卡蘭的工作。我們同在一組學者團隊做研究，目標是繪製伊斯蘭於南亞傳布的軌跡，成員當中有穆斯林，也有西方人，不過除了我之外，清一色都是男性。為區別他和其他在牛津大學伊斯蘭研究中心工作的莫哈瑪德，我和同事們都叫他「毛拉納」（*Maulana*）或「謝赫」，這是對伊斯蘭學者的傳統尊稱。

他是一位了不起的學者。我們初識時，他年僅二十七，卻已是全球傳統「宗教學者」（*ulama*，也就是穆斯林的宗教權威）圈子的明日之星。儘管生長在印度北方邦（Uttar Pradesh）講烏爾都語的小村莊，他在鄉下小鎮的穆斯林學校把阿拉伯文練得極好，青少年時期已開始學習阿拉伯文寫作語法。後來他到印度拉克瑙（Lucknow）極負聲望的穆斯林學校「納德瓦烏拉瑪學校」（Nadwat al-Ulama）就讀，畢業後留下來任教並從事寫作。他最初的專長領域是聖訓（*hadith*），也就是先知穆罕默德的言行，聖訓不僅是「伊斯蘭法律」（*Sharia*）的依據，也是虔誠

* 編注：「jihad」一字在阿拉伯文中有「努力、奮鬥」之意，可以代表生活中大大小小的「奮戰」，也可以是為抵禦外敵而實際發動戰爭的「聖戰」。

穆斯林日常生活的指引。他到牛津後展開的研究工作，更將其名聲推向穆斯林學校圈外：共計四十卷、集結上千名穆斯林女性學者的傳記套書，此成果照亮了伊斯蘭失落的女性宗教權威歷史。

那天在牛津的談話氣氛慘澹。距離共事後十多年，我倆頭髮都花白了不少。自九一一事件以降，我們看著穆斯林和非穆斯林之間的關係，以這輩子注定無法修復的種種方式相互摩擦。以往我們研究印度穆斯林學者和密契主義者（mystic）感受到的美妙樂觀主義好像變得陌生。有人告訴我們，世貿雙子星大樓的倒塌把世界一分為二。「若不和我們站在一起，」我們的小布希總統肅穆地說，「就是與美國為敵。」[4]小布希總統簡單一句話便否定了我、謝赫和數百萬人。他的世界觀容不下細微差異或模糊空間，不承認那些質疑入侵伊拉克決定的美國人的聲音，或那些同時譴責聖戰分子與美國政府政策的穆斯林的聲音。

多數媒體呼應總統黑白分明的想像，煞有介事地擊鼓宣布世上有兩個涇渭分明、針鋒相對的文化：「西方」和「伊斯蘭世界」。媒體向眾人保證，當它們倆相遇，肯定要出亂子。這情況自十字軍東征至今不曾改變，而且直到穆斯林和世上其他人一樣擁有現代性之前，依然將繼續。可是「伊斯蘭世界」一直是個空泛的術語。從北京到雪梨到巴塔哥尼亞高原（Patagonia），在一個移民與皈依使穆斯林在世界各地落戶生根的時代，這個詞更是益發無用。同樣毫無意義的還有以「穆斯林相信」破題的陳述。那些關於這個總人口達十六億的團體的概括聲明，完全沒有提到穆斯林社群能海納百川，擁抱從帕坦部族（Pathan）一直到堪薩斯州外科醫生等等多元的族群。

不過，恐懼有利於粗製濫造的刻板印象，而那確實是一段風聲鶴唳的時期。我在《新聞週刊》工作的時候，有位備受敬重的作家傳來一封電子備忘郵件，以概括且鄙俗的用語貶低穆斯林文化，我火冒三丈地盯著他的文字，滿腦子聯想的都是一九三〇年代德國的反猶言論。謝赫也從穆斯林同胞那裡聽見類似的怒吼。「當人們說美國人或猶太人的壞話時，我告訴他們，我有和這兩種人共事的經驗，他們並非全都像我們從書本上讀到的那樣。」他說。

在這個大環境中，我們的友誼顯得怪誕奇特。這段友誼打一開始就很古怪：我是世俗的女性主義者，母親是猶太血統，父親是貴格會教徒後裔；阿卡蘭是保守派宗教學者（*alim*）。初識彼此時，我是二十四歲的迷你裙女孩，非常自我中心。當了兩年同事，我們發現彼此有共通的尋常喜好，像是喝茶，還有稍微抱怨我們的大老闆和英國濕答答的冬天。他說話輕聲細語，待人寬厚，時常引用鍾愛波斯詩人的詩句，從不吝與人分享自家做的印度香飯。成長過程中，我曾隨家人住在南亞和中東幾個不同的地方。我在阿卡蘭身上認出那種在陌生環境創造熟悉感的力量。最終，我們從好同事變成了好朋友。

我到牛津拜訪他的那天，兩個文弱書生坐在房裡，對於以他和我之名而起的戰鬥所造成的流血傷亡和惡毒諷刺感到困惑不已。每一條和伊斯蘭相關的新聞都是負面的。西方媒體筆下的穆斯林似乎個個都是極端分子。「沒人想訪問像你這樣的穆斯林，謝赫，」我唏噓道。「拿把卡拉什尼科夫突擊步槍（Kalashnikov）！高呼伊斯蘭法律！這樣你才能上電視！」

談話終止，杯裡的茶失去熱度。微弱的黃檸檬色太陽漸暗，房間散發一股古老氣氛。不知為何，或許是牛津的黃昏，或許是一種被時代精神置之不理的感覺，我突然想起曾經看過的一張一戰募兵海報。輪廓分明的男子著三件式西裝，一頭詩人艾略特（T. S. Eliot）向後梳的中分油頭，神情憂鬱地窩在家中舒適的扶手椅裡。金髮女兒坐在他的膝頭，兒子在地板上指揮玩具士兵行軍。標題寫道：「爹地，你在大戰中有什麼貢獻？」

這張旨在激勵英國早期世代投筆從戎的海報，對我卻產生恰恰相反的作用。的確，它令我激動。它令我擔憂將來我的孩子回首歷史，會問我在這段黑暗歲月裡，在所謂的「反恐戰爭」（War on Terror）中，做了什麼。它使我想衝向戰場，拿鍵盤做唯一的武器，對無所不在的刻板印象發動攻擊。我準備衝向跨文明對話的最前線。關於「伊斯蘭世界」和「西方」的輕率概括全是假象，是不用功的標題作者和狂熱分子使用的籠統描述。「爹地，你在大戰中有什麼貢獻？」謝赫緩慢複誦。「說得很對，真的很對。在這種時候，我們有責任努力讓人們瞭解彼此。」

翻開《古蘭經》的扉頁

回想在牛津的那天，我注意到他沒說「表明立場」的時候到了。那是強硬路線者才有的情緒。謝赫的人生模糊了穆斯林極端分子和美國新保守派欲在「伊斯蘭世界」和「西方」之間劃下的粗黑二分線。完成依循古典伊斯蘭課綱的教育後，他接受象徵西方文明知識殿堂的希臘哲學和倫理學訓練。阿卡蘭往返清真寺和智庫之間的英格蘭生活，證明西方和伊斯蘭並非互不相干，而是被編織在一塊的。不同於許多穆斯林宗教學者，他把女兒們送到英國的世俗學校唸書。他在牛津出生的女兒們，難道不是既「西方」，又「穆斯林」？謝赫自己又屬於哪一邊？他在英國最古老的牛津大學誨人子弟，同時也在許多清真寺和穆斯林學校傳道授業。

他的六個女兒永遠無須懷疑父親在九一一事件後的十年間做了些什麼。在教學和為中心工作的時間夾縫中，他生產的研究成果削弱世人認為伊斯蘭不曾給婦女自由的想法。那些年，他發現一段塵封的女性伊斯蘭學者歷史，為數世紀的文化保守主義所遮蔽：一個可追溯至先知時代的女性宗教權威傳統。研究剛起步時，他以為女性宗教學者的傳記集結起來頂多是本薄薄的小書，也許再現三十或四十名女性的生平。十年過後，成品一共四十卷。他總計發現了將近九千名女性，當中不乏為人師表者、執行「伊斯蘭教令」（*fatwa*）*者，以及騎馬或乘坐在駱駝背上四處旅行的取經者。謝赫在女性學者方面的研究成果，挑戰了所有偏執的盲信者：射殺上學女孩的塔利班槍手、禁止婦女踏進他所管理的清真寺的毛拉、宣稱女性主義是威脅伊斯蘭生活方式的西方意識形態狂熱分子、宣稱伊斯蘭打壓婦女而且自古皆然的西方人。

這些主張大肆放送，音量遠遠蓋過像阿卡蘭這樣比較溫和的聲音。訊息愈極端就能被愈多人

---

* 譯注：根據伊斯蘭法所做的宗教裁決令。

聽見，不受模稜兩可的拖累。譴責西方的金句是搶眼的新聞頭條。衝突和文化異數是新聞產業的兩大驅動渦輪，不過，它們在西方媒體對伊斯蘭世界的報導中尤其占據核心。這情況一部分得歸因於後九一一時代真實發生的戰爭。可是其他媒體部門的專題故事，也鮮少對永無止境的衝突故事做出平衡報導。環視這些年的美國雜誌，我不記得曾在任何主流時尚雜誌封面看過穿戴頭巾（*hijab*）的女人，或旅遊雜誌報導穆斯林朝聖者到麥加可選擇下榻的最佳飯店。若說穆斯林鮮少被平面媒體當作有血有肉之人，主流西方媒體對其經文的內容更是絲毫不感興趣。為雜誌報導伊斯蘭世界故事的十七年之中，不曾有編輯請我以《古蘭經》為題或引用《古蘭經》，然後探討穆斯林對那些文字的理解。

由於生來就和穆斯林文化幾乎不間斷地接觸，這個空白在我眼中顯得特別刺眼。成長過程中，我曾住在德黑蘭、喀布爾、德里，以及開羅，在大學和研究所鑽研的是伊斯蘭社會。可是，最令我的教授們和編輯們感興趣的，不是宗教信仰，而是由之而生的政治觀點。我交出一堆關於伊斯蘭遜尼派和什葉派、埃及的伊斯蘭主義者（Islamist）、摩洛哥穆斯林學者（marabout）的報告，卻不曾以連結這些人的中心文本——《古蘭經》——為主題。供稿給《新聞週刊》和後來的《時代》（*Time*）雜誌時，我寫清真寺的設計和雅痞穆斯林，頭巾和龐克團體，伊斯蘭避險基金和清真（*halal*）*精力飲料。我也寫登上新聞的暴力領袖：聖戰分子、賓拉登、塔利班、巴基斯坦極端分子。我著墨他們的政治立場，卻不曾碰觸這些人宣稱受到啟發的宗教虔誠。我從不曾報導

《古蘭經》。

公平來說，由於伊斯蘭無所不包，人們很容易岔離其精神面向。它的基本原則，著名的伊斯蘭五功（five pillars），主要強調行動而非信念：唸清真言，「萬物非主，唯有真主；穆罕默德，是主使者」；一日禮拜五次；慈善施捨；在齋戒月，從日出到日落禁食；到麥加朝聖。從穿衣、吃飯到做生意都有的指導方針，伊斯蘭被編織到人們生活的世界裡，而不是局限在週日的教堂。

然而，難得把注意力轉向《古蘭經》的幾次經驗，我也不過讀了某些節選段落，這是不爭的事實。我在大學一門討論課讀過幾章《古蘭經》。我讀學者針對時事議題引用的段落，像是婦女衣著規定和毆妻。它強有力的詩性之美令我顫抖。有些時候，我不禁想像，更深層的理解能給人帶來什麼收穫。閱讀阿卡蘭在《穆斯林學校生活》（*Madrasah Life*）中對拉克瑙神學院歲月的第一人稱敘事，他對每日清晨儀式的描述，令我印象深刻——在破曉時分誦讀《古蘭經》，然後去清真寺參加集體禮拜。他最愛的一章是〈隊伍〉（*al-Zumar*），裡頭講述真主寬恕的幾個小節，他每讀必掉淚：

---

* 譯注：阿拉伯文原意為「合法的」、「被允許的」。在非穆斯林國家，「清真」一詞專指符合伊斯蘭法規定的食物。但在穆斯林為主的國家不僅指可食之物，而是一整套生活方式，言語、行為、衣著皆有所規範。

你說：我的過分自害的眾僕呀！
你們對真主的恩惠不要絕望，真主必定赦宥一切罪過，
祂確是至赦的，確是至慈的。

「背誦這段經文，」阿卡蘭寫道，「給我的喜悅，使我反覆地背誦再背誦。」[5]

身為無信仰者，我知道我無法複製阿卡蘭的狂喜。身為不懂古典阿拉伯文的英文母語者，我知道我看不出原始文字的意境。不過，就好像修女在墜入夢鄉之際，允許自己短暫揣想性愛幾秒鐘，阿卡蘭的描述讓我意識到，沉浸在世俗主義的安適是一種畫地自限。我對自己錯過世上最動人體驗之一的可能性耿耿於懷。我聽說有穆斯林相信《古蘭經》能停止地震。一位朋友的母親在家中被搶匪拿槍抵著頭時，藉由背誦《古蘭經》以自持。在拉合爾（Lahore）和開羅的清真寺，我親眼見到成年男子聆聽其話語而啜泣。

直到當時，我對穆斯林文明的愛慕僅出於觀察，譬如欣賞土耳其地毯上的圓形圖案，或是蒙兀兒圓拱周圍飛舞的書法字。那是客氣、含蓄的愛慕。我厭倦了在信徒的國度扮演彬彬有禮的訪客，想試著把自己浸淫在阿卡蘭的世界觀裡一整年，而最顯而易見的實踐方法就是和他一起讀《古蘭經》。擔任新聞記者這些年來，我筆下的穆斯林是一群身體力行的人——推動革命、資助政黨、移民、進行遊說。我渴望更進一步瞭解驅使這些行動背後的信念。我曾報導穆斯林身分認

同如何形塑女性衣著或男性職涯、村莊經濟或城市天際線。如今我要探索那個身分認同背後的各種信念，檢視它們和我自己的信念有多少契合之處。

我知道，若要超越把穆斯林當作摘要新聞的書寫，我需要從事一場廣泛的對話，尋找新聞背後的種種議題，而且將觸角進一步延伸，碰觸《古蘭經》對穆斯林世界觀的形塑。我要走向位於信仰之源的此書，然後從旁認識它如何指引一名學者信徒的人生。我期望在理解《古蘭經》對文化和政治的影響之餘，也能掌握它在個體層面的作用。

在我倆的一戰對話結束多年後，我主動接洽謝赫，向他提議最終成為這本書的計畫。我想要專心接受他的教導，參加他討論《古蘭經》和其他伊斯蘭議題的講座，並且在一年之中不定期安排一對一教學。全面探索整本《古蘭經》的企圖得窮畢生之力，絕對不止一年，相較之下，我的課程毋寧是讓我們能討論各式各樣題目的跳板。有些題目來自西方世界好奇的典型爭議：我好奇阿卡蘭對女權、一夫多妻，以及伊斯蘭法律的看法。我迫不及待聽他對所謂「殺戮詩句」（Verse of the Sword）*的解讀，也就是賓拉登用來合理化發動聖戰的經文。但我也想和他談論媒體報導很少觸及的許多領域。我想要更深入瞭解謝赫眼中《古蘭經》最重要的主題，以及它們如何形塑他的生活。在移民、丈夫和父親的角色上，哪個段落、哪則聖訓（先知的言行）曾經指引他？我

* 譯注：「你們在哪裡發現以物配主者，就在那裡殺戮他們」（九章五節）。

希望聆聽他對婚姻和養育小孩的高見，和對猶太教和基督教的想法。我想更認識《古蘭經》，可是我也想擔任某種文化地圖的繪製者，畫出我們世界觀的重疊處，以及碰撞處。我想詳細列出我們的分歧，以及共通處。

他出乎意料地爽快答應。他不僅答應幫我上課，還讓我闖進他從不曾對人公開的私生活。在這一年之中，他忍受大量訪談和數不清的登門拜訪。我要求如影隨形地觀察他的一天，從健身房跟到清真寺，他沒有拒絕。他允許我陪他回到印度，和他一起拜訪以前念書的穆斯林學校和家族世居的村莊。他鼓勵我訪問他的家人和學生。他不曾試圖限制我訪談的對象、提出的問題，或者寫下的內容。

他為什麼同意這樣的安排？或許因為我以前寫過他的報導，而且我倆相識已二十多年。不過，追根究柢，他同意我的計畫是出於和我做這個計畫相同的理由。「外界對伊斯蘭和穆斯林有太多的誤解，」他說。「人們只聽到極端分子的一面之詞。宗教學者的聲音不曾被聽見。」

凝視他者之眼

「可是為什麼跟他學習？」一名穆斯林朋友問道。「為什麼選擇這位謝赫？」

她不是對阿卡蘭本人有意見；她對他的研究一無所知。不過她知道，在英國和美國有數百個說英語的謝赫，而且他們當中很多人也願意教導女性。有些也會毫不遲疑地接納像我一樣的非穆斯林。選擇伊斯蘭學者必然是棘手的事，畢竟伊斯蘭遜尼派以缺乏神職和中央組織架構出名。沒有大主教辦公室或地方教區把信徒指派給任何特定學者或伊瑪目（imam），讓尋求伊斯蘭知識的人可以追隨願意教導他們的任何人。因此，她這麼問也沒錯：為什麼選擇阿卡蘭？為什麼不找伊斯蘭進步人士，確保對方的世界觀和我的更為相近？為什麼不寫阿米娜．瓦杜德（Amina Wadud）？她是第一個對《古蘭經》做女性主義解讀的非裔美國學者。或是哈姆札．優素夫（Hamza Yusuf）？他是以柏克萊為基地的宗教領袖，在洛杉磯有一間穆斯林學校，可輕而易舉地拿荷馬和南丁格爾做即興演說，彷彿他們是十四世紀的蘇非行者（Sufi）。

我選擇阿卡蘭有許多理由，最重要的一點是他的外表和我看起來相去天淵。西方對伊斯蘭的新聞報導過於集中狹隘，鎖定暴力極端分子或迂腐守舊的基本教義派。偶爾，我們西方讀者會接觸到被稱為「溫和派」的人——對不以信仰侵擾政治或公共領域的穆斯林的簡稱。這樣的眼界並不開闊：我們若非受邀注視深淵，就是望向布滿反射鏡面的大廳。欲看清我和伊斯蘭教的世界觀在哪些地方產生異同，追隨一個在西方境外接受傳統穆斯林學校訓練的學者讀《古蘭經》合乎情理。

阿卡蘭徜徉在印度穆斯林學校的歲月，使他比激進分子更堅定地固著在伊斯蘭傳統上，激進分子很多只在週末或校園座談上認識伊斯蘭教。作為在職的宗教學者，英國穆斯林信眾會找他諮詢婚姻或貸款等現實問題，這是許多西方大學學者欠缺的優勢。「阿卡蘭真的與眾不同，」牛津大學伊斯蘭研究中心前同事、現任南卡羅來納大學州北部分校的比較宗教系教授大衛·丹瑞爾（David Damrel）說。「有些學者和地方社群打交道，但鮮少跨出圈子之外。另外有些學者在西式大學授課。阿卡蘭面面俱到。身為住在牛津的伊瑪目，他不僅和西式學術圈打交道，也站在最前線的清真寺。」

阿卡蘭在印度和沙烏地阿拉伯受教育，能講流利的烏爾都語、印地語、波斯語、阿拉伯語和英語，因此擁有多重身分堆疊出的觀點。成年之前，他的棧達罕（Jamdahan）村莊文化混合了穆斯林學校訓練。他最初就讀當地的穆斯林學校，後來轉到喬恩普爾（Jaunpur），最終進入印度拉克瑙的納德瓦烏拉瑪學校。旅居英國二十載，加上好幾個寒暑在大馬士革（Damascus）和麥地那（Medina）的進修，謝赫的文化活動範圍涵蓋各大洲。就算以鄉下男童靠頭腦闖天下的教育傳統為標準，謝赫從村莊神童成為世界知名學者一路扶搖直上的過程，仍是廣大穆斯林世界的傑出典範。這位在牛津大學部執教的在職宗教學者是萬中選一。「一時半刻之間，我想不到任何人躍上枝頭的過程如此激勵人心，」丹瑞爾說。「我想不到任何人崛起的姿態和他一樣優雅，而且毫不僥倖。」

謝赫似乎到哪都沒有歸屬感的問題。他在西方和在印度同樣自在，因為對他而言，真正的歸屬全然在他方。「這個微小的地球，它不是你的棲身處，」他曾對我說。「你停留在這裡的時間很短暫——六十或七十年。它是試煉之地，然後你會回到你真正的歸屬。」

我欣賞阿卡蘭一派優雅地探索世界，部分是因為我自己過去的探索之旅比較迂迴。我的世界性源於童年被躁動不安的父親拖著環遊世界，比起謝赫的世界性顯得通泛而空洞。一個嚮往短彎刀月點亮綴滿宣禮塔群的天際線的男子，根本就不該到聖路易法學院教授「遺囑與信託」。我的暑假經常在歐洲度過，而且雙親每隔幾年就向大學請假到更東方的國度教書，帶著我和弟弟搬到伊朗、阿富汗、印度和埃及。

父親替我們把地球夷平了，使探索世界變成某種靈性追求。旅居海外的這些年，弟弟和我發現「家」不單指某一地，而是我們恰巧置身的每一處。我是訓練有素的小游牧民族，只要和父母在一起，手邊有蘿拉・英格斯・懷德（Laura Ingalls Wilder）小說平裝本，偶不時遇上幾個玩伴，到絕大多數地方都能適應良好。我最早的文化差異學習很粗糙，但仍不失為一個起點：在以神學院和學者出名的伊朗城市庫姆（Qom），只要是女性，即便是和我一樣的五歲女孩，一律穿著罩袍（*chador*，伊朗婦女穿的黑色袍子）。在阿富汗，出門絕不能穿無袖上衣，未經許可絕不能拍攝他人，而且絕不能拒絕人家遞來的茶。有些時候，我試著理解伊斯蘭社會和我來自的社會的文化差異，不過我也喜歡觀察他們的相似之處。剛開始，這個渴望發自想要把陌生的地方變成家。比較和對照的日常習慣，有助於將被分割成美國中西部、中東和亞洲三地的生活編織在一起。長大後，這個練習變得具有學術性，也變成一種職業病：我在大學和研究所研究西方文化和伊斯蘭文化的相互作用，後來以記者的身分繼續書寫之。九一一事件後，這題目多了些政治迫切性，恐懼與憤怒使穆斯林與非穆斯林深信「他們」恨「我們」。接受阿卡蘭的教導，不只是為了培養對伊斯蘭更深層的理解。它是為了測驗我個人信念的疆界：我滿腔熱忱地相信，試圖分辨真正陌生的內涵，以及看似陌生的表象，是有益的。

《古蘭經》是一本書嗎？

我們的跨文化對談實驗，始於距離牛津主要商店街不遠處的咖啡廳。三層奶油蛋糕一字排開、造作的店名「馬糧袋」（Nosebag），似乎不是學習《古蘭經》的正規場所。早幾個世紀，「馬糧袋」應該曾是嚴肅的牛津大學生群聚拍桌辯論洛克和索福克勒斯（Sophocles）的那種咖啡屋。謝赫和我頂著低矮天花板，坐在深色木頭桌前，望向鉛框窗外的灰色冬雨。英國人從第一片秋葉墜落的那刻起，便開始準備迎接聖誕節，因此儘管當時才十一月初，店裡的音響已播起唱詩班版本的〈齊來崇拜歌〉（O Come All Ye Faithful）。兩個美國研究生交換著教授們的八卦。幾位穿羊毛衣、頭髮灰白的女士翻揀購物袋，窸窸窣窣，輕聲談論她們的聖誕節戰利品。

我們約在「馬糧袋」是因為它的地點方便，店面就在謝赫辦公室走出來的轉角。我把我的《古蘭經》端上桌擺在我們之間，然後試圖忽略內心湧起的一陣尷尬。不知為何，在大庭廣眾下認真討論一本神聖書籍，讓別人能夠聽見我們的談話，感覺不太恰當。一時半刻之間，我差點想在桌上放個紙板告示：「此談話僅供研究之用。」

謝赫不覺得在牛津購物區邊喝早午茶邊讀《古蘭經》有任何怪異之處。儘管我認為宗教是局限在教堂或寺廟的活動，可是伊斯蘭的觀點比較開闊。「整個世界，」先知穆罕默德曾說，「就是一間清真寺。」在朝聖（*hajj*）季的各地機場，我總是見到信徒俯臥在免稅商店外頭及登機門旁做禮拜。穆斯林小黃司機在紐約拉瓜地亞機場（LaGuardia Airport）的計程車辦公室後方禮拜。有一次，我看見一名包頭巾的阿富汗人站在聖路易某雜貨店門前空空的展示臺上。他闔著眼，手掌彎曲朝天，正在禮拜，面對著格蘭德大道（Grand Boulevard）午餐時段的車流，和無盡蒼穹連線。

阿卡蘭和我正式啟動讀經計畫的活動顯得庸俗許多：邊吃乳酪司康，邊啜飲香醇的英國早餐茶。謝赫那天的打扮，一點也不像西方人刻板印象中的穆斯林學者。人字紋呢絨外套、卡其褲和復古綁帶男鞋，怎麼看都是和藹可親的大學教授。他的鬍鬚斑駁，不過臉龐保有年輕男子的光滑膚質和開明性格。眼珠散發拋光柚木的色度和色澤。儘管和謝赫認識已二十多年，我仍感到緊張。

「謝赫，」我猶豫地開口，「我從不曾真正讀過《古蘭經》。」我準備接受自我招供的後果。在從事新聞工作多年之後，坦承這些幾令我無地自容，好似一名文學教授自爆根本沒讀過《荷馬史詩》（*Homer*）和《哈姆雷特》（*Hamlet*）。

「大部分穆斯林也沒讀過，」阿卡蘭輕快地說，一邊替司康抹上奶油。「就算他們讀了，也是有讀沒有懂。《古蘭經》對他們很陌生。多數時候，他們只是循規蹈矩。如果他們對虔誠或淨化心靈感興趣，他們會讀嘎札里（Ghazali，他是一位哲學家），或魯米（Rumi）之類蘇非行者的著作。」

阿卡蘭的鎮定化解了我的緊張。我知道，我當然知道，很多穆斯林世界二流神學院的畢業生沒有真正讀過伊斯蘭的聖典。鄉下穆斯林學校的男孩們，身體前後晃動，咬文嚼字地誦唸以他們看不懂的古典阿拉伯文寫成的《古蘭經》，就算逐字逐句地誦讀，也只是誦讀罷了。自殺炸彈客和聖戰主義士兵，聽說殉教者能在天堂享用七十二名處女，他們被騙了。《古蘭經》沒有一處提及殺人者能得到這般報酬。不過，我總以為，傑出伊斯蘭教育機構的畢業生，像是開羅聲譽崇隆的艾資哈爾大學（Al-Azhar），還有謝赫的母校拉克瑙的納德瓦烏拉瑪學校，應該熟諳《古蘭經》，說不定還能倒背如流。

「即便就讀優秀穆斯林學校的人，對其瞭解也不必然和所受教育相稱，」阿卡蘭說，利索地把司康碎屑從卡其褲上撥掉。「事實上，穆斯林學校課程最弱的一環，往往是《古蘭經》。」

我把身子向前傾，以為自己聽錯了。他自年輕時當宗教學者至今，始終輕聲細語，而且儘管在英格蘭定居二十載，說起話仍帶有顯著的印度鄉村口音。

「真的嗎？」我結巴地說。「但它是……我是說，它是《古蘭經》！它顯然是宗教學者學習的基礎？」

「它不是。學生耗費更多精力和課堂時間在學習法學文本或聖訓。」他接著說，先知死後才出現的伊斯蘭知識分支，如法律和哲學，只是助長了穆斯林世界的不公平和分歧。它們將人類與其精神源頭進一步疏離。《古蘭經》和「先知傳統」（*sunna*）*所傳達的訊息，被堆積如山的學術辯論給淹沒。自穆罕默德過世後，學者們建立起一個複雜的「伊斯蘭法學」系統（system of *fiqh*），它是根據《古蘭經》和聖訓之詮釋，人為訂定出來的法律束縛。四個法律學派自六三二年先知逝世後開始發展，它們針對諸如正確禮拜姿勢到信徒能不能吃龍蝦等議題，各持不同看法。構思出伊斯蘭法學的中世紀宗教學者，其立場通常比《古蘭經》更為保守，而且往往比先知穆罕默德更不寬容。「讀伊斯蘭法律的書籍，你會發現它們對女性嚴酷多了，」阿卡蘭說。「你知道它們什麼時候開始變得非常不利於女人？當所有學者開始研讀哲學之後。」謝赫說道，伊斯蘭法學充斥的厭女情結不僅來自學者的中世紀習俗，還來自希臘哲學對他們的影響。阿卡蘭論稱，亞里斯多德主張女人的從屬地位既「自然」而且有「社會必要性」，影響了形塑中世紀伊斯蘭法學的重要穆斯林思想家。他解釋說，在亞里斯多德成為核心讀本之前，以及中世紀學者用伊斯蘭法律保護他們的性別角色觀點之前，伊斯蘭賦予男人和女人的自由，遠比後來更為平等。他用手指在空氣中劃高低曲線，彷彿正在繪製性別歧視歷史發展的分析圖表。

---

* 譯注：亦作聖行，指先知穆罕默德的典範。

我們頭上播放的聖誕頌歌「願上帝保佑你們快樂，紳士們」正進入高潮。「既然如此，人們為什麼執迷於聽從各個法律學派？」我問。「為什麼不回頭遵守《古蘭經》？」

他笑逐顏開。「人們有時候很懶惰。」謝赫說，請教學者並服從他們的規定比較安全，而且容易。「你不需要閱讀，或質疑，或思考。別人已經幫你想清楚了。如果你變得開明，那就是在質疑。」他瞥了一下手錶，確定距離晌禮*還有多少時間。「這麼說吧，卡拉，問題說穿了，就在於我們這些穆斯林世界的人破壞了整體平衡。我們擔憂微不足道的細節，擔憂法律規定。但《古蘭經》反覆強調的是什麼？心的純淨。那才是真正重要的！砍斷小偷的手——這種書中只提過一次的事！——怎麼會變得對某些人如此重要？」

當學者的他，感到難以置信；當記者的我，卻一點也不意外。血漬和絕對準則，總是比詩歌和細微差異，更迅速地抓住眾人目光。

阿卡蘭露出會意一笑。「每當我說四大法學派其實不太重要，人們聽到都非常震驚，」他說。「倘若大家真的去讀《古蘭經》，多數學派分歧都能煙消雲散。」

我並未被說服。愈來愈多人讀它，但它仍繼續造成爭論。毆打妻子的男人依舊拿《古蘭經》合理化他們的行為。賓拉登過去也用《古蘭經》對他眼中所有的異教徒宣戰。

謝赫繼續說，《古蘭經》可以正確地讀，也能馬虎地讀。常常，人們選擇性地讀，斷章取義。「人們只是利用它傳達他們想要表達的任何看法，」他聳聳肩。「他們懷抱己見而來，尋找自己覺得順耳的詩句。」

阿卡蘭說，《古蘭經》不是一份通向美好人生的購物清單。虔誠穆斯林如他，熱切學生如我，都需要向後退一步，換取對文本的全景視角。謹慎的讀者不能被它包羅萬象的訊息和相互連結的主題分散注意力。它的安排本身便充滿奇蹟，是真主恩典數不盡的跡象之一。

「它是一本奇蹟之書。」我點頭道。

「啊！妳說它是一本書嗎？」他高興地拍打自己的大腿。「妳首先該問！它是一本書嗎？」他身體前傾，愈說愈起勁。難道以書本這個由開頭、過程及結尾組成的人為概念，形容浩瀚無盡的《古蘭經》，不會太自不量力？

「畢竟，」他接著說，「它的次序不是按照啟示降臨的先後。穆罕默德獲得的第一個啟示，被排在非常後面的第九十六章。」

這下不妙了。我有心理準備面對微妙晦澀的討論，但就像百老匯製作人一樣，我本來希望這個討論至少是我哼得出的曲子。

阿卡蘭解釋，《古蘭經》或許不按時間先後呈現，但它的排序是刻意的，是真主的旨意。

---

* 編注：穆斯林一天要進行五次禮拜，分別為晨禮（日出前）、晌禮（中午）、晡禮（下午）、昏禮（日落後）和宵禮（入夜後）。

「你認為順序改變的原因是什麼？」

「既然真主是明確的，肯定有祂的道理。」他向後仰，一臉滿足。很多事情都有討論空間，唯有神的安排除外。真是個急轉彎，從模稜兩可到斬釘截鐵又回到模稜兩可的一百八十度大轉變。

「那麼，在這層意義上，它是一本書，對嗎？」

「是的。《古蘭經》不斷稱自己是一本書。它是賜給先知的一本書，它向人們揭示他們需要的，以及他們何時需要。」他繼續說，可是因為不是普通的書，《古蘭經》並不總是像其他書籍那樣講得通。「你可能正在讀一句關於離婚法律的詩句，」他邊說邊在桌上畫線，好像美式足球教練正在策劃進攻。「突然間，蹦出關於禮拜的零碎內容，然後又回到離婚的議題。」他向後坐。「我們該怎麼解釋這情況？」

我毫無頭緒，不過在這方面，我絕不孤單。湯瑪斯．卡萊爾（Thomas Carlyle）也是被《古蘭經》弄得一頭霧水的眾多讀者之一。這位維多利亞時代作家極為仰慕先知穆罕默德和伊斯蘭教本身，可是他認為伊斯蘭的聖經「是我讀過最吃力的書……令人厭倦、困惑的一團混亂」[6]。

阿卡蘭強調，但它不是一團混亂。「你將看見並對它的完美組成驚聲讚嘆。即便隨意調動詩句，你會訝異地發現，它們不因此失去意義。」

我開始懂得，為什麼很多穆斯林把焦點放在具體的教規，而不是《古蘭經》的微妙之處。為了面紗和豬肉衍生食品等世俗問題爭吵，遠比奮力穿越密布古蘭經式詩句的灌木叢輕鬆多了。辯論M&M's是清真食品（*halal*，允許的）抑或非清真食品（*haram*，禁止的），相較之下，顯得多麼簡單。凡俗之人鮮少有能力接下欣賞神之旨意的挑戰。我感覺不堪負荷，而且一定顯露出來了，因為謝赫正對著我笑。「聽我說，《古蘭經》不好讀。想要認識它的原始樣貌，你必須懂古典阿拉伯文，很少有人願意為此不辭勞苦地去學。」

我肯定沒這打算。我清楚記得一位老研究生氣喘吁吁地談論學習阿拉伯文——他說，只有前二十年比較辛苦。我輕拍茶壺旁的《古蘭經》譯本，正準備翻開它，迫不及待想切入正題，但謝赫還有話說。「若要真正理解它，你必須博學多聞，」他說。「若要理解書中先知們的故事，你必須熟知《聖經》的故事。」

我倒吸一口氣。我的《聖經》知識全由文藝復興時代繪畫與大二英文課讀的《失樂園》（*Paradise Lost*）胡亂拼湊而成。

謝赫繼續說，欲理解文本，必須先理解脈絡。欲看懂《古蘭經》所制定的規章，必須先認識接受啟示當時的阿拉伯社會：「所以，倘若你不知道先知穆罕默德時代的習俗和傳統，你會看不懂。」

我對西元七世紀的阿拉伯半島只有基礎背景知識，而且完全不懂阿拉伯文。

謝赫笑盈盈地伸手拿外套。「當然啦，如果你很懶惰，你也會看不懂。」

我常常偷懶。我想到那位維多利亞時代的蘇格蘭哲學家卡萊爾——簡言之，一位夙夜匪懈、好學不倦的男人——即便如此，他仍告誡道：「唯有責任感能幫助一個歐洲人讀完《古蘭經》。」[7]

在經文的沙漠中前行

任何介紹世界宗教的兒童啟蒙讀本都會告訴讀者，伊斯蘭是一個發源於沙漠的信仰。我跟著謝赫讀經的時光，感覺很像沙漠旅行。耀眼的陽光、澄淨的空氣壓縮了真實距離。一座遠方的沙丘看似近在眼前；地平線赫然顯現，一眨眼又變得模糊。強風吹拂，沙粒遮住道路和腳印。這就是和謝赫一起讀經的體驗。《古蘭經》的風景既不乏味也不乾枯，可是對我這個西方世俗主義者來說，由於缺乏任何宗教聖典方面的教育，一路上，經常缺乏重要地標指引。我開始設下心理界限，然後一次又一次地重設界限。

謝赫和我，我們就像古怪的小沙漠旅行隊伍，一個虔誠信徒和一個持懷疑態度的世俗主義者。然而，當我為某個自認會造成分歧的話題做足準備，最後經常意外地發現我們看法一致。毛拉和政治人物多年來爭執不下的某些議題，經我們討論證明，根本不重要。然後，我可能遇見某個似乎全然無害的詞語，後來才措手不及地發現，在它的表面之下，隱藏著崎嶇複雜的意涵。有時我意識到自己凝視著綿延的茫然峽谷。因不知所措而頭暈目眩。

不過，迷惘令人受用良多。重新檢視各個信念——最重要的是，檢視你本身的信念——是西方世俗傳統的精髓。迷惘也是真主力量的顯現，以及《古蘭經》當中最迷人詩句所講述的主題。謝赫不曾真正迷惘。他有他的「*qibla*」*——他的方向——而那方向就是真主。既然踏上這趟無奇不有的旅程，我們唯有前進，攜手前進。

* 編注：qibla 一字指的是穆斯林的禮拜方向，現今為朝向聖城麥加的卡巴聖殿。

第一部

源頭

第一章

二十五個字說明《古蘭經》

《古蘭經》第一章課程開始前幾天，我到北倫敦參加一場週日午餐聚會。餐敘間，我認識了一名男子，滿頭銀白灰髮，穿著刷毛蘋果綠呢絨外套，有一口慵懶的歐陸腔——接下來我就稱他為漢斯（Hans）。維也納出生、劍橋畢業的漢斯，第一杯Prosecco氣泡香檳還沒喝完，已經從小學教學法高談闊論到費茲傑羅的散文作品。他透露自己曾出版以戰時巴黎某文學雜誌為題的書之後，得知我的記者身分，於是問我當時正在寫些什麼。聽到我的回答，他露出一副誤吞自己盤中海鯛魚刺的表情。

「《古蘭經》，」他結巴地說。「為什麼？」

一個尷尬的頓點。聽見優雅如漢斯之人吐出這般駭人的輕蔑言辭，我的困惑失措不下於他。一年多前，一位英國穆斯林政治人物曾指控伊斯蘭恐懼症（Islamophobia）「通過了晚宴派對測試」，而且如今極為可恥地成為上流社會之間可以容忍的歧視。我原本希望她*是言過其實，因為我在自己寬容的小小社交圈裡還沒遇過這種事。我嚥下魚肉，開始細數理由。這些理由在我眼中是如此顯而易見，導致我必須克制自己，盡量不以指責孩子刷牙要刷到牙齦邊緣的乏味語調列舉它們：從小到大對伊斯蘭社會的個人興趣；全球穆斯林人口共十六億，而且持續增加中，伊斯蘭是世界上成長最快速的信仰；後九一一時代戰事連綿；歐洲各國議會和美國大選的重要新議題；《古蘭經》經文的力量及其饒富詩意。在理由清單脫口而出之際，我自覺有些愚蠢。一分鐘前，我還以為一個願意反覆重讀《夜未央》（*Tender Is the Night*），而且曾以二十世紀智識史為題寫作的人，會視閱讀《古蘭經》為一種崇高的愛好。我結束獨角戲，用叉子凱旋般地將羽衣甘藍送進嘴裡，吞嚥，假裝不以為意。「怎麼了？你對伊斯蘭有什麼看法？」

「他們活在中世紀，」漢斯自信地說。「他們該加把勁趕上整個世界的腳步。」

這種說法我聽過不下數十遍——從倫敦計程車司機嘴裡、美國中西部談話性廣播，甚至從文質彬彬如漢斯之流。要不是被在場的小孩為了要看《彼得潘》還是《白雪公主》爭吵不休的嘈雜干擾，我可能會駁斥基本教義派不應該被貶為落伍的。他們使用科技，擁有複雜的全球性聯絡網，以及對媒體傳播有強烈的敏銳度。他們並未自外於現代性，而是現代性不可分割的一部分。要不是我已經喝了第二杯Prosecco氣泡香檳，而且知道其他賓客正等著我們把談話收尾，我可能會把許多學者的相同假設告訴漢斯：穆斯林基本教義派的反西方、反世俗政治宣傳，是對社會結構在日新月異、益發對立的社會制度中持續摩擦的反應。對移居至大城市或陌生國家的新移民而言，清真寺使人不受孤獨所苦。對漂泊在外或舉目無親的人而言，由儀式與規範組成的信仰提供了一份安定。我沒有端出這些論點，覺得在週日的午後講這些稍顯沉重，我們的東道主不過想藉聚會把握難得的冬陽，打開拉門，享受露臺。我改走比較輕鬆的路線。「不過，你大概只是根據從報章雜誌讀到的內容做判斷，」我點點頭。「相信我，身為記者我知道：誰是最佳報導對

---

* 譯注：指沃西女爵（Baroness Warsi）。

象，誰說話會變熱門標語？極端分子，狂熱分子。所以我們最常聽到誰的聲音？吼得最大聲的那些人。」

「可是溫和派到哪去了？」他問。「他們為什麼不站出來說說話？」

「這個嘛，他們一直都在——可是他們上不了頭條新聞，」我答覆。「沉默低調不會是新聞素材。有時候他們投書專欄抒發己見，有時和跨信仰團體或非政府組織合作。可是你不會聽到關於他們的消息，因為他們沒有引爆炸彈或用行動發洩情緒。」

「所以穆斯林真的有溫和派？」他問。「我是指，名副其實的溫和派？」

「當然有！」我說。「世上成千上萬的穆斯林看待自己的信仰，就和多數基督徒、猶太教徒、佛教徒都一樣——那是他們的私事。如果你對試圖把信仰變得符合普世人權價值的穆斯林有興趣，你會看見一波波迷你改革運動正在發生：女人、同志和其他少數族群回歸《古蘭經》，提出自己的解讀，不讓當地毛拉告訴他們該怎麼想。還有很多學者，很多穆斯林平民，想從激進分子手中奪回他們被挾持的宗教，那些人擺出一副領袖作風，卻沒受過任何有關伊斯蘭法律或傳統的訓練。還有蘇非主義者，他們反抗毛拉的嚴厲無情……」

「但沙烏地阿拉伯呢？」他追問，把椅子向桌外推，散發摔角手賽前熱身準備一決高下的氣氛。「塔利班呢？他們對女人做的那些事……在沙烏地阿拉伯，女人不能開車。因為塔利班掌權，她們上哪都要遮遮掩掩……」其他賓客察覺輕微的對立氣氛，趕緊收拾餐盤，拿到洗碗槽。

「他們不是在遵循伊斯蘭，」我回答，或許有點太過沾沾自喜了。「那是地方或部落習俗被轉變成國家律法。沒錯，那些法律和限制荒謬透了，但它們不屬於伊斯蘭。只要回歸原典，你就會發現它具備普世價值——和你我信仰的普世價值非常相像。」

主人端著巧克力蛋糕回到餐桌，於是我們為了口腹之慾及美酒佳餚，暫時休兵。我們顫顫巍巍地一起踏足伊朗核武與拿坡里披薩等比較安全的話題。我知道他尚未動搖，可是我有十足信心，《古蘭經》原典將呈現一個公正且富有人性的信仰，誠如阿卡蘭所見。派對結束後，我忘不掉漢斯的偏見，但我自覺是正義使者，而且對自己的看法深信不疑。

清真寺裡的女性身影

幾天後，我帶著這個清白、明亮的感受來到牛津。當我再次見到阿卡蘭，這感受又更加強烈。我們爬著陡梯前往馬糧袋咖啡廳，他說他昨天去萊斯特（Leicester），和女性及穆斯林社群領袖會面，討論允許女性上清真寺禮拜的議題。在先知生活的時代，女人可以自由自在地和男人一起在清真寺禮拜，但漸漸的，許多文化開始限制她們的出席。當初學者之間達成若女人無法從家務和育兒責任脫身，可以不上清真寺禮拜的共識；經過千百年的演進，竟變形成一個文化規範，認為她們不該上清真寺禮拜。在穆斯林世界的許多角落，女人不再上清真寺——或者被阻止上清真寺。

阿卡蘭搬出伊斯蘭歷史挑戰這說法。「女人本來過得很開心，真的，」他說，允許自己享受一毫秒的無聲勝利。「不是每個人都信服，但總是個起點。」自從愈來愈多人聽說他的女性學者研究，阿卡蘭已被推舉從事這項外交任務無數次了。以研究聖訓起家的男人，變成在傳統伊斯蘭架構內著名的穆斯林女權捍衛者。

在萊斯特，他對清真寺掌權者訴說，他的研究蒐集了大量在史冊留下身影的女性，她們不僅在清真寺禮拜，而且在清真寺裡辯論與演講，同時教導男學生與女學生。我希望他有對他們說他曾經告訴我的那個故事，關於西元十世紀一名巴格達出生的法學家，雲遊四方巡迴講學，在敘利亞和埃及給女人上課；還有烏姆—妲爾達（Umm al-Darda）的故事，西元七世紀來自大馬士革的重要法學家。阿卡蘭發現，她自年輕時就已被男學者接納進入清真寺，一起討論神學。「我試過用各種辦法崇拜阿拉，」她寫道，「但我認為最好的辦法，就是和其他學者坐在一起辯論。」[1]

光是聽到那段引文，我就忍不住想把烏姆—妲爾達變成這個計畫的非官方主保聖人：我喜歡她和男人們一起坐在清真寺裡的畫面，確信辯論是神聖的事。阿卡蘭的研究顯示，她是非常獨立自主的女人。生來就是孤兒，她上清真寺不戴面紗頭巾，有一段時間她總在屬於男人而非女人的席位禮拜。當她在大馬士革和耶路撒冷授課時，男人、女人，甚至哈里發（穆斯林領袖）都來向她學習。

《古蘭經》之母

我們在咖啡廳櫃檯前，為誰該結帳買茶小小爭執了一下。收銀機後方的金髮女一臉厭倦，看著我們友好地一來一往說「讓我來」和「不用，真的」和「下次換我」。經過週日刺耳的對話後，這個自我們相識之初就存在、像書法一樣典雅的儀式，今天做起來特別令人寬慰。漢斯的伊斯蘭知識是由關於基本教義派和極端分子的新聞報導所形塑的。他們的斬釘截鐵和憤怒源於一個脆弱的伊斯蘭詮釋，而不是源於「*adab*」——指較為寬宏、雅致的一種人文教養。先知穆罕默德曾經宣稱這種教養幾乎「是這個宗教的三分之二」[2]。謝赫本身的教養超越了和藹可親。我懷疑那和他的氣定神閒也有關係。在謹守穆斯林做「真主奴僕」職責的眾人當中，他展現巨大深沉的寧靜。在這一年之間，我將從旁觀察，見證這個主僕關係如何帶給他無與倫比的平靜，並大為欽羨。

對《古蘭經》的尊敬不總是予人平靜。那年稍早，美國大兵在喀布爾郊外巴格蘭空軍基地（Bagram Air Force Base）將《古蘭經》和垃圾一起焚燒的消息傳出後，新聞充斥騷亂和抗議。美軍從囚犯們手中沒收那些《古蘭經》，是因為懷疑它們被利用來傳遞極端訊息。歐巴馬總統出面道歉，但未能阻止公憤以及三十名阿富汗人與六名美國軍人的死亡。這場悲劇只是後九一一時代爆出的美軍褻瀆《古蘭經》接二連三傳聞之一，這些傳聞有真有假。而穆斯林的教養一如真相，亦成為戰爭的受害者。

那天的閱讀內容很短，但影響深遠：《古蘭經》第一章——〈開端章〉（*Al-Fatiha*）。它被稱為「《古蘭經》之母」（*Umm al-Quran*），因為《古蘭經》的重要主題全被擠進它的二十五個阿拉伯文字裡。*有些非穆斯林把它比擬為《主禱文》（Lord's Prayer），但它比《主禱文》重要多了，它的字句和穆斯林生活的紋理密不可分。虔誠穆斯林每天頌唸這章經文十七次：晨禮兩次，昏禮三次，其他三次禮拜（晌禮、晡禮、宵禮）各四次。〈開端章〉可用來迎接好消息，簽約，或幫助在市場殺價順利。有些穆斯林把它銘刻在墓碑上[3]；有些在寬衣時唸它，保護自己不被刺探的精靈（*jinn*）†盯上。有一則聖訓指出這章經文是「死亡之外各種病痛的治療之源」[4]，大概正因如此，它成為頗受歡迎的護身符內容。經文蜷縮在一塊，由金銀材質包裹，做成項鍊。它掛在世界各地穆斯林家中的牆上，保護居民不受傷害。這段經文曾在搶案發生當下，拯救了一個我認識的婦女。她在自己的臥房，引述掛在牆上的表框〈開端章〉文字，讓持槍指著她的兩個竊賊平靜下來。她請經文作證，發誓只要他們低調離開，她絕不會放聲尖叫。聽完她所言——加上看到《古蘭經》——其中一名男子慢慢放下對準她頭部的槍。他們迅速逃離，而她毫髮無傷。

我把我的《古蘭經》翻到第一頁，開始朗讀：

奉至仁至慈的真主之名[5]

一切讚頌，全歸真主，全世界的主，
至仁至慈的主，
審判日的主。
我們崇拜祢，只求祢佑助，
求祢引導我們上正路，
祢所佑助者的路，
不是受譴怒者的路，也不是迷誤者的路。（一章：一至七節）

「我們崇拜祢。」（It is You we serve）這個句子在其他譯本翻作「我們惟獨拜祢」（Thee alone we worship）。阿拉伯半島上眾阿拉伯部落原有的多神崇拜被一個真主取代，把來自不同部落的個體，團結成一個具相同信仰的社群。對於麥加和麥地那的阿拉伯異教徒而言，《古蘭經》不僅帶來一種新信仰，還帶來一套新的社會秩序。人不再只是部落或家庭的成員，而是有更重要的身

* 譯注：第一章的阿拉伯原文共有二十五個字，翻譯成中文後，字數約在七十七字上下。

† 編注：人類、精靈和天使被認為是三種具有理性與思考的真主造物，真主以無煙之火造成精靈。精靈無法為肉眼所見，有善有惡，《古蘭經》中有不少關於精靈的描述，第七十二章即為〈精靈章〉（*Sura Al-Jinn*）。

分歸屬：一群稱作穆斯林的人，因崇拜單一至高的神而結合。麥加的異教徒爭先恐後搶著崇拜無數不重要的神祇與女神祇，那是伊斯蘭到來之前的光景，往後只待追憶。如今大家已做好準備，徹底服從全能的創造主。

不過，這個陳述不單純是一神論的表態，這句話有更激進的立場。短短六個字*道出了個人尊嚴的概念，由造人的主賦予每一個人。「當它說『我們惟獨拜祢』，意思是不許人崇拜任何天使、任何有錢的人，或任何有權的人，」阿卡蘭解釋，「一名穆斯林只服從真主。」

這就是了。發動阿拉伯之春乃至伊斯蘭婦女運動的合法性根源就在這句話中。揭穿專制暴政的文字，以令人嘆為觀止的精鍊語言，記載在《古蘭經》開宗明義的第一章。它們是對抗支配妻子的丈夫或折磨人民的總統的溫柔武器。在以真主為中心的宇宙[6]，誰都沒有權利支配另一個人，因為在創造主面前，眾生皆平等。它給眾人一個與生俱來的尊嚴，和他們的人類同伴對等。令人心滿意足的一章經文。不知漢斯看了會怎麼想。

阿卡蘭指出，「只求祢佑助」說明了順服為伊斯蘭的中心教義。「這句話顯示人類對崇拜的方法有疑惑，」他表示，「像是在說：『我們是無助的人民。我們需要更多祢的佑助。我們需要知道如何崇拜祢。』」

我們再次看到伊斯蘭要求穆斯林順服——伊斯蘭（*Islam*）一詞和「和平」有相同的阿拉伯字根，但其字面意思為「順服」。「當你看到『崇拜』二字，阿拉伯文為『*ibada*』，它意味著某種極端的謙遜，只允許發生在真主面前，」阿卡蘭表示，「這就是禮拜時要鞠躬的道理。在祂面前，我們必須極度謙卑。」基督教與猶太教以人名命名，然而「伊斯蘭」一詞，指的毋寧是一段關係，而不是單一人物——一段存在每個信徒和真主之間的關係。

目前為止，課程進行得很順利。阿卡蘭對〈開端章〉的解讀，描繪出一個正義而寬闊的世界觀。這段經文對個人和真主直接關係的強調，無需神職人員居間代理，是千真萬確的民主。在真主面前必須極度謙遜的概念並不陌生，而且令人敬佩。我只對最後三句有點不安：

求祢引導我們上正路，
祢所佑助者的路，
不是受譴怒者的路，也不是迷誤者的路。

「《古蘭經》希望人走真主的道路，」謝赫解釋，「真主的道路就是正路。」

「那誰是受祢佑助的人？」我提問，心想大概就是堅守正路的任何人。殊不知答案比我猜想的更加明確。「真主將祢的佑助授予四種人，」阿卡蘭說。

＊譯注：指「我們惟獨拜祢」。

我正襟危坐，前所未見地奮發向學，手指盤旋在筆電鍵盤上方。「首先是先知，」我敲打鍵盤。

「其次是誠信者（*Siddiqeen*），這些人不是先知，不過他們的本性充滿力量，引領他們走上正路，就像瑪爾嫣（Maryam）——《聖經》的瑪利亞（Mary），她以純淨的心聽從真主的指示。」

瞭解。然後：「殉教者。」

下一個？

「其他正直的人。」

但願這包含剩下的所有人。

他對「受真主佑助者」的說明，毋寧比我期望的族群更加特定。當我思忖著「正直」的定義究竟多廣時，下一句經文為我提供了線索：「不是受譴怒者的路，也不是迷誤者的路。」

「他們是怎麼樣的人？」我問，滿心期待得到一份約略類似猶太—基督教傳統的名單，從英文字母A的通姦者（adulterers）開始，到英文字母U的放高利貸者（usurers）結束。

名單遠比我以為的短。「有些人說『受他譴怒者』指的是猶太人，」[7]阿卡蘭回答，他的平靜剎那間增添幾分焦躁，「真主因為猶太人拒絕耶穌基督而對他們生氣。真主的佑助隨時可能消失。」

「猶太人」（Jews）像天外飛來的一顆卵石。它是個沉重、簡單、固執的單字。它總是使人們的對話戛然而止，不像形容詞「猶太人的」（Jewish）就沒有這問題。我想起英國導演喬納森·米勒（Jonathan Miller）的名言。「我不是猶太人，」米勒說，「只是有猶太人的血統。不是徹徹底底的猶太人，你懂吧。」[8]

謝赫繼續說：「真主不助佑迷誤者。有些人認為這句話在講基督教徒，他們太過極端，把先知耶穌混淆成神。《古蘭經》要穆斯林記得耶穌只是凡人。」

「可是猶太人（Jewish people）和基督教徒不是『有經書的子民』（*Ahl-e-Kitab*）嗎？」我問，哀傷地問。「所謂的有經人？」

伊斯蘭對「有經書的子民」的敬重有加，總在跨信仰活動中展現，因為他們是另外兩個已知偉大一神教的信徒。

「沒錯，他們是。」謝赫說。「我們敬重猶太人（Jewish people）和信奉基督教的人。」

謝赫不認為〈開端章〉的最後一句特指猶太人與基督徒，而是指任何偏離虔誠道路的穆斯林。

第一個信念的挑戰

課堂至此告一段落。我搭公車回倫敦，因數小時的擁擠車程感到反胃，同時因聽聞阿卡蘭詳述對最後一句經文的潛在不利解讀而擔憂。就像漢斯隨意地在午餐時詆毀伊斯蘭，它說明偏見潛伏在意想不到之處。我心煩意亂。不是因為猶太人的身分，而是因為信仰人文主義。或許和阿卡蘭讀《古蘭經》的風險太大了，就像找父母教你開車一樣。在解讀《古蘭經》第一章的過程中，我們已偏離了過去二十年來謹守的精心修整的談話清單。我們從兩人友誼的正道，轉向鋪滿硬石子的路肩。我對伊斯蘭社會的熱情，很大一部分來自尋找它和我本身觀點的相似處。每當看見表象差異底下的共同價值，總令我陶醉不已。阿卡蘭友誼的悅人之處，很大一部分來自於和自己觀點截然不同之人產生共鳴的那份驚喜。結果，好了吧，才上第一堂課，我已經聽到不想聽的話。

這些混亂騷動是必要的，我知道。我向阿卡蘭學習的目的之一，就是為了測試自己容忍度的極限。直到今天之前，我對我的多元主義觀點採自由放任（laissez-faire）態度，與其說是對自我信念的真正挑戰，倒不如說是一種都會習慣。在實際生活中，我在午餐吃墨西哥玉米捲餅，在瑜伽課開始前發出「唵」的梵咒，在花粉季節服用中藥。這些年來，我每天至少擁抱多樣性兩次，譬如每天早晨坐紐約地鐵通勤時徜徉語言之海，或在倫敦公車上觀察乘客頭部的千變萬化，有些頭罩著頭巾，有些頭光禿禿，有些頭垂著大把雷鬼辮（dreadlocked）。

和阿卡蘭的第一堂課暗示，我和其他世界觀的關係比較像參加慶典，而不是多元主義。我認識一些守舊的共和黨人，但不認識任何在小布希當總統後還追隨傳統的共和黨人。我有很多具猶太人血統的朋友，但大多是文化上的猶太人；他們當中沒有正統猶太教信徒。所有我認識的天主教徒都是過去式。在我的社交圈裡，沒有人否認婦女有選擇墮胎的權利。我或許能被看作頌揚多樣性的人，不過，事實是，我的世界觀非常局限。

公車搖晃駛進倫敦載我到站，下車後，我的情緒比那天清晨上車時更低落，立場開始動搖。站在人行道上，我把肩膀上的背包束緊些，鬱鬱寡歡地猜想漢斯會怎麼說。

隔天，秉著不屈不撓的決心，我啟程前往布魯姆斯伯里（**Bloomsbury**）*。還是研究生的時候，我會到嬉皮味濃厚的倫敦大學亞非學院的圖書館工作，甩掉一點牛津人的一本正經。光是在那裡唸書就令人感到解脫。亞非學院的學生穿耳洞，也穿戴頭巾；學校廳堂張貼一堆關於世界和平與反對種族主義的海報。就連明亮整齊的圖書館，都給人不受歷史包袱約束的感覺。我徑直走向「《古蘭經》詮釋學」（*tafsir*）的書架，搬了一大疊下來。我想要找回以前那種堅定、明亮的確定感。

我坐在我搬來的《古蘭經》詮釋學高塔旁，用手指掃視索引欄的「〈開端章〉」和「《古蘭經》對猶太人和基督徒的態度」。我從偉大的二十世紀穆斯林改革主義者法茲魯爾・拉赫曼（**Fazlur Rahman**）的導論文字中尋獲一些慰藉。在《古蘭經的重要主題》（*Major Themes of the Quran*）一書中，他引用一段第二章的經文：「信道者（穆斯林）、猶太教徒、基督教徒、拜星教

* 譯注：倫敦市內的一個小區。

徒（Sabaean），凡信真主和末日，並且行善的，將來在主那裡必得享受自己的報酬，他們將來沒有恐懼，也不憂愁。」[9]拉赫曼總結道，這些文字基本上有「顯而易見的用意」，說穿了就是那些「來自不同背景的人類——凡信真主和末日，並且行善的，必將得救」。

看吧。終歸還是在講信仰真主，還有當個善良的人。我大大鬆了一口氣。那些我做得到。我一直把伊斯蘭視為協調眾多信仰的一股力量，現在我重拾了對伊斯蘭的信任。

第二章

一個美國人到東方

對父親而言，帶著妻小到海外住幾年，可慰藉他對美國社會長期的不滿和他的憂鬱症。他在密蘇里州當法律系教授，可是覺得在陌生國度更適得其所，若那些地方有他心目中文明社會必備的「葡萄、甜瓜和橄欖樹」時，更是如此。因此我的童年分別在聖路易郊區和穆斯林世界的幾個城市輪流度過。不消說，這份外派列表——德黑蘭、德里、喀布爾和開羅——非常啟人疑竇。媽媽的家族認為我爸是個中情局探員，狡猾偽裝成個性古怪的大學教授。他不是中情局的人。他把我們帶到國外比較是出於審美和情感因素，而非職業考量。

我們家最接近信仰體系的東西，是對旅行療癒力的堅信不疑，因此宗教經典在我的養成教育中不具一席之地。我有個背棄信仰的貴格會教徒父親，以及把信念儲存在貝果和對〈陀螺之歌〉（dreidel song）*模糊記憶之中的猶太血統母親，身為他們的女兒，我在成長期間不曾讀過任何宗教聖典。我們家是世俗家庭，藝廊與公園是我們的教堂，懷疑是我們的預設立場。我的雙親都是教授，不太在乎宗教信仰。宗教信仰或許曾幫助我們的祖先，他們拖著沉重腳步走在東歐猶太小鎮、在北美大平原上的公地奮力求生，不過對我那兩位擁有高等教育文憑和爵士樂手邁爾士·戴維斯（Miles Davis）黑膠唱片的父母卻不然。他們相信，超驗（Transcendence）†存在文藝復興繪畫大師提香（Titian）的畫作或夕陽裡，而非神聖典籍或聖人。我唯一的宗教訓練是偶爾在週日拜訪倫理學會（Ethical Society），我們在這個人文主義者集會所，彩繪世界各地的孩童的圖畫，歡唱關於簡樸恩賜的歌曲。

當母親露出猶太教的一面，是以文化而非宗教信仰的形式展現，而且一定和她的童年記憶有關，譬如鞍部鞋（saddle shoes）或吊帶。若她碰巧記得，我們會在逾越節藏無酵餅（matzo），在光明節點亮猶太教燈臺。偶爾她冷不防冒出幾句從立陶宛祖母那兒學來、記不太清楚的意第緒語（Yiddish）：貶斥電影《愛的故事》為「沒格調」（schlock），在我和弟弟打鬧時，稱我是個「野孩子」（vilde chaya）。即便如此，我確實依稀自覺是個猶太人，雖然我所謂的猶太人自覺，充其量是一種特殊的城市世界主義，由黑色諷刺和訂閱《紐約客》雜誌所組成。極度節儉是父親貴格會文化傳統的唯一遺跡，還有關於成天「汝」來「爾」去慣用古英語的姑婆們的故事，以及隱約覺得參加貴格聚會或許不錯，前提是改天有機會的話。「我樂意信教。」父親會邊說邊張開雙臂，彷彿等待某個神祇降臨他的懷抱。神祇不曾真的來過。

父親用旅行和旅途中購買的手工藝品，填滿宗教缺席留下的真空。在聖路易家裡，我們和斑駁鍍金佛像、印度細密畫以及成堆東方地毯一起生活——這是父親用來阻擋密蘇里州入侵的防禦工事。對他而言，聖路易是鄰居要相互點頭致意的城市，是人們秉著陰森沉默埋頭工作的城市，

---

* 譯注：猶太童謠。

† 譯注：指超越感官可見的世界，如人的精神靈魂，雖然和肉體相結合，但其精神性卻超越感官可見的世界，而純粹的精神尤其超越可見的有形世界，神所具有的超越性更是高於一切。

是在冬寒中蜷縮長途步行的城市。可是為了養家，他勉強接受一份工作，在那裡教法律。他發現，只要夏天能到歐洲旅行，然後每隔幾年申請研究獎學金或無薪休假到海外住一陣子，這份工作是可以忍受的。

七〇年代初期，他首次在伊朗發現伊斯蘭文化的強效抗憂鬱成分。緩慢的日常節奏，中間穿插幾杯茶與禮拜時間，對他起了撫慰作用。中東的市集（**bazaar**）文化以不著邊際的閒話家常沖淡交易時的針鋒相對，讓他覺得比購物中心自然，也比較有人情味。他第一次感到自在。倚著伊斯法罕式清真寺的牆面蹲坐，或在市場與人辯論土耳其毯馬鞍袋的優點，他不再是《法律評論》（*Law Review*）交際場合上的壁花。對不曾與直系親屬以外團體產生連結的男人而言，西亞給他一種歸屬感。就連幼小的我亦看出穿梭於不同文化令他判若兩人：跨文化超越價值觀，成為一種生存策略。

我本身對伊斯蘭社會最初的認識是全然感官的，全是關於表象質感的觀察。以棕糖色沙漠為背景的綠松石色清真寺圓頂。太陽光下羊毛地毯散發灰塵和肉味。伊朗婦女好整以暇地以牙齒緊咬罩袍（從頭到腳的連身伊朗式罩布）的邊緣，以便騰出雙手抱嬰兒或提購物袋。

小時候的我為了把陌生環境變得熟悉，曾粗拙地嘗試跨文化理解。五歲時，我最喜歡的遊戲是「伊朗女士」——一個美國孩子玩德黑蘭版的扮家家酒——我把自己包進童裝伊朗罩袍，扮演伊朗女士。六年後，住在喀布爾，我幻想能有一間攤販[1]，或許隱藏在市集的角落深處，販售美味泡泡糖（Bubble Yum）、博納貝爾潤唇膏（Bonne Bell Lip Smackers）和Levi's牛仔褲，那是十一歲的我最渴望從美國得到的幾件物品。我腦海中的區域地圖，依照微不足道且高度個人化的比例尺所繪製。開伯爾山口*是美國青少年前往巴基斯坦首都伊斯蘭瑪巴德（Islamabad）看國務院牙齒矯正科的路。白沙瓦（Peshawar）†有一間提供美味餃子的中國餐館，還有一個黃金市集，客人可以試戴綴有紅寶石和綠寶石的皇冠頭飾。

住在喀布爾，我不是唯一以短淺目光想像這個區域的人：一九七〇年代期間，若西方人曾認真考慮怎麼處置阿富汗，那便是把它當作尋刺激與古怪孤僻之人的異國遊樂場。嬉皮為尋找比德里或果阿（Goa）品質更好的大麻膏而來。牛津劍橋古典學者在鄉間四處搜索亞歷山大大帝留下的古文物。父親到阿富汗尋找卡什加地毯（Kashgai rugs）、香甜的布哈拉甜瓜，以及和聖路易大學法學院教員休息室最遙遠的距離。

儘管熱愛伊朗與阿富汗，父親對伊斯蘭文化的觀點是東方主義式的，而非身歷其境的，更著重美學欣賞，勝過承認一個現存的傳統。在他寄回家的信件中，信仰似乎不過是華麗清真寺與聖殿、孔雀藍磁磚和禮拜跪毯的源頭。我們徘徊在社會的邊緣，雖然住在當地，卻對中東正在發生

* 編注：巴基斯坦與阿富汗的北部交界口。
† 編注：位於巴基斯坦西北邊的城市，鄰近阿富汗邊界。

的重大事件渾然未覺。我們從德黑蘭家的陽臺觀看穆哈蘭姆月（*Muharram*）遊行，男人用鞭子或鐵鍊鞭笞自己，唱著〈胡笙啊〉（Yo, Hussein），哀悼先知在卡爾巴拉戰役中死去的孫子。*我父母完全不知道，將眼前遊行的能量套到對波斯國王（shah）†政權的憎恨上，竟強大到足以推動一場革命。他們也沒料到伊斯蘭會成為阿富汗戰士對抗蘇聯軍隊的強大工具。抑或提供埃及人宣洩對獨裁統治者不滿的框架。

一九七九年之前，伊斯蘭已退縮至私人領域，起碼當時的西方公眾意見這麼認為。中東的未來屬於世俗的現代推動者，像巴勒維國王或薩達姆．海珊，他們是可靠的人，會向我們購買坦克和飛機，會建造道路和水壩，就算不推動民主，起碼注重國土保安。一九七七年的元旦前夕，吉米．卡特總統曾向巴勒維國王祝酒，稱伊朗是動亂區域的「安定之島」。西化和世俗化才有前途。伊斯蘭是鄉村婦女的消遣，或蹲伏在清真寺庭院凋零老者的寄託。

事後我們才發現那個想像多麼狹隘。一九七九年的冬天，新聞全是嚴肅婦女穿黑色伊朗罩袍在德黑蘭街頭遊行的照片。鬍鬚蓬亂的男人呵斥「洋基佬，滾回去」。同年冬季還出現另一個畫面，同樣令人震驚：國王和他的妻子法拉赫皇后，披著毛皮，站在德黑蘭機場的柏油跑道，準備離開伊朗前往埃及「度假」，然後就一去不回了。兩週後，一架法國航空的飛機載著臉龐瘦長鋒利的何梅尼（Ayatollah Khomeini）回家，受到民眾欣喜若狂的歡迎。

當我們住在德黑蘭的時候，國王就像一個凡間的上帝，擁有孔雀王座和美若天仙的王后。

王后的加冕王冠比我在所有童話書上看到的都還要大。對我而言，國王彷彿全能全知，冷峻深邃的雙眼，從商店與銀行的壁掛肖像畫凝視向外。不過，一九七九年我們住在埃及時，沙達特總統（Sadat）給我的感覺也是如此，那年他和以色列簽署和平條約；兩年後，我仔細打量著《時代》雜誌刊載的圖片，一座閱兵臺被子彈射得千瘡百孔，一名總統遭伊斯蘭聖戰組織成員刺殺。

即便當時，我對我們的無知略感羞愧——我們和棲居之社會的疏離簡直逼近道德失敗。

「你怎能不知道？」我秉著滿腔青春期自以為是的正義感質問道。當時是我們回到聖路易後，我和爸媽正在看六點整點新聞的伊朗人質危機新聞影片。新聞畫面中，多名美國外交官，手被綑綁，蒙著眼罩，被帶到美國大使館戶外列隊展示。我曾經很愛那個大使館，因為館內的餐廳有亨氏（Heinz）番茄醬和糖包。

* 編注：穆哈蘭姆月為伊斯蘭曆的一月，也是四個聖月之一。西元六八〇年穆哈蘭姆月十日，於今日伊拉克境內的卡爾巴拉（Karbala）發生穆斯林間的血腥戰役。因權位繼承問題，伍麥亞朝的哈里發亞濟德一世（Yazid I）率領大批軍隊，對抗以先知穆罕默德之孫胡笙．伊本—阿里（Hussein ibn Ali）為首的勢力，最後胡笙及其大批支持者在戰爭中身亡。尊崇先知後裔的什葉派穆斯林為紀念胡笙，會在這天上街遊行，甚至傷害自己的肉身以表示哀悼，是為什葉派的重要節日阿舒拉節（Ashura）。詳情可參閱《先知之後：伊斯蘭千年大分裂的起源》。

† 譯注：波斯語中古代伊朗高原諸民族的君主頭銜。此處指穆罕默德—禮薩．巴勒維（Mohammad Reza Shah Pahlavi），是伊朗的國王，一九四一年即位，一九七九年一月十一日被伊朗伊斯蘭革命推翻。

我以責備的眼神瞪著我的父母。「發生這麼多事，我們人就在那，但完全不知情？」

「我們知道檯面下有些腐敗的事，」母親和婉地回答，「那些房子，還有現金，還有招牌。但你感覺得到那全是虛有其表，在美麗門面的背後，一切都糟糕透了。」

我們住在伊朗的日子，外界謠傳國王祕密警察機構「薩瓦克」（SAVAK）的局長，是父親司法正義課堂上的學生。國王的影子甚至籠罩母親的莎士比亞課。講授描述暴君權力動搖的劇作《李爾王》（*King Lear*）是尤其棘手的任務。無論母親怎麼嘗試，她的伊朗學生始終不解寇蒂莉亞（Cordelia）不願順著父親李爾王之意加以奉承的原因。這些忠於「萬王之王、雅利安人之光」、繼承數世紀恭敬順從的國王的子民，在母親的課堂上總是困惑不已。抑或是，他們聽聞校園內有薩瓦克密探的謠言，所以才假裝困惑不解。

儘管國王的獨裁專政決定了一般伊朗人的生活，多數西方國家仍宛如追星般地仰慕他的政權。我們住在伊朗那年，他舉辦了一場慶祝波斯君權統治滿兩千五百年的派對*，被何梅尼指稱為「惡魔的歡慶」（Devil's Festival）。派對籌劃者建造一堵高牆遮掩一大片鄰近社區，以免國外要人們看了覺得礙眼。一名花藝師從凡爾賽宮搭機前來，在波斯波利斯（Persepolis）†蠍子隨處可見的沙漠中耐心照料一座玫瑰園。各國領袖在空調帳篷裡飲用拉菲酒莊（Château Lafite-Rothschild）[2]產的一九四五年份的葡萄酒，品嚐烤孔雀。與會賓客的衣著彷彿來自五歲孩子的瘋狂幻想：衣索比亞當時的皇帝海爾·塞拉西（Haile Selassie）愛犬的項圈都鑲有鑽石。[3]

波斯波利斯慶典舉辦前的那幾年，來自世俗與宗教背景的政權批評者，均大力反對這類對西式表象的崇拜。許多人遭流放、監禁或被薩瓦克騷擾，但他們的話語在海外流亡圈餘音繚繞，並透過禁書流傳散播。一九六二年，伊朗作家賈拉勒·艾哈邁德（Jalal Al-e-Ahmad）祕密出版《迷醉西方》（*Gharbzadegi*）‡。這是對伊朗菁英執迷於模仿西方的攻擊。「一個迷醉西方的人……就像飄蕩在空氣中的一顆灰塵粒子，或漂浮在水面上的一根稻草，」艾哈邁德寫道，「他切斷了自己和社會、文化與習俗之精髓的連結。」[4]

認識這個區域的歷史更令我看清，我們過去對當時棲居之社會的淺薄無知。個別來看，我們絕對不是「醜陋的美國人」（Ugly Americans）§。可是，雖然我的父母學習波斯語且深受伊朗清真寺與地毯的吸引，我意識到，我們其實屬於一九七〇年代伊朗經歷的美國入侵的一部分。我的母親與父親尊重文化，但仍屬於五萬多名美國人的一員[5]，他們來伊朗提供管線鋪設或刑法法典的諮詢服務，以及販售冰箱或導彈——最重要的是，驅策伊朗朝西化之路前進。

因為我們是美國人，當地法律對我們不具約束力。某個寒冷冬夜，我們一家以觀光客的身分

---

* 譯注：一九七一年，巴勒維國王舉辦了「居魯士大帝建立波斯帝國兩千五百週年」一系列慶典活動。

† 編注：位於伊朗西南部的城市。

‡ 譯注：即「西方主義」（Occidentosis）或「西方毒化」（Westoxification）的波斯語。

§ 譯注：美國動畫喜劇，二〇一〇年播出，有不少對美國現實的映射和諷刺內容。

抵達設拉子（Shiraz），那次我見證了美國人的不可侵犯。在爸媽從計程車卸下行李的同時，他們要我看著兩歲大的弟弟。我沒有照做，起碼看得不夠緊，於是他搖搖晃晃地走到街上，被一輛卡車撞倒。他生命無虞，只是受驚，但意外引來圍觀人潮，以及兩位警察。爸媽向官員保證犯錯的絕非卡車駕駛，是他們自己考慮欠周，根本不該把一個學步嬰孩留給一個五歲小孩照顧。即便如此，駕駛仍被丟進大牢，就因為我們是美國人。伊朗國王和華府簽了一份協議，美國人稱為「地位協定」（Status of Forces Treaty），但伊朗人稱為「投降條約」（Capitulation Treaty），讓美國人在伊朗領土享有豁免權。父親後來整晚在警局度過，懇請他們釋放駕駛。

約莫二十年後，因為牛津的波斯語教授要我們翻譯何梅尼眾多講道內容的其中一篇，我才第一次憶起這件往事。一九六四年，地位協定剛生效，正是這篇演講內容使何梅尼從伊朗被驅逐出境，直到國王倒臺。「一個人撞死美國人的狗，他會被起訴，」何梅尼指出，「但美國廚師輾過一國元首的國王，沒人有權利阻止他。」[6]

其他閱讀材料為我的記憶增添令人不安的新意涵。大學時期的我，和一九八〇年代數百萬其他學生一樣，一頭栽進愛德華・薩依德（Edward Said）的文學與文化批評著作。他指出，千百年來，西方的東方觀點向來都是與現實不符的幻想——和西方恐懼與帝國主義的關聯，多過和東方社會本身的關聯。在薩依德看來，西方對東方文化的描摹膚淺空洞，是歐洲殖民強權在政經方面實際控制亞洲與非洲人民的一種延伸展現。研究英屬印度歷史，我從到孟加拉制訂英國法律的沙希布（*sahib*）*，抑或在旁遮普（Punjab）再現威爾特郡（Wiltshire）花園的曼沙希布（*memsahib*）†，可約略看見我雙親的輪廓。父親拿華府幫助編纂阿富汗憲法的補助金，和前朝帝國沒有瓜葛。儘管如此，他和其他許多美國人出現在喀布爾，暗示蘇聯和美國在阿富汗國內進行漫無目的的「新大博弈」。在俄羅斯人終於在一九七九年入侵之前，美蘇兩國不斷地在此展開大型開發計畫，以此作為角力的戰場。蘇聯在喀布爾蓋機場[7]；美國人提供它的通訊和電子設備。蘇聯從興都庫什山脈（Hindu Kush）開鑿出薩朗山口（Salang Pass）；美國人在赫爾曼德河（Helmand）開挖大壩。

在喀布爾的美國小孩可謂加倍地天真：高聳的院落圍牆、只招待西方人的俱樂部，還有軍營內的美式超市補給著帝國派遣隊，好讓他們不必踏進阿富汗社會一步。在很多方面，我的喀布爾生活比在聖路易時更有美國味。我們用美國運來的錄影帶看《星際大戰》，打網球，住在一幢兩層樓高附庭院的大房，還養了一隻狗。「如果瞇著眼睛看，」母親寫道，「這裡的建築就跟南加州沒有什麼兩樣！」

我們和多數英屬印度的英國沙希布一樣，與當地人不太打交道。我們喜歡我們的僕人，和偶

* 譯注：殖民時代印度人對有地位的男性的尊稱。

† 譯注：殖民時代印度人對有地位的女性的尊稱。

爾來家中共進晚宴的最高法院法官與司法部官員交際寒暄。但說也奇怪，我對那裡生活的記憶，缺乏與阿富汗人的真實友誼，甚至不曾和阿富汗人多講幾句話。父親波斯語講得不錯，而且週末經常和地毯商人在一起，是我們家四人中最親近阿富汗文化的人。日後，他說喀布爾歲月是他生命中最快樂的一段。

某種程度上，他是沉溺在伊斯蘭世界獨特且自給自足的東方主義幻想的最後世代。一九六〇和七〇年代，西方人還勉強能說服自己相信伊斯蘭遠在天邊，誠如他們自一〇九五年起所相信的，也就是當十字軍乘著馬匹去搶奪由撒拉森人（Saracen）*控制的耶路撒冷。直到一九七九年之前，一個人可能在東方的大麻酒館或蘇非主義者集會處，找到屬於自己的個人天堂，抑或打造一個建造水壩、道路、刑罰制度的事業。

今天，美國和阿富汗之間的距離已徹底消失：密爾瓦基市（Milwaukee）†眾多母親擔心著赫爾曼德省（Helmand）‡的步行巡邏。坎達哈（Kandahar）是家喻戶曉的地名§，喀布爾則是各國元首和將軍們例行性的公關拜訪停靠站。移民，加上戰爭，模糊了穆斯林與非穆斯林世界的分界。父親生活的年代無疑已有穆斯林住在西方，而且數百年前已是如此。但直到一九六〇和七〇年代，來自前歐洲殖民地的移民開始在西方安家落戶，人們才覺得伊斯蘭將成為一股永久勢力。獨裁統治和戰爭造成的難民，在一九八〇和九〇年代加入外來移民的行列。巴黎與皮奧里亞（Peoria）¶、柏林與洛杉磯，迎來在革命中選錯邊的伊朗人；遭到海珊迫害的伊拉克人；想逃出格達費（Muammar Ghaddafi）特勤組織魔掌的利比亞人；還有逃離內戰的阿爾及利亞人、阿富汗人、索馬利亞人與蘇丹人。他們養兒育女、建造清真寺、開始遊說並在他們的新國家投票。他們為兩個貌似迥異的時空「伊斯蘭世界」和「西方」搭起銜接的橋梁。

交疊的兩個世界

對薩依德和受他啟發的後殖民評論家而言，西方眼中的伊斯蘭世界是一成不變的，居住著幾種被刻板印象畫分的人，而不是活生生會呼吸的人。他在重要著作《東方主義》（*Orientalism*）的題詞引用馬克思的話：「他們不能表述自己；他們必須被表述。」[8] 從事記者工作，有時我會在工作場合看到這個假設。某次開專題會議時，我們正討論該如何報導一場慘絕人寰的以色列炸彈攻擊，我提議我們除了以色列人之外也應該取得巴勒斯坦人的回應。「我想大家都知道他們想幹嘛。」一名編輯厲聲否決。一九九五年，在《新聞週刊》任職的第一個月，我獲派報導費城市區

---

* 編注：原為西方對阿拉伯人的稱呼，十一世紀末的十字軍東征時期以「撒拉森人」泛稱亞洲與北非的穆斯林。

† 編注：位於美國威斯康辛州的城市。

‡ 編注：位於阿富汗西南部。

§ 編注：阿富汗第二大城，更是塔利班興起之地。

¶ 譯注：位於美國伊利諾州。

基督徒和穆斯林的對立故事。我到費城之後，看見的是和平共存，於是如實報導。結果內容付印的前一刻，我卻在懇求一名編輯改掉落在報導上方的煽動性標題：「城內爆發聖戰。」幸好他後來同意換掉標題。

一次又一次，我們過去習慣用來概括穆斯林團體的標籤經不起仔細檢驗。「塔利班」如今變成宗教上極端拘謹的反西方戰士的同義詞，但某次前往塔利班掌控的喀布爾做採訪途中，我聽到外交部長的新聞祕書以流利的義大利語，熱情洋溢地談論他在義大利念考古時所見到的羅馬花園。另一名高層神學士（*Talib*）若有所思地描述拉斯維加斯的輝煌：「不可思議的一個地方，」他說，「但我在凱薩皇宮飯店（Causars Palace）的機臺輸了十美元。」[9]這名年輕的神學士名叫「戰鬥」（*Jang*），擔任《新聞週刊》攝影師尼娜・博曼（Nina Berman）和我的導遊。他一點都不像可怕的狂熱分子，反而像個驚恐的年輕男孩，我們推測這男孩不曾和家人以外的女人說過話。我們笑的時候，他會不停地啃咬頭巾布的尾巴。「親愛的姐妹們，」戰鬥咯咯笑說，「我沒有接待過記者。」[10]就連我們問山脈和街道的名稱，似乎都讓他覺得尷尬；有一次他甚至害羞地把臉埋進手掌裡。「你們真想嚇他的話，就用手摸他。」一名中年阿富汗男子說。我們終究沒鼓起勇氣，在採訪停留期間和他一樣保持羞怯。私底下，我們稱他作「我們的神學士」。

因為瞭解刻板印象往往在近距離檢視後成泡影，我寫很多以伊斯蘭為題的專題報導，希望它們能夠成為登上報紙版面那些穆斯林的對照。我報導創新的清真寺設計、伊斯蘭創業家，還有加州灣區的新潮穆斯林。這類文章立意良善但流於膚淺。我傳遞的是穆斯林的生活剪影，而不是經深思熟慮的人物畫像。報導的潛臺詞是這些穆斯林和西方人沒兩樣，我的故事讓我聯想到超市賣的通俗小報，呈現名人抱著蠕動小蟲般的嬰兒或啜飲拿鐵等平常之舉。穆斯林也會買股票，和平常人一樣！他們與人社交！運動健身！喝清真精力飲料！這些文章固然脫離了以聖戰分子和全蒙面罩袍（*burqa*）等刻板形象簡化伊斯蘭世界的層次，但它們仍是在「相同」與「不同」的陳腔濫調之間流連忘返。它們仍視西方文化為北極星，是一切其他文化必須據以改變自己的燈塔。這些文章的核心是西方文化及其偏見，而不是為呈現真正的伊斯蘭文化。

閱讀《古蘭經》是為了扛起一個傳統，但也是為了擺脫傳統。這個踏遍亞洲，與未知產生連結的渴望，由父親起了頭，我將接棒。只不過，我的探索形式是透過一部聖典，以及一段友誼。父親旅行的時候世界仍保有最後一絲異國情調。我則是在緊密連結的全球化世界展開遠征，一個穆斯林世界和西方之間不存在地理距離的世界，在這個世界裡，「穆斯林的」和「西方的」不是分踞對角線的兩端，而是相互交織重疊。

第三章

一個穆斯林到西方

聽說我正求教於一名穆斯林學者，非穆斯林最想知道的通常是該學者的屬性。「溫和派穆斯林？」他們會這麼問，「還是基本教義派？」抑或有些人會問，「他是自由派還是保守派？」用詞或有差異；潛臺詞卻是一致的：他是「我們的人」？還是「他們的人」？經歷過去幾十年的創傷後，我們僅剩這樣的語言。在今天，把人填進媒體和「文明衝突」支持者雕鑿的工整溝槽裡，簡直易如反掌。

我該怎麼介紹謝赫？在圖書館埋首當代伊斯蘭運動的書堆毫無幫助。他做女性學者的研究，說明他是進步分子？他呼籲回歸《古蘭經》和先知傳統，所以屬於改革派或新傳統主義者？他對《古蘭經》的地獄之火和天堂蓊鬱花園的直接解讀，代表他是薩拉菲主義者（*Salafi*）* 或瓦哈比主義者（*Wahhabi*）† ？

我跟著謝赫讀經愈久，愈覺得既有標籤，無論是西方的或穆斯林的，皆一無是處。謝赫到底屬於什麼？他是使保守派憤慨、進步分子失望的一名受傳統訓練出身的學者。有時則是保守派對他失望，進步分子對他感到憤慨。他是接受伊斯蘭允許一夫多妻的女權提倡者。他是個人良心的捍衛者，但不是西方式的個人主義者。他提倡創意思考，但認為必須以正確的伊斯蘭研究與古典史料為基礎。他建議學生們自己做決定，但不要改變伊斯蘭不可違背的真理。「真主的旨意，」他警告，「是唯一的旨意。」他很傳統，但經常被其他自稱守護傳統的人批評。他是引來基本教義派攻擊砲火的基本教義倡導者。每次我以為找到可以形容他的名詞，就會發現其反義好像也適用於他。嘗試歸類謝赫，注定使人啞然無言。

事實證明，這種啞然無言的感受再恰當不過了。我拜訪劍橋大學的伊斯蘭研究教授提姆·溫特（Tim Winter）時，備感欣慰地得知這點。他告訴我，試圖將伊斯蘭思想家放進西方範疇是不可能成功的構想。「伊斯蘭沒有光譜，」溫特說，他另外有個穆斯林名字叫作阿布達勒—哈基姆·穆拉德（Abdal Hakim Murad），「有些遵從經書主義傳統（Literalist）的穆斯林，是極度擁護婦女的。有些穆斯林神祕莫測，不過也非常熱衷政治。任何組合都有可能。出問題都是因為試圖強行套用基督教為所有宗教的模型的想法。」

我離開溫特的辦公室，發誓要努力避開僵固的分類標籤。我寧願繼續啞然無言。

無法分類的伊斯蘭學者

就連阿卡蘭的穆斯林同胞，也覺得用既有分類歸納他令人傷透腦筋。「他非常保守，對吧？」

---

* 譯注：是遜尼派穆斯林中的一種極端保守的正統運動。該學說可以概括為伊斯蘭信仰中的基本教義派和伊斯蘭復古主義，效法先知穆罕默德和他早期的追隨者，也就是「虔誠的祖先」（*al-salaf al-salih*），拒絕宗教上的創新或「異端」（*bida*），支持實施伊斯蘭法。

† 譯注：興起於十八世紀中葉，屬遜尼基本教義派的一脈，該派在教義上極端保守，信徒主要集中在沙烏地阿拉伯和卡達。

在與阿卡蘭討論他的伊斯蘭學者研究後，一名行動主義者這麼說。不，不對吧，他非常開明，幾名穆斯林大為光火地說，認為他的婦女研究意味著男人與女人可以隨意接觸。

阿卡蘭一九九一年剛來牛津伊斯蘭研究中心報到時，中心主任「想要知道我的意見」，他回憶道。當時的主任是個穿合身剪裁西裝、長袖善舞的管理者，熱衷募款，對穆斯林進行一項石蕊測驗。主任問阿卡蘭該怎麼處理《魔鬼詩篇》（*The Satanic Verses*）？

那個時候，該書作者魯希迪（**Salman Rushdie**）的爭議在清真寺和媒體上仍鬧得沸沸揚揚。何梅尼頒布伊斯蘭教令，下令追殺小說家，因為他的著作侮辱了伊斯蘭。該教令至今仍嚴重威脅著魯希迪的生命。《魔鬼詩篇》大膽質疑《古蘭經》作為真主話語的真實性，而且包含關於妓院的描述，其中好幾名妓女還與先知穆罕默德的妻子們同名。世界各地的穆斯林認為此書詆毀先知穆罕默德及其家人，還有《古蘭經》。

小說在英國造成的傷口特別疼痛。英國穆斯林社群絕大多數來自南亞，該地區對《古蘭經》和先知穆罕默德的情感尤其深刻。阿拉伯人可宣稱先知穆罕默德是阿拉伯同胞，而且《古蘭經》以阿拉伯文寫成，印度次大陸的穆斯林就不行了，因此捍衛先知和《古蘭經》的榮譽成為珍貴的文化圖騰。第一、二代的南亞穆斯林感到痛心，魯希迪身為印度穆斯林移民的一員，為了說個故事，竟背叛南亞伊斯蘭文化最重視的價值。魯希迪事件給英國穆斯林的刺激，遠勝以往的一切議題，穿莎爾瓦卡米茲（**shalwar kameez**）、戴卡拉庫爾帽（**karakul hat**）的蓄鬍男子們走上英國街頭，走進英國人的視線。他們放火燒書，破壞海報，立起長有惡魔之角的魯希迪醜陋假人。[1] 爭議不僅是讓一個年輕溫和移民社群宣洩整體不滿的替罪羊，它也是率直的分類工具，幫助有心人將世界分成「溫和派」和「激進派」，或是「我們」和「他們」。

因此，中心主任想知道剛離開穆斯林學校的年輕學者，認為穆斯林該怎麼處置魯希迪的作品，幾乎不令人意外。

「不要理它。」謝赫回覆。

在一九九一年的狂暴氛圍中提議無為而治，等於將自己放逐到文化的無主之地。陣營形成，壁壘分明，撕裂著言論自由與「西方」價值守護者，以及伊斯蘭信仰的捍衛者。「那時候，人人都認為我們應該抗議。」阿卡蘭說。

建議同時忽略小說和教令？實際上怎行得通？這個年輕的穆斯林學校研究生究竟在幫哪個文化球隊比賽？

事實證明，他是伊斯蘭隊的。謝赫說明，抗議只會傷害穆斯林。《魔鬼詩篇》的大火並未傷及真主或先知，兩者都不需要他人捍衛。可是它嚴重損及世人對伊斯蘭的看法。「我們遊行抗議後，沒有一個人改變對伊斯蘭的看法。」他說。謝赫表示，要是英國穆斯林利用這個爭議糾正錯誤觀念，然後和其他英國社群展開對話，或許會對他們有所助益，但燒毀書籍與抱怨，不過是浪費時間。

況且，身為一名學者，他並不推崇何梅尼頒布的教令。「那是個沒用的教令，對穆斯林毫無助益，」謝赫回憶，「那比較像是賺取政治力量的教令，而不是真正的教令。」經過和伊拉克的戰爭之後，許多穆斯林國家都不太喜歡何梅尼。此舉不過是何梅尼試圖重新恢復他在穆斯林心目中的崇高地位。

阿卡蘭陳述他不願蹚《魔鬼詩篇》渾水的時候，我想起了李爾王的女兒寇蒂莉亞，她拒絕在眾人面前展現對父親的愛。當她的兩個姐姐信誓旦旦地宣告她們對李爾王的忠誠，寇蒂莉亞卻只說：「我沒有話說。」阿卡蘭就像李爾王的小女兒，拒絕加入充滿政治色彩的情感展示。他不願意扮演缺乏信心的移民，在不同文化之間抉擇。他不允許自己成為新聞報導中的穆斯林化裝舞會成員，表現得復仇心切且怒不可遏。後殖民風暴席捲印度和英國之際，他在一旁靜觀其變。對等著看場面壯觀的文明衝突好戲的那些人，他沒有話說。

寇蒂莉亞或許是《李爾王》劇中平靜明智的道德之聲，可是她卻為此吃盡苦頭。她被流放、監禁，然後在劇末喪生。阿卡蘭的獨立自主，也令他成為眾矢之的。在題為〈阿卡蘭．納德維博士的滔天大錯！〉（Dr. Akram Nadwi's disastrous mistake!）[2]的網路揭文中，一名部落客火力全開，稱阿卡蘭是「爭議一辭的縮影」，而且他「想要藉由踐踏信奉伊斯蘭的尊嚴，暗中顛覆先知傳統」。網路上一度出現一個名為「阿卡蘭．納德維的奇怪觀點」的部落格[3]，貼文包括討論謝赫對許多主題的態度，從「種族隔離」到「穿豬皮／牛皮」。

我在一間網路聊天室發現有人稱阿卡蘭是薩拉菲主義者。薩拉菲主義者倡導刻板、極端拘謹的伊斯蘭教，如今令人聯想到譴責任何偏離其嚴厲道德標準的基本教義主義者與狂熱分子。(阿拉伯之春過後，某日《紐約時報》的頭條寫道〈伊斯蘭主義者不可怕，可怕的是薩拉菲主義者。〉[4])

帶著幾分不安，我致電詢問為什麼有人會稱他為薩拉菲主義者。

「純粹因為我說我們應該回歸《古蘭經》還有先知的傳統，」他溫和地答覆，「薩拉菲主義者也這樣說。」

我點點頭，想起伊斯蘭女性主義者和進步分子也有同樣的回歸根本的呼籲。另一方面，聖戰主義者、改革派、現代派、新傳統派、酷兒穆斯林、專制獨夫、民主主義者和馬克思社會主義者，也紛紛提出相同呼籲。無論他們選擇在身上貼什麼標籤，或者被別人貼了什麼標籤，穆斯林至少在理論上有一個共識：《古蘭經》和聖訓的優先地位。「任何人想在伊斯蘭世界宣稱擁有正當性，最終必須在最初的文獻中找到其論述的根源，」溫特曾提醒我，「這和基督教是一樣的。」

不過，薩拉菲主義者的標籤仍令我好奇。

「所以，你是薩拉菲主義者嗎?」我鍥而不捨地追問。

「不是，」他回道，「我不是這個，也不是那個。我單純就是穆斯林。」

他解釋道，在被政治嚴重撕裂的大環境之中，民眾很難相信有一個人是真正客觀獨立的。

「起初，我剛開始講課的時候，人們認為『每個人都是某個團體的一員』，」他說，「現在，大部分的人意識到我不屬於任何團體。」

他確實曾經和形形色色、各式各樣的穆斯林同胞站在相同的講臺上，從精神病專家、保守的德奧班德教派（Deobandi）到蘇非密契主義者及女性教授。和女性演講者同臺亮相一事，還導致許多狂熱分子找他的麻煩，他們認為和女人站在同個舞臺，違背了異性應保持距離的傳統。他們主張，女人不該對著一群男人演說。[5]

對部分穆斯林同胞而言，最令人慌張的，是謝赫三番兩次指出許多宗教實踐和伊斯蘭毫無關聯，而是源自積習成俗或文化傳統。謝赫初到牛津，剛開始在當地清真寺主持佈道時，對禮拜帽的觀點震驚了在場會眾。一名男子問他，男人禮拜時是不是一定要戴禮拜帽？阿卡蘭答，不一定。那純粹是南亞的一個習俗，根本沒有這項伊斯蘭規定。會眾聞言，個個手足無措。頂著赤裸裸的頭禮拜？但他們的父親，以及他們父親的父親，向來都是戴著帽子禮拜的啊！荒唐。

另一個充滿爭議的教令：謝赫宣布女人可以剪短髮。驚愕。替剪短髮背書是否代表謝赫正在散布西化思想？難道他被時尚動搖，以致拋棄伊斯蘭教義？結果揭曉，他的教令是根據一則在先知過世後才被傳述的聖訓，他的妻子們個個都留短髮。他推斷，如果先知的孀婦可以留短髮，今天的穆斯林當然也可以留短髮。「有些人認為女人不該剪短髮，因為那是西方女人才做的事，」謝赫說，「他們認為我是開明派。但我想強調，我不過是回歸先知的傳統。」

禮拜帽爭議事件後，好一陣子都沒有清真寺邀請他演講，導致謝赫沒有任何可以佈道的場所。於是他開始在自家客廳講課，清晨六點半開始。漸漸的，他在女兒哈菈（Hala）的陪同下，開始在高朋滿座的會議室講課，後來也吸引滿場信徒到清真寺和大禮堂。有些時候，被懷疑是「開明派」，意味著清真寺官員會要求他不要暢所欲言。當他首次公布自己關於女性學者的研究時，好多男人紛紛懇求他不要將作品付梓。他們不懷疑他的學術成就；他們知道他使用的研究素材是真實可信的。但那會讓他們很沒面子，特別是在西方世界的眼中。有時謝赫到某清真寺客座演講，毛拉會請他不要提到特定教令，以免在場會眾生氣。一名英格蘭北部的導師，拜託謝赫不要提到關於面紗（*niqab*）*的教令。他解釋說，在他們這間清真寺，絕大多數的女人都戴面紗。阿卡蘭對於戴面紗是一種選擇而非強制要求的看法，可能會引起騷動。阿卡蘭是非常禮貌的客人，當然欣然配合。

伊斯蘭是一段歷史

若說《古蘭經》是謝赫的宗教和哲學基礎，先知的生活則是他在日常生活中實踐宗教和哲學的榜樣。「伊斯蘭不是一個概念，」有一天他透過Skype通訊軟體告訴我，「它是一段歷史。」

---

* 譯注：「niqab」是只露出一條眼縫的面紗。

正在喝晨間第一杯咖啡的我感到困惑，於是如實告知。

「其他宗教，譬如基督教，他們強調抽象概念，像是親近上帝、當個好鄰居，以及友愛彼此。」

「身為一個好的穆斯林，難道你不在乎這些價值觀嗎？」

「當然在乎，但我們不期盼這些概念帶來宗教靈性。基督徒不是很在意耶穌的所作所為。他們不在意他生活的細節。我們的宗教靈性來自一日禮拜五次，就像先知穆罕默德。或者來自慈善施捨，也是像先知。我們透過這段歷史親近真主。」若沒有這段歷史的詳細記載，伊斯蘭不會和其他宗教有這麼大的差異，謝赫表示。

那也不會跟我的世俗價值這麼南轅北轍了，我冒險說道。

「對，沒錯！因為到頭來，每個宗教和信仰都追求正義。每個人都知道應該待人和善。給予他人應得的公道和權利，做善事。這不需要伊斯蘭來教！難道聯合國不也有相同的關切？這些觀念在家就想得到！」

伊斯蘭將這些普世價值牢繫在先知穆罕默德的歷史中。「這個道德規範不是抽象的，」阿卡蘭說，「它們和歷史細節有所連結，先知穆罕默德一生的歷史。」忠於那段歷史——忠於先知的傳統，也就是先知的言行——使穆斯林和世上其他力求向善的人都不一樣。一個人做任何事都要記得維護先知的傳統，從刷牙到建立政府體系皆然，於是它變成一個神聖舉動。「先知穆罕默德獲得伊斯蘭的啟示，並將伊斯蘭教授給他的友伴們，如今我們有責任如實傳遞給下一代，就像他傳遞給他們。」

咖啡因滲進我的血液裡，於是我把對任何單一歷史論述根深柢固的懷疑全都釋放出來。「可是謝赫，那段歷史肯定會因敘說的人不同而有差異啊？你應該比其他人更瞭解。女學者的歷史幾乎被抹去，直到你回頭翻閱歷史才發現她們——大概因為伊斯蘭歷史向來是由男人敘述。」「是的，當然，這段歷史必須經過證實。加以權衡，看看各家說法。研究原始資料，檢視是否有任何能夠幫助篩選的辦法。」

話題至此，他不得不掛電話。他覺得遺憾，但家中有客人登門拜訪。他們遠從美國波士頓前來，他不想拒之門外。波士頓馬拉松發生爆炸案，主嫌是兩名男子，聲稱自己是以真主之名行動。這些人前來請教該如何回應。

先知的誕生

先知穆罕默德的生平，無論從任何時代標準來看，都是與眾不同的。西元五七〇年出生於麥加，年幼時淪為孤兒的他，生長在家庭與宗族是個人唯一保護的社會裡。身無分文且怙恃具失，他先後由祖父與叔叔撫養長大，成為優秀出眾的男人，有一雙烏黑熱切的眼睛，將一頭長髮綁成兩條辮子。年輕時的他是個普通的牧羊人，在一座以貿易聞名的城鎮工作。他自然流露的莊嚴舉止很快吸引了哈蒂嘉（Khadija）的注意，她是一名寡婦，也是麥加數一數二富裕的商人。她聽說有個聰明的年輕人，他在麥加有「誠實可靠者」（*al-Sadiq al-Amin*）的名號。她託付他率領商隊到敘利亞，後來也嫁給了他，儘管她比他年長十五歲。

某天，穆罕默德獨自一人在麥加附近的山洞裡，那是他習慣沉思的地方。他突然聽見天使加百利（Angel Gabriel）對他說：「你應當宣讀！」困惑不已，四十歲的穆罕默德問他應當宣讀什麼。「你應當宣讀！」天使再次說道，緊緊抱住這名驚恐的男子直到他以為自己會窒息而死。穆罕默德聲明自己不識字。經過第二、第三次令人喘不過氣的擁抱後，穆罕默德不再抗拒，開口說出進入他腦海的話語：

你應當奉你創造主之名而宣讀，
他曾用血塊創造人。
你應當宣讀，你的主是最慷慨的，
他曾教人用筆寫字，
他曾教人知道他們所不知道的東西。（九十六章：一至五節）

穆罕默德對自己嘴裡吐出的話語感到驚恐，以為自己遭到精靈附體。他急忙衝出洞穴，攀爬凹凸不平的山壁，打算絕望地一躍而下。在懸崖上，他再次聽見天使的聲音。「穆罕默德啊，」加百利說，「你是真主的使者。」

初次接觸後，接下來二十三年之間，穆罕默德將持續獲得啟示，直到六三二年過世為止。最終成為《古蘭經》的全部六千兩百三十六節詩篇，或長或短，或詩情畫意或諄諄教誨，或和藹可親或肅穆莊嚴。有些詩節在先知享用晚餐或洗頭髮時忽然閃現。有些詩節的出現答覆了穆罕默德或他的信眾遭遇的特定問題。加百利曾經幾次在公共集會現身，也曾在穆罕默德於沙漠漫步時出現。有時，一陣鈴鐺聲響通報新的詩節即將到來。某些訊息出現在圖象之中，其他訊息則在夢中降臨。

每個啟示都得來不易。有些時候，他緊張得冒出滿身大汗。「每一次，」他說，「接獲啟示時，我都以為我的靈魂差點離開我了。」[6]詩節從天而降後，他便大聲地誦讀給友伴們聽，這些人是最早的穆斯林皈依者。有些人記住內容，接著由穆罕默德指派的幾個抄寫員負責記錄，將眾多詩節保存在棕櫚葉上、木片或羊皮紙上，還有駱駝的肩骨上。

除了幾名友伴之外，其他住在麥加的人並不太樂於接受。市集流傳著他是個瘋人的耳語。就像在商隊路線上賣藝的那種即興詩人或預言者。人們朝他投擲垃圾、泥土，甚至拿羊的子宮丟他。不打緊。他繼續傳道。

他帶來的訊息使他身歷險境。伊斯蘭教中單一、全能的神祇，挑戰阿拉伯半島的多神崇拜——以及麥加的經濟。這座城鎮很大一部分的財富來自該區域對卡巴聖殿（Kaaba）每年一度的朝聖活動。卡巴聖殿是一座黑色花崗岩的立方體建物，裡面安置著不同部族所崇拜的各色神祇偶像。僅有一個無所不能之真主的概念，推翻了部落神祇的傳統——加上三百六十尊存放在卡巴聖殿裡的神像。

穆罕默德的社會平等主義挑戰普遍存在的社會等級制度。麥加的權力掮客們不喜歡這個男人宣揚人類「就像同一把梳子上的梳齒」[7]。最初跟著穆罕默德的友伴們，往往來自貧窮或被剝奪的社會階層，非常類似耶穌最早的追隨者。伊斯蘭為一個部族文化帶來徹底的新概念：一個以信仰為依據的社群，而不是家庭或宗族。財富或血脈不再是保護。唯有虔誠。

新信仰也帶來其他形式的平等。伊斯蘭不容許殺死剛出生女嬰的阿拉伯習俗。女人不再被視為私人財產，而是有權力繼承財產並根據自己的意見處置其財富的人類。富人應當施捨給窮人。所有人種在真主眼中皆為平等。

自天使加百利第一次拜訪他其後的十二年，穆罕默德一直待在麥加傳教。但隨著城裡強大的統治部族古萊須（Quraysh）愈來愈反對，友伴們面對愈來愈頻繁的迫害，先知認為他們必須移居他鄉，於是開始將他們派送到三百三十七公里外的雅斯里卜（Yathrib）。

六二二年，穆罕默德聽聞古萊須族人正暗中策劃謀殺他，於是前往後來成為麥地那

（Medina，即「城市」之意，「先知之城」的簡稱）的雅斯里卜，和其他穆斯林團聚。此舉名為「遷徙」（*hijra*）*，成為標誌穆斯林曆法紀元的關鍵事件。在麥地那，穆罕默德及其友伴們建造了伊斯蘭的第一座清真寺：一座由樹幹支撐棕櫚葉狀屋頂的庭院，四周圍繞著穆罕默德家族的小屋。他所扮演的宗教領袖角色在此地擴張，納入了政治角色。他成為一個多元信仰社群的實質領袖，草擬《麥地那憲章》（*Constitution of Medina*），憲章題綱挈要地列出麥地那居民的權利與責任，適用於穆斯林、異教徒或猶太教徒。它是一個互不侵略的協定，承認每個人有獨特的隸屬關係，但保障每個人享有正義。「對追隨我輩之猶太人，應襄助慰藉之，使之不受欺凌，切忌夥同他人反對彼等。眾信士應同安共樂。」[8]所有爭論由穆罕默德出面解決。所有宗族聯合捍衛麥地那不受侵犯。

麥地那歲月多次爆發與麥加人的軍事衝突。經過九次戰役、歷時八年之後，穆罕默德騎著駱駝凱旋進到麥加，而沒有發生任何流血事件。先知進城做的第一件事：進到卡巴聖殿，在隨行人員的陪同下，粉粹聖殿內的所有阿拉伯偶像。他的晚年皆用在教授與鞏固伊斯蘭教，作為阿拉伯半島的顯教與政治勢力。六三二年，在他過世前不久，他做了最後一次朝聖，並在麥加外的一座山上對十四萬四千名朝聖者講話。他在演講後幾個月過世。

---

*編注：舊譯「徙志」、「聖遷」。遷徙到麥地那的西元六二二年即為伊斯蘭曆元年。

走動的《古蘭經》

穆罕默德的生平就和《古蘭經》本身一樣豐富，每個人都能各取所需。人們給先知套上各式各樣的角色，毋寧揭露了更多他們自己而非穆罕默德的本色：政治人物、外交官、戰士、忠於家庭的男人、一夫多妻支持者、人權擁護者、革命家。信奉馬克思主義的伊斯蘭主義者阿里・夏里亞提（Ali Shariati）在伊朗革命爆發前夕批評巴勒維國王政權[9]，視穆罕默德為同路人。聖戰主義者強調先知的赫赫戰功；人文主義者強調他打勝仗後展現的仁慈。投身社會運動的人引述他對窮人的慈善之舉；他的慷慨解囊經常讓自己的家人餓肚子。伊斯蘭女性主義者召喚他扮演性別議題革命家，伊斯蘭主義政治家則視他為民主主義者及世界首部憲法的作者。

非穆斯林從先知生平精挑細選能支持其論點的片段。[10]啟蒙時代哲人伏爾泰在批評神職人員的權力與迷信觀念時借助於穆罕默德，寫了一部名為《穆罕默德》（*Mahomet, or Fanaticism*）的劇作。十九世紀作家卡萊爾認為他是英雄。其他人對他的評價沒那麼高，他們詆毀這位穆斯林先知的理由通常不脫三大項：神職、性別和軍事。西元八世紀以降，基督教作家為保護他們年輕剛起步的信仰，譴責穆罕默德是冒牌貨、騙子、基督教異端或巫師，意圖暗中破壞基督教。性成為具敵意的西方東方主義者的另一個關注焦點，首先是中世紀基督徒。得知這位穆斯林先知擁有三妻四妾，他們積極地為他貼上各式各樣變態標籤。中世紀歐洲對穆罕默德戰士形象的耽溺在十字軍東征期間益發加劇，有助鼓動基督教社會發起聖戰，從撒拉森人手中奪回耶路撒冷。儘管耶路撒冷陷落已久，伊斯蘭仍被視為建立在軍事征服基礎之上的一個宗教：一七四四年，交出《古蘭經》第一個英文譯本的喬治・賽爾（George Sale）寫道「穆罕默德主義完全是人為發明，它的進展和創立幾乎完全拜刀劍所賜」。[11]伊斯蘭今日的形象是一個由恐怖主義分子組成的宗教，完全符合十字軍東征故事的傳統。

事實上，穆罕默德參與的九次戰役都是小規模的打鬥。在一場先知大勝麥加敵人的戰役中，穆斯林失去十四名同胞，麥加的傷亡不過七十人。在另一場先知大敗的戰役，只有六十五名穆斯林死亡。然而，幾世紀的激烈抨擊，代表西方對伊斯蘭屠夫形象的執迷持續直到今天。舊形象在聖戰分子行為的煽動下，歷久不衰。媒體頭條和線上電腦遊戲召喚著「伊斯蘭之劍」。卡通畫家筆下的穆罕默德揮舞彎刀，還把纏頭巾描繪成滴答倒數的定時炸彈。

穆罕默德幾乎是打從接獲啟示的那一刻起，就成為善辯者攻擊的目標。對一名革命家而言，承受攻擊是分內工作。「先知們，」謝赫曾說，「必須做好受人憎恨的準備，儘管他們喜歡受人愛戴。」但就穆罕默德的例子而言，其生平事蹟被信徒以畢恭畢敬的執念，記載於古典伊斯蘭史料，所有關於他的神話編造一經對照便無所遁形。綜觀世界歷史，沒有任何重要先知擁有像穆罕默德般鉅細靡遺的生平記載。在先知死後，他的友伴們——多麼悅耳的名詞，比起「門徒」更民主，比起「信徒」更加親切——詳細記錄他們記得的先知言行。這些細節被集結成許多聖訓實錄，這些實錄全部加起來則被視為穆罕默德的先知傳統。聖訓的資訊包羅萬象，包括先知吃飯、做愛、梳洗和讚美他的主的方式。

為窺探聖訓內容的寬廣，我打開阿卡蘭關於法庭判例的著作之一。以下是我隨機挑選的聖訓索引的一小部分：

先知有一次做了殯禮*，然後走向逝者的墓前，丟了三把土到逝者頭部附近[12]

先知下令建於住宅內的清真寺一定要打理整潔並噴灑香水

先知下令讓烏胡德之役（Battle of Uhud）†的殉教者穿著血染的衣服埋葬

先知下令宣禮員（*mu'adhdhin*）在一個冰冷、下雨的夜晚宣告：「在你的家中禮拜。」

伊斯蘭法律對於葬禮、管理清真寺，以及暴風雨時可在家中禮拜而無須上清真寺的規定，其根源就在於這四個先知生平的日常片段。「《古蘭經》是指引，不是法律，」阿卡蘭曾對我說，「它給你方向。譬如從這裡到倫敦，方向大致是往南。然後先知出現，指向主要幹道，把事情變得更容易。」穆罕默德的妻子阿伊夏（Aisha）稱他為「走動的《古蘭經》」。對穆斯林而言，他的一生就是人類實踐《古蘭經》價值的依據。

像先知一樣生活

謝赫在日常生活中，以許多方式試圖追隨先知的典範。每次進廚房，他學先知右腳先進。他用右手吃早餐，並且先梳右半邊的頭髮，效法先知。他如廁前會唸一遍先知慣用的禱詞：「喔，真主！做我的庇護，抵擋邪惡與作惡者。」

如廁後也有禱詞，就和離開家有特定禱詞一樣。他不僅在生活習慣上遵守先知的傳統，在待人之道方面亦若是。他不願讓客人等待，因為先知不曾如此。謝赫每次回家前必定先打電話告知家人，因為先知總是在旅途歸來後先到清真寺，以免家人感到意外。

阿卡蘭曾透露追隨先知的路，「讓生活更容易。」他緊接著說，以社交聚會為例，假設你要拿水給客人喝。要先拿給比較重要的賓客呢？還是長者或小孩？簡單，他回：從右邊開始，因為先知就是這麼做的。

阿卡蘭自青年時期便持續不輟地效仿先知，不僅在習慣和禮貌方面，還包括性格養成。先知曾勸其友伴們「做事要帶著一顆柔軟的心」，所以阿卡蘭試著效仿。「還年輕時，我為控制我的

---

* 編注：穆斯林葬禮的禮拜。

† 編注：西元六二五年，先知穆罕默德的麥地那社群與麥加勢力的第二場戰役，發生於麥地那北方的烏胡德山（Mount Uhud），由先知勢力得勝。

脾氣下了一番工夫，」他說。他成功了。「現在，我得費一番工夫才能發脾氣！」

登上新聞頭條的穆斯林男性，傾向強調先知的政治領袖角色。謝赫卻不然。對他而言，穆罕默德主要是教授地獄之火以及如何避開它的老師。「先知沒有號召人們取得權力，或建立一個伊斯蘭政府，」他說，「他教導他們一件事：追隨創造主的計畫，拯救人們不被地獄之火吞噬。」不出所料，對一個經常上八小時研討課的人而言，阿卡蘭很清楚穆罕默德是會反覆再三，試圖解釋自己欲傳達訊息的那種人。「他不曾強迫人們相信任何事情，」阿卡蘭告訴我，「強迫人們改變信仰的人不是老師。學習應當來自充分理解，而不是來自強迫。」

有一次，我問阿卡蘭他最欣賞先知哪一點。他思索片刻，然後平靜地說：「他不會逾越分際。」他知道作為一個丈夫的界限，不擅自支配妻子的行為舉止。他也知道他不可能掌握他人的想法。有則著名的軼事講述，在一場與非穆斯林部族的戰役中，一名友伴殺死了一個男子，後者在刀鋒揮落的剎那宣讀了清真言「萬物非主，唯有真主；穆罕默德，是主使者。」這名友伴認為這臨終前的皈依是虛偽的，但先知穆罕默德拒絕揣測。「你把他的心剖開了嗎？」他質問友伴。唯有真主知道人的心。

阿卡蘭也不喜歡道人長短。在研究中心和他共用一間辦公室的丹瑞爾說，某日電話響起，有對如熱鍋螞蟻的父母想尋求謝赫的意見。他們未婚的女兒坦承懷孕。他們該怎麼辦？沒有婚姻的性行為在《古蘭經》可是備受譴責的大罪。「阿卡蘭的回答出乎我意料，」丹瑞爾說，「他告訴他們：『這可憐女子已犯下罪行，來生自有後果。』」但在地球上，在此生，父母的角色是減輕她的困難。「他要他們協助她，並支持她，」丹瑞爾回憶道，「不要在這個世界評斷她。」

聽到這則軼事，我驟然瞥見自己對胸襟寬大的狹隘解讀。我相信，只要沒人受傷，性、藥、搖滾和一切探索都無傷大雅。這種寬容源自於假設我們僅擁有此生，而且人人都是自由的個體。阿卡蘭的寬容來自完全相反的信念：在以真主為中心的宇宙，沒有人是自由的，而且沒有人有評斷他人的資格。那是真主的工作。《古蘭經》不僅指引方向，而且使人開闊心胸。「不要盯著眼前微小的世界，」他表示，「事情比你的想像宏大許多。你的過去還有過去，你的未來還有未來。」

阿卡蘭對自我界限的覺悟指引他的人生。有鑑於他在英國穆斯林社群的地位，一不小心就可能超越那些界限。阿卡蘭在清真寺和課堂上，被要求針對從天堂到染髮等議題發表意見。在我親眼見證他的工作之前，我以為謝赫為穆斯林提供的服務，和愛爾蘭或義大利神父之於其教區會眾沒什麼兩樣：作為道德指引，然後偶爾跨界評判社會或政治事務。有些時候，謝赫的確像個聆聽告解的神父。但唯有真主，而非其他人類同胞，能夠宣布判決。一個宗教學者的責任是減輕人們生活的負擔，不是增添負擔：「如果一個人未來會悔悟，那也夠了。」

但忙碌的伊斯蘭學者做得比教區牧師多太多。以阿卡蘭為例，他彷彿是常春藤教授兼差讀者問答專欄作家，同時還從事律師工作。他利用閒暇時間撰寫許多伊斯蘭神學的書、阿拉伯語法學教科書、偉人傳記、回憶錄、哲學，甚至文學評論。

他已經不在晚上寫作，因為經常有訪客登門按鈴或打手機尋求他的建議。年輕新婚夫婦擔心申請房貸違背伊斯蘭教對生息借款的禁令。喪失親人的家庭遵守葬禮儀式。草擬遺囑的生意人，請教關於繼承法律的要項。倔強的夫婦訴請離婚。他的女兒蘇麥雅（Sumaiya）說，他特別滿意自己扮演的婚姻輔導員角色：「如果成功讓兩個人重新在一起，通常令他非常開心。」

做這類工作需要他與生俱來的仁慈，以及他深耕而得的耐心（sabr）。有名婦人不停打電話——有時頻繁到每十分鐘左右一通——擔心她不是個好穆斯林。他溫柔地告訴她，正因她會擔心，證明了她是個好穆斯林。他聆聽孤單寡婦和離婚女人對丈夫陪伴和性的渴望。有時，他甚至到府服務，譬如曾有一名受驚的屋主請他檢查家中是否有精靈。「有需要就找我，」他低聲輕笑，「精靈會逃之夭夭！」

作為記者，我試圖描繪他的性格，但令我相當受挫的是，謝赫是個故作拘謹的男人。在這方面，他刻意跟隨先知穆罕默德的腳步。他也迴避從紐約上西區精神分析學家的沙發到普魯斯特的作品、西方文明各個角落無所不在的懺悔文化。對阿卡蘭而言，在公開場合端出人的愛、恨、偏好和回憶，即便稱不上十足庸俗，起碼是陌生的。「當穆罕默德在西元七世紀阿拉伯半島開始佈道，他吸引人們親近他的宗教的辦法，不是藉著談論自己或孩提時代的精神創傷！」他曾振振有詞地說。的確，儘管先知言行被鉅細靡遺地編目整理，我們對他內在生命的認識寥寥無幾。「我們看不太到他自己的想法或內心掙扎，」歷史學家強納森．布朗（Jonathan A. C. Brown）寫道，「先知就連因襁褓之子易卜拉欣（Ibrahim）夭折而落淚，都使友伴們感到驚訝。他還得向他們解釋，喪子也令他感到悲傷。」[13]

阿卡蘭也曾失去一個兒子，嬰孩死於他還住在印度時。「那是我唯一一次見到謝赫有點泛淚，」丹瑞爾回憶，「不過，儘管如此，他把焦點放在後世。」曾有一次，在他兒子過世多年後，我鼓起勇氣問他這件事。我得到至為簡潔的回應。一如往常，謝赫沒有談論悲痛，而是談論真主：「他派給我們這些困難，」他說，「來試驗我們。」對於舉手發問如何面對喪子之痛的學生，謝赫建議他追隨先知的傳統。「如果你的兒子死去，你可以掉淚，但你不能夠出聲。」當孩子易卜拉欣過世，先知流淚，但淚珠是無聲的，然後他警告穆斯林不要拉扯自己的衣服或嚎啕大哭，表現得像個阿拉伯異教徒。

絕大多數穆斯林敬愛先知，但阿卡蘭對聖訓的淵博知識，使他與穆罕默德的關係尤其緊密。阿卡蘭因一條沉重的知識鏈，而對穆罕默德有特殊義務。因為這就是聖訓：一條敘說之鏈，透過先知穆罕默德的知識連結人們，一代接一代。傳述鏈（*isnad*）就像某種神聖版的傳悄悄話遊戲，從先知綿延數百年至今。大量的傳述鏈盤旋在阿卡蘭的記憶裡。他最有力的傳述鏈——因為是最短的，能以最少環節，連接他與西元九世紀聖訓編纂者伊瑪目．布哈里（Imam Bukhari）——只包含十四個人。某次會面時——地點在牛津的一間烤肉串餐廳，音響大聲播送伊朗歌手以溫柔顫音嗚唱逝去的愛——他背誦了整條傳述鏈：

我的導師穆罕默德賓——阿布杜——拉札克．哈提卜（Muhammad b. Abd al-Razzaq al-Khatib）告訴我，

之前是阿布——納斯爾．哈提卜（Abu al-Nasr al-Khatib）告訴他，

之前是阿布杜拉．塔勒里．夏米（Abdullah al-Talli al-Shami）告訴他，

之前是阿布杜——迦尼．納布盧希（Abd al-Ghani al-Nabulusi）告訴他，

之前是納吉姆丁．穆罕默德．迦濟（Najm al-Din Muhammad al-Ghazzi）告訴他，

之前是巴德爾丁．穆罕默德．迦濟（Badr al-Din Muhammad al-Ghazzi）告訴他，

之前是阿布——法斯．穆罕默德賓——阿比——哈珊．伊斯坎達里（Abu al-Fath Muhammad b. Abi al-Hasan al-Iskandari）告訴他，

之前是阿伊夏．賓特——伊本——阿布杜——哈迪（Aisha bint Ibn Abd al-Hadi）告訴他，

之前是阿——阿巴斯．阿赫瑪德．賓——阿比——塔里布．哈賈爾（Abu al-Abbas Ahmad b. Abi Talib al-Hajjar）告訴她，

之前是阿布——阿布迪拉．胡笙．賓——穆巴拉克．札比迪（Abu Abdillah al-Husayn b. al-Mubarak al-Zabidi）告訴他，

之前是阿布—瓦克特・阿布杜—阿瓦勒・賓—以薩・哈拉威・希吉濟（Abu al-Waqt ʻAbd al-Awwal b. Isa al-Harawi al-Sijzi）告訴他，

之前是阿布—哈珊・阿布杜—拉赫曼・賓—穆罕默德・賓—穆札法爾・達伍迪（Abu al-Hasan Abd al-Rahman b. Muhammad b. al-Muzaffar al-Dawudi）告訴他，

之前是阿布—穆罕默德・阿布杜拉・賓—罕穆雅・薩拉赫希（Abu Muhammad Abdullah b. Hammuyah al-Sarakhsi）告訴他，

之前是阿布—阿布迪拉・穆罕默德・賓—優素夫・賓—瑪塔爾・菲拉卜里優素夫（Abu Abdillah Muhammad b. Yusuf b. Matar al-Firabri）告訴他，

當初他是從伊瑪目穆罕默德・賓—伊斯瑪儀勒・布哈里（Imam Muhammad b. Ismail al-Bukhari）那聽說。

有一次，他背誦一條上溯至先知的傳述鏈，令在座學生讚嘆不已。有時候，和伊斯蘭研究中心重要捐款人共進晚餐時，他會藉背誦一兩條傳述鏈幫主任一把。他們總是吵著想聽更多。「人們大為驚奇，」他說，「這現在已經沒人在做了。」

阿卡蘭的影響力從他的一大疊教統證書（*ijaza*）可見一斑。這些教統證書由伊斯蘭學者或蘇非主義的謝赫頒發。若某謝赫針對一本書或主題把他的教統證書傳給你，你就獲得教授他人的合格認證。若擁有教統證書，便進入傳述鏈，和你的導師產生連結，還有你的導師的導師，一路追溯至那本書的原始作者。更一般地說，它就像獲得背書支持，類似某種推薦信。阿卡蘭的教統證書如今超過五百張，而且每年仍繼續增加。某次我在敘利亞度假，阿卡蘭問我是否能幫忙向城區首席伊斯蘭法律專家（*mufti*）拿一張教統證書，好像棒球迷請朋友幫忙從曼哈頓帶一頂洋基球帽。我依約前往大馬士革的法律專家辦公室，遞上阿卡蘭寫的介紹函。他動手抄寫教統證書，讓我坐在他的書房喝茶，然後請我幫忙照張他坐在書桌後的照片。「妳幫我拿到那張教統證書實在幸運，」阿卡蘭在我們回憶往事時提到，「那之後不久他便過世了。」

每當我要到南亞或中東地區旅行，總是提醒自己，記得問他需不需要拿教統證書。「德里不需要，」最近一次他說，「齋浦爾（Jaipur）的話……讓我看看那裡有沒有誰……」

回歸虔信是最終解答

謝赫向我保證，穆罕默德經常比在他死後發展出伊斯蘭法學（*fiqh*）的法律學者更有彈性。「舉例來說，若有個人在齋戒月的白天發生性關係，根據伊斯蘭法律，破戒者必須釋放一名奴隸，」阿卡蘭解釋，「若沒有奴隸能釋放，則必須持續禁食。若做不到禁食，則必須提供六十個人食物。」

我點頭。我對這條法律並不熟悉，但這項踰矩所受懲罰的嚴重性與特定性，符合伊斯蘭法在大眾眼中的嚴格形象。

「一名男子在齋戒月期間來找先知，他告訴先知：『我必須自我摧毀，我必須自我了斷。』當先知追問原因，對方解釋，」阿卡蘭說：「『我回到家，太太戴著漂亮的珠寶，漂亮的首飾，我控制不住自己就和她發生魚水之歡。現在我不知該怎麼是好。』於是先知說：『好吧，你有一名奴隸可以釋放嗎？』」

這個男人沒有任何奴隸。

「於是先知說：『那麼你必須持續禁食。』男人答：『我才禁食一天就這樣了！如果持續禁食還得了？』於是先知說：『那你必須提供六十個人食物。』」

男人沒有足夠的食物給六十個人。

「於是先知說：『好吧，你在這裡等著。』」阿卡蘭繼續說。「幸好，剛有人大方施捨糧食，足夠給六十個人吃。於是先知回來後說：『拿去，給需要的人。』然後男人說：『整個麥地那，沒有人比我家更窮。沒有人比我過得更慘。』」

講到這，謝赫突然咧開唇齒，拍打大腿，邊搖頭邊哈哈大笑。

「於是先知說：『好吧，那你快拿去吃。』」

每次談起先知，謝赫的描述總是生動又詳盡，彷彿穆罕默德是還活在人世且備受敬重的親戚，而不是已經過世一千四百年的人。

謝赫停止咯咯笑後，接著說，問題出在法律後來變成了一種職業。成為伊斯蘭法律專家，使人忘記信仰的本質。每個顯赫職業都有自己認定傑出的一套基準，做一名法律專家得面對習俗或判例的束縛。謝赫決心避免所謂四大法學派的箝制效果，它們分別是瑪立基、漢巴里、夏菲儀和哈納菲（Maliki, Hanbali, Shafi, and Hanafi），全依據創建該學派的法學家命名。這些法律體系橫跨相對開明的哈納菲學派到較為嚴厲的漢巴里學派，前者在南亞占優勢地位，後者常見於阿拉伯半島——它們經常造成穆斯林社群的分歧，以雞毛蒜皮的意見不合使人爭執不休。他認為，絕大多數情況下，伊斯蘭法學只是逼著人認同或反對過去學者的看法，而沒探討其他可能性。「體系一旦成形，人就必須按照規矩思考。這情況發生在醫學身上，譬如製藥公司不希望人們探索順勢療法（homeopathy）。也發生在伊斯蘭教身上，譬如伊斯蘭法學的擴張阻止了人們回歸《古蘭經》與先知的傳統。」

我腦中突然迸出阿卡蘭在加州灣區咖啡店的奇異畫面，他一頭串珠長髮，而且是柏克萊畢業的博士。如果閉上眼睛，只用耳朵聽他大聲撻伐體制，他完全符合那形象。

伊斯蘭法律帶有一種聖訓所不具備的大男人主義。「許多穆斯林認為伊斯蘭法學使人強壯，」他邊說邊學馬戲團壯漢擺出曲臂握拳的姿勢，「這些規定全都通往極端主義，可是《古蘭經》與先知的傳統希望人們學會知所節制。」

他停頓一下。「讀愈多，思考愈深，我愈來愈相信回歸《古蘭經》、回歸聖訓是不二法門。」

他的眉頭稍稍舒展。他說，在這種事上意見分歧是可以理解的。《古蘭經》把規定說得很清楚，而且人們務必遵守先知傳統，至於法學家們意見相左的許多議題，人們可自己做決定。「穆斯林社群存在這麼多的分歧，」他總結道，「但我們仍撐到今天。」

事實上，我們或可說穆斯林社群內部的分歧，幫助了伊斯蘭教成長茁壯。伊斯蘭基本信條的簡樸，讓它在誕生後的幾十年內從阿拉伯半島傳到亞洲。伊斯蘭的靈活是這個信仰能盛行於鄉村非洲、乃至布魯克林城區住宅的原因之一。但這變通性有個代價，因為它意味著與該信仰無關的習慣往往被加諸其上，共同被視為「伊斯蘭的」整體。當我問阿卡蘭為什麼女性割禮在非洲的伊斯蘭社群如此普遍，他說伊斯蘭允許地方習俗，只要它們沒有和伊斯蘭相抵觸。「當然啦，如果這些習慣會傷害人，則另當別論。」他補充說。

成長過程中，阿卡蘭同時沉浸在他的村莊文化與他的信仰裡。有時，我羨慕他。當時，他不曾進過電影院，而且不曾結交任何印度教的朋友。可是在我們為期一年的旅程中，我開始懷疑，他其實相當具國際眼光，而我永遠也比不上他。他的「虔信精神」（*taqwa*，亦即敬畏真主）還有對印度穆斯林傳統的淵博知識未必使人蒙蔽，反而是精神支柱。我自己的身分認同，在文化及宗教上，都是一鍋大雜燴。當他擔心許多穆斯林不過視伊斯蘭為一種身分，只是為了排他和趕流行，而非虔誠，我彷彿看見自己，而且更嚴重。只不過，我的身分並不取決於純正或一致，而是取決於雜種特質。身為世俗的大都會女子，我的根無處不在，也不在任何一處：美國中西部出生，住過中東，現在嫁給一名英國丈夫，以盎格魯—美國文化的觀點扶養小孩。

穆斯林必須有一己之見

隨著在英國名聲漸亮，阿卡蘭已吸引許多熱烈追隨他的學生，這些男人和女人週末清早起床趕搭六點的火車，或在灰濛濛的英國破曉時分共乘汽車長途旅行，只為聽他講話。早幾年，學生只有小貓兩三隻的時候，他通常緊接在晨禮後，於牛津家中的客廳講課。等到我開始和他讀經的時候，他在大禮堂的演講也能座無虛席。週末的「壯麗旅程」講座（Magnificent Journey lectures），是辦在劍橋的一系列《古蘭經》課程，不單是八小時的演講，也是家庭出遊。母親逗弄嬰孩。如果天氣不錯，男孩會在戶外打板球。三英鎊可買到一份印度香飯或法國麵包當午餐，而且現場總有擺放著餅乾和茶的桌子，一張放在女士入口處，一張放在男士入口處。（我在第一場演講時渾然不知隊伍區別。看到阿卡蘭的弟弟穆札米勒〔Muzzammil〕排隊等茶，我興奮地去找他聊天。我們聊著聊著就來到隊伍的最前端，當我正伸手準備拿起一杯時，一名面帶笑容的男子指向大廳對面。「姐妹們的隊伍在那邊。」他說。）

謝赫的學生們以「姐妹」和「兄弟」相稱，具有一種既可愛又嚴肅的使命感。有一位年輕配鏡師斬釘截鐵地告訴上司，每週六「壯麗旅程」開課，她不會去上班。另一位女子莎米娜（Samina）從哈特福郡開幾小時的車前來，她總是發M&M's巧克力給姐妹們，幫助大家保持體力。每次禮拜之前，演講堂廁所被正在「小淨」（*wudu*）*的女人擠得水泄不通，當女人成群結隊地就著水槽洗腳和洗臉，現場散發一股充滿意義的歡快氛圍。她們小淨時，我在一旁擦口紅。禮拜的當下，我打電話查看家中情況。但我的其他同學似乎不在意課堂上有個非穆斯林。恰恰相反的是，他們對我在寫的書感到好奇，熱切地與我分享他們對謝赫的看法。

某個週六，我和三名姐妹見面，她們都不想透露真實姓名，但都想對我解釋阿卡蘭的伊斯蘭教講座和她們參加過的其他講座的不同之處。很多伊斯蘭學者拒絕開放聽眾提問，謝赫則樂於接受提問。「他傳布的觀點，比我們長大過程接觸的觀點正面許多，而且更著重心靈。」其中一人說。一名個頭嬌小的三十歲女子，自從孩子相繼出世就沒時間參加伊斯蘭教講座。憶起一九九〇年代，她說當時穆斯林巡迴講座的氣氛比起謝赫的講座憤怒得多。「現場滿是憤怒的埋怨，彷彿人們正試圖推動一個意識形態，」她表示，「妄下評論的語氣。數不清的妄想。不是『他們』就是『我們』。他們告訴我們不應該尋求妥協、共存共榮。他們心中只有聖戰和『不信道者』（*kafir*）。」

四面受敵的心態使人疏離，她知道那是對現實的扭曲，但當時候，「我知道的不夠多，所以我沒有信心反駁。」她希望，她的小孩有能力這麼做。她最近才說服熱愛板球的先生，放棄週六

* 譯注：小淨是一種潔淨儀式，禮拜前，以清水漱洗口鼻、雙手至手肘、頭頸部、雙腳和臉以示潔淨，表現尊重。

的比賽，帶全家人一起參加謝赫的研討講座。

謝赫吸引的群眾，往往和這三位姐妹有許多相似之處：年輕、受良好教育、出生在英國，渴望脫下他們雙親或祖父母從老家帶來的文化包袱。他的學生們想要依據文本認識伊斯蘭，而不是透過旁遮普邦或古吉拉特邦（Gujarat）的習俗。他們急著想把「文化」和伊斯蘭法律分開。每當有人提及隨著時間不知不覺產生並僵化成宗教規範的任何習慣，我總是一再聽見他們稱之為「文化」。女性割禮；禮拜帽；傳統上隔絕女性受公眾目光接觸的男女分隔制度（*purdah*）——上述全都被當作「文化，而非伊斯蘭」。

某天我和阿卡蘭的兩位明星學生約了喝茶吃蛋糕。雅祖．艾哈邁德（Arzoo Ahmed）和梅如妮夏．蘇樂曼（Mehrunisha Suleman，小名梅如）都是二十幾歲；她們自二〇〇五年的週末開始上阿卡蘭的課，從此沒離開過。她們的專業知識迅速累積到足以參加宗教穆斯林學校考試的程度，謝赫說通過那些考試，她們自己也會成為女宗教學者（*alima*）。

這兩名女性在世俗課程方面也天賦異稟。梅如有劍橋大學的生理學文憑、牛津大學的全球健康科學碩士文憑，當時正在攻讀臨床研究倫理學的博士學位。雅祖有兩個牛津學位：一個物理，另一個是中世紀阿拉伯思想。她們在牛津同住一間公寓，都熱情而友善，能自信地侃侃而談。我們約在阿什莫林博物館（Ashmolean Museum）享用茶與蛋糕，她們以十足的興奮語氣談論謝赫。「他的智慧閃耀著光芒。」雅祖斷定。當我提到我在一九九一年初識謝赫，她一雙明眸瞪得好大，漂亮的圓臉蛋露齒燦笑。「妳真幸運！」她感嘆道，「多麼不可思議！」

她們跟隨謝赫這幾年，他的教學風格也逐步成形。早年在倫敦的課堂上，他基本上以老式的穆斯林學校模式教學：他用阿拉伯語大聲朗讀聖訓，然後解釋一些專有名詞。在伊斯蘭法學的課堂上，他鉅細靡遺地帶學生們回顧學者的法學作品，解釋學者們所發布教令背後的論據。「那些課還挺有趣的。」雅祖若有所思地說。「男生們提出很多滑稽的問題。」梅如補充。學生對小淨的議題有好多古怪疑問。「譬如，『當你在河裡，在海洋裡，然後禮拜時間到了，該怎麼小淨？』」梅如舉例說明，緩緩地搖頭，笑著，「譬如，『是不是應該離開，然後再跳回去做潔淨儀式？』有夠好笑的。」

「但他絕對不會說：『這問題很愚蠢。』」雅祖大膽地說。

隨著課程時間拉長後愛問「如果這樣，會怎樣？」的聽眾愈來愈少。兩年後，課堂的基調改變了。暑假結束後，謝赫在開學的第一堂課說：「我們的重點不是讀完這本書，我們甚至不需要讀完一章，」雅祖回憶，「我要仔細地講解這本書，解釋聖訓為什麼這樣記載，為什麼聖訓按照特定順序排列。」

新的教學方法，讓學生們有機會重新仔細檢視他們的傳統。「這樣的討論不是到處都有，」雅祖說，「教科書裡沒有，穆斯林學校也沒有。」

「我們非常感動，」梅如補充，「他竟認為我們有能力理解那個程度的知識。」梅如說，當他們開始讀六大聖訓集之一的《布哈里聖訓集》（*Sahih al-Bukhari*），謝赫從認識先知言行的老路偏離，鼓勵全班學生查明這部作品本身錯綜複雜的結構。他對文本提出的問題——為什麼這位學者出現在這裡？為什麼那則聖訓被排除在外？——讓我想起大學時代文學課的解構派。

謝赫的教學方法不僅與自己早期的課堂不同，也有別於他本身所受的學術訓練。他拋棄在納德瓦學到的所有方法，追求全新的思維。「他不斷強調，『我想要傳授的是學習工具，好讓你們學會做出一己之見，真的靠自己的力量得到這些新發現。』」雅祖說，「他說，『我不可能把一切傳授給你們，但我可以教會你們如何思考，如果我知道你們已經能替自己的論點提出充分理由，並且正確地使用史料，到那個階段，你們就算不再來上課，也能夠自己發現所有我還沒傳授給你們的知識。』」

伊斯蘭的批評者經常辯稱，它是一個扼殺思考的宗教。這類批評聲浪在《魔鬼詩篇》爭議爆發、何梅尼頒布教令追殺魯希迪後，變得尤其喧鬧。英國作家費伊．韋爾登（Fay Weldon）認為《古蘭經》相較於《聖經》，不能「發人深省。它不是一個社會能夠安穩地或明智地據以為基礎的詩篇。它不允許改變、解釋空間、自我認識，甚至阻止藝術創作，擔心冒犯了真主的創造力」。[14]

不過，穆罕默德曾謹慎地告訴友伴們，盲目的信仰，不去思考或行動，是不夠的。在一則著名的軼事中，據傳穆罕默德遇見一名貝都因人正走離他的駱駝，可是沒有拴上牽繩。當他詢問男子為什麼不繫住駱駝，男子說：「我信靠真主。」穆罕默德的回答很簡單：「先拴緊你的駱駝，再信靠真主。」

謝赫一再地告訴他的學生，盲目追隨有違伊斯蘭的精神。穆斯林必須有一己之見，即便他們遵從唯一真理，遵從唯一的永恆信息。他鼓勵學生和他有不同的想法——前提是他們的論點要依據古典史料。有時，聽到他主張穆斯林應該忽略伊斯蘭四大法學派，直接回歸《古蘭經》和先知的傳統，較不知變通的一些學者會大為吃驚。他甚至挑選了包羅萬象的西方著作，範圍橫跨十九世紀英國東方學家到尼采和沙特，作為他伊斯蘭史料詳盡知識的補充教材。

另一方面，阿卡蘭的實際生活，便靈活地在傳統和探索之間穿梭。儘管在印度伊斯蘭文化的環境成長，他的名聲來自教導英國穆斯林。儘管他出身在嚴厲實施性別隔離的家庭，他所做的歷史研究解構了那個傳統。直到我跟著他回到印度，拜訪他的祖居村莊和母校，我才漸漸瞭解他的信仰，如何驅使他走向世界，又不令他感到漂泊。

第四章

前往印度穆斯林學校的公路旅行

若謝赫相信回歸原典是理解伊斯蘭的關鍵，我希望拜訪他的故鄉能夠幫助我認識謝赫。為瞭解來自印度北方邦的村莊男孩如何變成牛津的宗教學者，我如影隨形地同謝赫一起回到他的祖居村莊，還有他深愛的拉克瑙。當我問能不能參加這趟旅行時，他表示同意，前提是我能應付他口中的「東方廁所」，並且答應為他在家鄉棧達罕所蓋的穆斯林學校發表演說。

我比阿卡蘭晚幾天抵達印度。在搭車從拉克瑙前往他村莊的前一天，阿卡蘭至少提醒了我三次，千萬別錯過早上八點四十五分從德拉敦（Dehradun）發車的「督恩特快車」（Doon Express）。那天只有一班火車停靠拉克瑙，然後駛向靠近棧達罕村附近的車站，就是督恩特快車。錯過這班車，等於錯過謝赫四年來第一次從英國回童年故里的旅行。錯過這班車，意味著沒辦法和他雙親碰面，看不到他祖父母種植大麥與甘蔗的田地。他的祖先世代在此耕作，他們受英國統治。在英國人到來之前，他們受蒙兀兒帝國統治。

我準時搭上督恩特快車，七個小時的車程很快就過去了，主要是因為我很享受說出「我在從德拉敦發車的火車上」——令人聯想到魯德亞德・吉卜林（Rudyard Kipling），或平・克勞斯貝——鮑伯・霍普（Bing Crosby-Bob Hope）公路電影的一個句子。我蜷縮在臥鋪車廂的下鋪床位欣賞北方邦，但窗戶髒到綠地顯得粗糙且略帶棕褐色，彷彿十九世紀的銀板攝影。三、四小時後，我強迫自己起身並打開iPad：我得寫篇演講詞。當我針對講題徵詢阿卡蘭的意見時，他的回答模糊得無濟於事：「就說妳有多開心能來。」

印度火車上充滿著熱絡的噓寒問暖，所以我寫得很慢。行李員想要聊天：他是曼聯足球俱樂部（Manchester United）的球迷，至少非常熱衷於說「曼聯」二字。對鋪體態豐盈的中年婦女喜歡我的手環，她用手機照相好拿給她的珠寶商看。每次靠站就有一票男子端著錫盤上車，提供印度奶茶和油炸點心。

這趟旅行含有饒富詩意的對稱性。花一天時間穿越次大陸某個地區去見一名謝赫，正是阿卡蘭和我最初認識時正在研究的那類旅行。在牛津，我們每天都在追蹤由南亞學者走過的知識與地理的道路。我們埋首於史書和傳記字典，概略描繪出人和城鎮、學者和清真寺、清真寺和穆斯林學校之間的連結。伊斯蘭在西元七世紀早期傳播到南亞，由一名十七歲將軍穆罕默德·賓—嘎希姆（Muhammad bin Qasim）率領的阿拉伯人軍隊帶來。後來，伊斯蘭透過商人、旅行學者和蘇非密契主義者向外傳布。我和謝赫在同一團隊共事的那兩年，我的工作是瀏覽十九世紀英國對南亞的紀錄，尋找任何提及謝赫或聖人、清真寺或蘇非聖地的蛛絲馬跡。爬梳《英屬印度考古調查》（*Archaeological Surveys of British India*）易碎、泛黃紙頁數個月之後，我們發現被派去治理印度的牛津劍橋畢業生，唯一的特色就是仔細。職責、維多利亞時代對分類的狂熱，偶爾加上對印度發自內心的愛好，意味著這些殖民官員什麼都不會錯過。他們鉅細靡遺地記錄印度人的每個種姓和次種姓，就連旁遮普邦最微不足道的小村莊，和遺落在最遙遠喜馬拉雅山區的城鎮，都不放過。很快地，地圖集房間的牆壁掛滿覆蓋連結蜘蛛網的地圖。它們追蹤每個謝赫弟子們的旅行，這些弟子們在每個區域呈扇形向外分散，建造他們自己的穆斯林學校和清真寺。地圖上從印度洋由外向內指的紅箭頭，顯示阿拉伯商人曾揚帆至此購買香料與絲綢，帶著新的信仰一起到來。它們展示印度學者到西方向巴格達、開羅與大馬士革的偉大謝赫學習的路線，還有到撒馬爾罕（Samarkand）和布哈拉的北方路線。很多學者最終兜回各自的家鄉，創建穆斯林學校，將他們在大城市所學傳授給地方青年學子。

阿卡蘭用牛津的收入延續那份傳統，在他的村莊蓋了兩所穆斯林學校，給男孩和女孩各一所。謝赫是有史以來，棧達罕村莊考上拉克瑙聲譽卓著納德瓦烏拉瑪學校的第一人，他想要幫助當地男孩循他的前例到拉克瑙。短短六年時間，他的穆斯林學校已將十二名學生送進納德瓦，在人口僅三千五百強的偏遠鄉村是令人刮目相看的成績。棧達罕因高錄取率而出名。「我剛來拉克瑙時，都得告訴別人我來自喬恩普爾」——最靠近棧達罕的城市，他對我說，「現在，我可以說我來自棧達罕。」

火車劇烈顛簸靠近棧達罕之際，我嚼食著那位喜歡我手環的女士給的濕軟印度咖哩角。我思忖著演講內容，不想了無新意地強調雙向文化諒解的重要性。我覺得對著印度人講文化融合和接納不同信仰，有點自以為是。那些呼籲以「印度教」價值觀或以「純粹」伊斯蘭統治印度的南亞狂熱分子，忽視了次大陸悠久的文化混雜歷史。中亞人、阿拉伯人、葡萄牙人、法國人、荷蘭人和英國人——全都曾到印度貿易與治理，而印度成功為每個外來者的文化影響力騰出足夠的發揮空間。在地位相對穩固時期，南亞伊斯蘭是熱情外向且思想開明的，吸收來自東方與西方的影響。和印度教徒共存千百年，滋養出一個有聖人與神龕的穆斯林文化，和正統穆斯林學校共生共榮。穆斯林君主阿克巴爾（Akbar）*甚至設計出自己專屬的合成信仰，也就是「神聖宗教」（*Din-i-Ilahi*）。這個信仰旨在結合南亞各式各樣宗教的優點。南亞穆斯林使用的烏爾都語，也是阿拉伯語、印地語和波斯語的綜合體。我猜想，謝赫到世界各地都從容自在的原因之一，大概是因為印度見識了全世界。

阿卡蘭的弟弟穆札米勒，領著一群笑咪咪的棧達罕男村民，到車站迎接我。穆札米勒比阿卡蘭年輕十五歲，有張寶萊塢的俊俏面孔。他的牙齒潔亮，一席寬鬆純白長衫耀眼奪目——也許這是他得戴過大飛行員墨鏡的原因。同穆札米勒前來的還有沙納瓦茲·阿蘭（Shahnawaz Alam），他是阿卡蘭創立的穆斯林學校的校長，高聳顴骨暗示其可能有中亞血統，鬍子用指甲花顏料染紅，表示他是個「朝聖者」（*hajji*）——完成麥加朝聖的人。

我們擠進一臺為了接我特地借來的車子，駛離城鎮，在狹窄小路穿梭，揚起一陣灰塵。道路兩旁是大片的農地，我們經過翠綠稻田、芥末田和磚色斑駁的房舍。穆札米勒從前座轉身向後與我聊天。他定居英國，在斯勞（Slough）的一間穆斯林學校教書，和他哥哥一樣。他說，他的

*編註：蒙兀兒帝國的奠基君主，在位於西元一五五六至一六〇五年。

學生是在英國出生的青少年，學習能力良好，但不如印度的學生尊敬師長。「他們叫我『小菜』（freshy），」他沮喪地說，「因為我的口音。」

我們抵達穆斯林學校，一座整潔的白底、青綠色紋飾院落映入眼簾。內有一幢兩層樓房和一排教室。學校幾乎毫無裝潢，但清真寺旁的庭院有一片印度苦楝樹蔭，讓環境看起來不那麼乏味。在主要道路上，一票學生聚在穆斯林學校的「食堂」——由棕櫚葉和竹子搭成的棚屋，販售甜點和油炸點心。穆札米勒告訴我，他們的生活條件貧瘠。學校沒有宿舍，因此學生晚上睡的是教室地板。

謝赫安排了阿拉伯文、《古蘭經》和伊斯蘭法庭判例等標準課程，同時開班教授傳統穆斯林學校課程沒有的英文課。儘管環境刻苦，這間穆斯林學校擁有一項出色紀錄：六十五名「背誦者」（*hafiz*）——能背誦整本《古蘭經》者。

「八年就有這麼多！」我對沙納瓦茲說，「你一定都沒睡覺！」

「如果我睡覺，」他像狼一般咧齒笑，「還能生九個小孩嗎？」

他領我進到一間教室，裡面有好多《古蘭經》書架，防止聖書觸碰地面，另外還有五個鐘，分別顯示每天的禮拜時間（禮拜時間取決於太陽在空中的位置，所以每天都會改變。）一座吊扇劃破滯悶空氣，動力來自一臺專程為我的造訪而採買的發電機。謝赫出現，看起來非比尋常地煩惱，身後尾隨著整個穆斯林學校的教職員。這六、七名年輕男子害羞地微笑，不住點頭，面向我席地而坐。一名學生端著裝有甜棗、餅乾和一瓶紅牛精力飲料的托盤進到教室。沙納瓦茲代表穆斯林學校董事會，遞給我一份包裝精美的禮物——一本先知穆罕默德的傳記——禮物還附了一張卡片，署名給「尊敬的知名美國記者卡拉．鮑爾女士」。穆札米勒敦促我稍事休息。我已經在外奔波九個小時，天氣正熱，我的演講時間預定緊接在昏禮結束後。

穆斯林學校的多元樣貌

多數美國人絕對想不到，一間穆斯林學校竟會以紅牛和禮物歡迎賓客。九一一事件後，西方人學到的「*madrasa*」（穆斯林學校），是指眼神空洞的男孩們搖頭晃腦強記《古蘭經》經文的地方。穆斯林學校被描述為製造聖戰分子的工廠，是穆斯林平民學習痛恨西方的場所。就像過去幾十年曾報導巴基斯坦極端主義的其他人，我也拜訪過因教出無數聖戰分子和塔利班領袖而臭名昭著的哈卡尼亞穆斯林學校（Madrasa Haqqania）。哈卡尼亞由熟諳媒體運作、火紅毛髮的神職政治家薩米．哈克（Sami-ul-Haq）經營。一九九〇年代末期，該校教授們樂於發表言論供人引用，大談阿富汗需要武裝聖戰、西方強權的腐敗交易，以及奧薩瑪．賓拉登抗爭的正當性。

然而，很多穆斯林學校顛覆這些刻板印象。拉克瑙市集裡掛著一張英文課程的廣告，提供「專屬穆斯林學校學生的誘人優惠」，並附有飄揚美國旗幟的圖片。謝赫曾替我安排到西約克郡一間全是灰色石牆、強風呼嘯的穆斯林學校參訪，那裡也是勃朗特一家生活的地方。其氛圍類似穆斯林版本的剛強基督宗教養成，符合我對身為教區牧師之女的勃朗特姐妹的成長想像。戴頭巾的女孩們穿著長袍，結伴走過濕漉漉的坡地，在如完好蛋殼般工整淨白的宿舍裡發出輕柔笑聲。

並非所有穆斯林學校都以機械式背誦和墨守成規為基礎。我曾在新墨西哥州一間以奶白色黏土建成的伊斯蘭中心旁聽。加州出生的謝赫哈姆扎・優素夫（Hamza Yusuf），帶領全班研讀由西元八世紀埃及學者撰述的史料，向學生們展示文本對寬容和多元主義的呼籲：「當我們無法對一件事下定論，我們說，歸根究柢，『真主最知道』。」

我們到附近食堂享用墨西哥塔可餅時，留著利索山羊鬍的前衝浪玩家優素夫哀嘆傳統穆斯林學校系統的衰退。惡化主要發生在歐洲殖民統治時期，歐洲人將伊斯蘭神學院視為前現代歷史的遺跡，有礙基督教價值的發展與傳播。隨著傳統穆斯林學校的教育年久失修，伊斯蘭教養文化連帶遭受侵蝕。等到二十世紀末期，激進分子義憤填膺的喧囂，經常蓋過有節制的理性之聲。優素夫努力抵抗來自穆斯林和非穆斯林的這類聲音。世貿中心攻擊事件後，他受邀到白宮，送給小布希總統一本滿覆便利貼的《古蘭經》。[1]

第一位站上學校演講台的女性

昏禮後，穆札米勒伴我到學校中庭，示意我入席一排面對觀眾的高背椅。一隻山羊在院子裡遊蕩，嗅聞九重葛。我對著一群拿手機拍照的年輕孩子克制地微笑。儘管我也很想拿出手機拍他們，不過這是不被允許的，阿卡蘭事前才緊張地要求我自制。我坐下，雙手交疊擱在大腿上，看著觀眾把成排紅色塑膠椅填滿。穿著白色纏腰布（*dhoti*）、包纏頭巾的農夫們，成群結隊地從田裡趕來。捲起袖子的店鋪老闆們正襟危坐。謝赫和幾位地方大人物打招呼，他們也是座上賓，和我同坐在講臺上面對觀眾，包括棧達罕市長、一位醫生、阿卡蘭曾擔任孟買高等法院法官助理的叔叔。現場座無虛席，令謝赫心滿意足。「上一次學校辦活動，來的人很少，」他低聲說，「這次，他們一直想知道活動什麼時候開始。」

我在學校裡顯得格格不入，但逐漸喜歡上這感覺。我喜歡與眾不同，很久以前就發現愈是如魚出水的環境，愈是令人深層地放鬆。無論是五年級班上的轉學生，或是在棧達罕穆斯林學校發表演講的第一位女性，你沒有任何包袱，犯的錯十之八九都會被原諒。就像父親一樣，我在遠離家鄉的時候最自在，不受所屬社會的期待束縛。父親熟知局外人國度的行為準則。確實，一輩子的格格不入，促使他親近穆斯林世界。他在聖路易的形象是害羞、怯弱，參加派對時，總是獨自站在水果調酒盆旁。在德黑蘭大學的討論課或喀布爾法界權威的會議，他的外國身分掩飾了他的笨拙。在聖路易，他的行為舉止是個怪咖。在亞洲，他只是因為來自不同文化而顯得不同。

眾人的好奇，無疑是我獲邀至這所穆斯林學校的入場券。在滿庭院的男人之中，我是唯一的成年女性。「棧達罕女性參加公眾聚會，被認為是不得體的。」穆札米勒向我解釋。地方習俗經常使伊斯蘭教義黯然失色。伊斯蘭教義和實際生活習慣之間的不一致，在遇到女性議題時，差距最為懸殊。先知的妻子們騎駱駝，卻不妨礙沙烏地阿拉伯禁止女性駕車。《古蘭經》和穆罕默德皆強調教育的重要性，可是阿富汗和巴基斯坦的反動分子卻以伊斯蘭「傳統」之名炸毀女子學校。在許多穆斯林社會，傳統堅持女性應在家中而不是上清真寺禮拜。儘管已經培育出一位舉世聞名的伊斯蘭早期性別角色專家，棧達罕村也沒有任何不同。在地方習俗的影響下，出席我演講的唯一女性是謝赫的十歲姪女，她和堂兄弟們一起坐在後排。然而，謝赫本人曾撰文著述有關先知明確鼓勵女性上清真寺一事——而且歡迎她們帶著孩子和襁褓嬰孩一起來。每當禮拜期間聽見嬰兒啼哭，他總是為體諒嬰兒的母親，提早結束禮拜集會。一則聖訓記載，即便沒有寬鬆罩袍（jilbab）可穿，也不是不上清真寺的藉口。穆罕默德建議，如果妳自己沒有，那就向別人借一件。[2]

隨著人潮填滿中庭，我意識到，阿卡蘭為邀我演講，事先肯定使出渾身解數進行公關協商。我的出席可能冒犯其他較保守的穆斯林學校謝赫，或顛覆保護女性不被外人看見的男女分隔制度。我把頭巾紮得更緊些。「每個人，」那天下午稍早，謝赫平靜地說，「都等著看妳出錯。」

我感激他信任我不會犯下任何錯誤。歡迎沒有丈夫陪同、獨自旅行的美國女性如我，使他創辦的穆斯林學校成為受人非議的箭靶。人們可能在背後說這間學校是「開明派」——就某些保守派看來，這等同腐蝕正確伊斯蘭價值的代名詞。謝赫最擔心附近一間競爭關係的穆斯林學校出言詆毀。該校屬於比他的學校更恪守教規的德奧班德教派（Deobandi）。阿卡蘭出於對德奧班德教派信徒的顧慮，決定不請地方報紙派記者前來報導我的演說。「人們喜歡說三道四，」他解釋道，「妳懂的。」（結果當天還是來了一名記者，採訪我，把我登上地方報紙，而且照片還是網路下載的。）

這間穆斯林學校還有其他的批評者。有些村民對阿卡蘭把學校蓋在公有地有意見。某居民為了讓學校遷址，不惜試圖將他告上法院。少數超級保守派埋怨他為女孩籌建學校。部分村民甚至曾發動耳語宣傳，散布擔任男校校長的沙納瓦茲應該被解雇的看法。「我不清楚真正的原因，」謝赫以猜測的語氣說道，「也許是有人嫉妒，或什麼的。」無論如何，阿卡蘭不為所動。「他們說『開除他』，假使我們照做，他們會以為也能對下一任校長握有生殺大權。」他聳聳肩。

他們為何憎恨我們？

一名留著一綹鬍鬚的年輕學生，以真摯語調背誦《古蘭經》，揭開下午活動的序幕。與其說是唸誦，他更像在唱一首歌，使在座觀眾靜靜聆聽。另一名青少年激昂地朗讀他為讚美先知而做的一首非常非常長的詩——穆斯林學校活動的經典暖身操。然後我接下麥克風，開始發表演講，每說完一個段落就暫停，把麥克風遞給謝赫，由他翻譯成烏爾都語。

我對在座人群說，我們正處在穆斯林與非穆斯林充滿相互誤解的危險時代。美國可以是一個開明而自信的國家，印度也是。不過對他者的恐懼，可能使任何社會變得故步自封。喪失信心可能阻止不同文化彼此交流，並在遭遇新趨勢時退縮。誠如印度的穆斯林曾目睹印度教基本教義派的興起，或曾經歷和巴基斯坦的劍拔弩張，和他者針鋒相對向來是博取同情、選票、支持的便宜捷徑。

謝赫讓我和他一起讀經的簡單舉動，公開地反抗了這樣的思維。「我們愈聊愈發現彼此擁有許多相同理念，」我告訴聽眾，「我和他一樣，想要和平與安全、想給孩子受好的教育，還想要一個能伸張正義的社會。」可是美國人往往看不見他們和穆斯林有多少相同之處。「今天這樣的聚會，就是對抗彼此敵意和對伊斯蘭之無知的最佳武器。」我說。

接下來幾句話，聽起來彷彿出自某位前途黯淡國務院官僚之口：「文化對談是對抗所有極端主義最強大的武器，」我自豪地表示，「持不同觀點的族群真誠交往，是讓這個日趨分化的世界繼續運作的最佳希望。」對眾人揭露我的信念教條後，我說起關於我小女兒妮可（Nic）的故事。她兩歲時，我為撰寫一篇雜誌報導，到倫敦某穆斯林學校參觀。儘管她一到了晚餐時刻肚子餓了就要哭鬧，不過因褓母有事，我只得帶著她同行。這所穆斯林學校位於北倫敦區一間轉角雜貨店的地下室。我沿著陡直階梯拾級而下，妮可氣呼呼地踱步跟在後頭，然後我看見整間房裡滿滿都是孩子，每個面前都有一本《古蘭經》，他們嘟噥著阿拉伯語，試圖讀完指定章節。背誦經文的聲音令妮可安靜了下來。我們一起盤腿坐在髒地毯上，把注意力集中在專心誦讀《古蘭經》的孩子們身上。妮可一分鐘前才剛鬧脾氣。不知怎地，誦讀《古蘭經》的聲音化解了她的壞心情，還有我的。

我俯視群眾，希望演說最後的小故事聽起來不至於太過像〈小小世界〉（It's a Small World）*。「秉著文化交流的精神，我想開放現場提問。」以里民座談會的最佳禮貌展露笑容。

第一個提問來自戴眼鏡的記者。「猶太人是不是掌握了美國媒體？」他問。

我倒吸一口氣。他眼前就是一個猶太人，我有點想這麼回。況且，我向來不懂人們使用「媒體」一詞所指為何，就像我也不懂他們口中的「穆斯林」是什麼。我知道阿卡蘭對我的演講已經夠緊張了，揭露我的母親是猶太人不會讓他比較寬心。於是我臨陣退縮，針對概括論述的危險性和美國為一民族熔爐發表四平八穩的意見，迴避問題。聽眾不斷提出政治問題，禮貌但尖銳。「美國對以色列的支持為什麼如此堅定？」一位精瘦的年輕男子想知道。

我從歷史解釋，從納粹大屠殺解釋，也提及一個有影響力的遊說團體。

「為什麼美國政治人物總要和穆斯林的利益作對？」阿卡蘭彬彬有禮的大鬍子叔叔問。

我提醒他不要忘了在波士尼亞（Bosnia）的戰爭中，我們曾支持穆斯林對抗信奉基督教的塞爾維亞人。不過我必須承認，很多時候，美國大眾似乎對政治上的伊斯蘭有揮之不去的心靈創傷。

＊譯注：迪士尼樂園小小世界主題曲，曲調歡樂，歌詞大意為全世界都一家人，人與人之間的共通性勝過差異。

他的問題提醒了我，西方世界也提出一個如照鏡子般的問題──九一一事件後的無盡悲傷：「他們為何憎恨我們？」我曾協助撰寫《新聞週刊》試圖回答該問題的著名報導。我看著小布希總統在電視上向美國人保證，我們受到攻擊是因為「他們憎恨我們的自由」[3]。可是這問題完全受到誤導：無論我走在穆斯林世界的哪個角落，我們的自由從不被憎惡，而是受人羨慕。即便小布希如此宣稱，怨恨並不是針對美國人或我們的民主價值。它是針對我們無情的權力濫用，針對我們不斷在埃及和沙烏地阿拉伯等國扶持那些拒絕給予其人民民主的獨裁政權，儘管我們口口聲聲說要傳播民主。他們憎恨的不是「我們」，而是我們的政策。

我意識到，棧達罕村民提出的問題，比起宣揚共同價值的陳腔濫調，更加切中要害。對從未見過美國人的村民而言，形塑伊斯蘭和西方世界交會的是地緣政治，不是學步幼童受《古蘭經》觸動的故事。我突然明白，妮可的小故事對穆斯林學校的一幫聽眾，根本毫無意義。對真正的虔信者而言，我的孩子受神聖話語感動，一點也不令人驚訝。唯有世俗主義者才會對《古蘭經》能撫慰哭鬧不休的孩子印象深刻。對信徒而言，她理當會平靜下來。

女性專屬空間

天色漸暗，星光爍爍，彷彿穹蒼刻意收斂了它的光芒。阿卡蘭和穆札米勒把我連人帶行李送上一輛人力三輪車，三輪車司機載我穿梭棧達罕路面未經鋪砌的狹巷窄街。一名男孩在旁邊奔跑，高舉腳踏車燈，指引我們前往阿卡蘭家的道路。

我們抵達一棟兩層樓房，這裡的陰柔氛圍，不亞於穆斯林學校的陽剛。阿卡蘭人不在，我事後才會得知原因。一群個頭嬌小、笑臉迎人的女人和孩童將我團團包圍。一名女孩牽起我的手，領我進到屋內，然後我便屈服於棧達罕人款待賓客的強力熱情。穆札米勒在建築內的中庭，介紹我認識阿卡蘭的三個姐妹，她們穿著赤褐色、紫色和番紅花黃的繽紛衣物。穆札米勒的妻子阿姿瑪（Azeema）豐腴美麗，有蜂蜜色的皮膚。當我被介紹給這家人認識時，只有一個人始終不發一語地坐著：阿卡蘭的母親。她生硬地點頭，眼睛眨也不眨地緊盯我的一舉一動。後來我得知她年約七十，可是看起來才四十左右，一輩子待在「*zenankhaneh*」（住家屬於女性的空間區塊）的室內生活，使她的皮膚保有光澤。她的下唇呈赤褐色，因長年嚼食將檳榔與菸草混合物填塞到葉子裡製成的「帕安」（*paan*）而被染色。在我拜訪期間，她做了好幾回的帕安。在這頻繁性不下於禮拜的儀式中，她傾身向前，塑膠手環噹啷作響，然後從印度便床（charpoy，傳統的木架與編織矮床）底下拿出帕安盒。她打開盒子，內有精巧的許多小空間，分別裝著葉子、各式藥草和紅色帕安，她將配料搓揉成糊狀，然後拌成工整的小包裹，捲進葉子裡。

阿卡蘭的母親似乎不曾開口。但儘管沉默不語，她卻神出鬼沒。我在晚飯前到客房放包包，順便脫下頭巾，心想在女性空間裡不遮蔽頭部是可以的。我錯了。阿卡蘭的母親默不吭聲、不苟言笑地指向她的頭。我趕緊將披巾（*dupatta*）重新戴上。「這裡的人鍾愛傳統，」穆札米勒告訴我，「她們願意為保存傳統忍受一些不舒適與麻煩。」

晚餐只有一人份。阿卡蘭的姐妹們帶我走向滿桌的羊肉、咖哩和沙拉，然後示意要我坐下。接著她們相互依偎地圍繞著我，看著我進食。其中兩人在我頭頂搧扇子。第一道菜吃到一半時，阿姿瑪指了指我的手：我正用傳統上專門留給如廁後自我清潔的左手吃飯。我笨拙地換手，然後嘗試找話聊。「你們一定以阿卡蘭為榮，」我吞下食物後說，「你們對他變成世界知名的伊斯蘭學者有什麼看法？你們曾料到會有這麼一天嗎？」

我展現的友好太取寵、太直接。彷彿在播報超級盃美式足球。年輕女性竊笑成一團。她們的母親則無動於衷。

穆札米勒一臉尷尬。「我們住在小村莊，」他解釋，「我們想著生計，如此而已。」

後來，回到牛津，我詢問謝赫的長女，他在棧達罕家族的眼中是怎樣的人。「他們對他認識不多，」她說，「他們知道他受教育，他住在西方，還有他會上電視。」

光是讀它，就會得到獎勵

這棟房子依男女分隔制度建造，從外面的巷道完全無法看見屋內的女人。男人睡在前面房間，女人睡在後面。我想知道夫婦需要隱私時得去哪，可是無法鼓起勇氣發問。女人的房間沒有窗戶，屋外世界僅剩中庭上方的那片長方形天空。穆札米勒的紅色摩托車停在角落，暗示外頭有暢通無阻的道路。家庭指揮中心是三張印度輕便床，併攏的木架床構成一個大平臺，上頭坐著阿卡蘭的家人。印度輕便床像個多功能小島，可當沙發，可當來訪女士們的沙龍，可當托兒所，甚至可權充廚房檯面。阿卡蘭的其中一位姐妹蹲坐其上，熟練地拿小鐮刀將秋葵切成薄片。

就在晨禮之前，穆札米勒的妻子阿姿瑪示意要我跟她上屋頂，這是女人可以不戴面紗自由移動的唯一室外空間。雖然置身男女分隔的住宅才一晚，站在可欣賞村莊全景的屋頂上，令我覺得有些大膽，好像穿著新買的比基尼泳裝去海灘。隔壁，一位鄰居盤腿而坐，俯身依著《古蘭經》架。這是我在棧達罕唯一看見的獨處之人。

先知說，晨禮受夜天使和日天使的見證。想像某非現實世界生物，聆聽女人輕柔地背誦經文，並不困難。清晨的霧氣漸漸烝散，印度苦楝和棕櫚樹變得清晰，彷彿一臺巨大相機正緩慢聚焦。有隻孔雀趾高氣昂地走在附近的田地。螢火蟲飄忽飛行。阿卡蘭還是個男孩時，曾在這片土地玩卡巴迪（*kabbadi*，一種印度的追趕遊戲）。放學後的傍晚，他牽家中水牛到河岸，和其他男孩一同玩耍，直到他們的水牛喝完水。

三個世紀以前，在蒙兀兒帝國統治時期，謝赫的祖先擁有棧達罕附近絕大多數的土地，直到英國人來此推行土地改革。（「每當村子裡的人提及英國人，他們說的都是好話，」他說，一邊露出笑容，「我家人除外！」）謝赫的祖父親自耕作這些田，他種植小麥、大麥和甘蔗。他不會讀寫，可是熟記絕大部分的《古蘭經》，而且確保他的兒子，也就是阿卡蘭的父親，能背下整本

《古蘭經》，以取得背誦者的頭銜。

阿卡蘭父親年輕時在村子附近的磁磚工廠上班，自學機器操作和修復。阿卡蘭還小時，父親存夠資本，到孟買開了間服裝店。出外闖蕩的見聞使他相信，兒子需要接受比他曾獲得的更完整的教育。對土地日漸流失的虔誠農家而言，把兒子們送到穆斯林學校使他們得以保有傳統，同時做好迎接農村經濟轉變的準備。

更何況，事實證明阿卡蘭對學習極為敏銳。五歲，他開始在巷口只有一個房間的穆斯林學校唸書，學校對面是薄荷綠磁磚的白色清真寺。他坐在地墊上將字母——學習基礎（*qaida*）——學得精熟。「*qaida*」一詞日後將獲得危險的新涵義。* 六歲，他開始背《古蘭經》，不過記住三十段經文中的兩段之後，他認為背書太無趣了。等到八歲時，他的學習進度已超越地方穆斯林學校的課程。於是祖父把《古蘭經》和一本波斯文啟蒙教材打包到行李袋裡，陪他沿主幹道走到三公里多之外一間規模更大的穆斯林學校。

他在那裡開始學波斯文，他因為太熱愛波斯文，每天早上總是第一個到校，晚上總是最後一個離開。每週五放假日†，他哭著想上學。「有一次，父親甚至揍了我一頓，我成天想要待在學校令他相當惱火。」阿卡蘭回憶道。

入夜後，他把他的輕便床拖到窄街上，抱盞煤油燈蜷曲在床上讀薩迪（Saadi）的《薔薇園》（*Gulistan*，西元十一世紀極負盛名的故事與詩文集）。街頭巷尾的男孩們會一起窩進他的輕便床，聽他朗誦。這樣持續了約一年，棧達罕村民受到阿卡蘭的愛好啟發，紛紛將自家兒子送到同一間穆斯林學校。棧達罕男孩組成某種類似幫派的團體，他們一起吃午餐，和來自其他村莊的男孩起爭執。多數男孩一年內便紛紛退學，回到田裡幫活。不過阿卡蘭還留著，從幾公里外騎腳踏車穿越鄉間小路到不同清真寺聽演講。「每當聽說有虔誠之人將在清真寺演講，我一定出席。」他回憶。十五歲時，他完成自己的第一份手稿，是一本關於阿拉伯語法學的書。

每天下午，阿卡蘭坐在祖父的輕便床邊，唸《古蘭經》給他聽。老頭子過世的那一刻，他正高聲朗讀經文。阿卡蘭抬頭發現，祖父還沒聽完一章經文便停止呼吸了。他根本來不及暫停。「父親說『繼續唸』，我照著做。」他重複〈雅辛章〉（Ya Sin）整整四十遍。〈雅辛章〉是每當有人過世要背誦的經文章節。

阿卡蘭的弟弟穆札米勒及兩個妹妹都是熟記整本《古蘭經》的背誦者。在阿卡蘭的敦促下，年紀比他小的妹妹們都被送到阿扎姆加爾（Azamgarh）的女子穆斯林學校。家族所有大人每天

---

* 編注：「*qaida*」在阿拉伯文中為「基礎」之意，後來成為賓拉登所領導、發動九一一攻擊事件的軍事組織名稱「al-Qaida」，臺灣多譯為「蓋達組織」或「基地組織」。

† 編注：穆斯林除了一天五次禮拜之外，於每週五中午到清真寺參加集體的禮拜「聚禮」（*Jumu'ah*），有些人也將週五音譯為「主麻日」，聚禮後會有伊瑪目或毛拉的演講時間，因此穆斯林國家的週末假期多為週四與週五，或週五與週六。

至少讀一遍《古蘭經》，週五則不只一次。「朗讀《古蘭經》，不用在意是否瞭解內容，」穆札米勒向我保證，「光是讀它，就會得到獎勵。」

我本能地對此嘲諷，不求甚解的閱讀不是閱讀。直到我回想起那天清晨在屋頂聽見的背誦。我不懂那些文字的意思，可是聆聽它們，確實為我帶來一種不尋常的平靜。

男女分隔制度

我到他家拜訪期間，阿卡蘭從頭到尾都不見人影。整個家除了他父親和穆札米勒，家中成員全為婦孺。一一參觀姐妹們擁有專屬鍋碗和柴燒爐的獨立廚房時，我瞥見了阿卡蘭頭髮灰白、神情和藹的父親。我們眼神短暫交流，然後各自望向別處。無親無故又沒戴頭巾的女人出沒他睡覺的走廊，對他這一代的男人而言，肯定是極不得體的踰矩行為。

後來回到牛津，阿卡蘭解釋他沒住在家人那邊，是因為他必須遵守男女分隔制度。在村子裡，男女分隔制度的地位優先於家人團聚。「我不喜歡和兄弟們的太太往來，」阿卡蘭解釋，「要是我太太也在，情況就不同了。而且村子裡太多女人去看妳了。我在現場不是好事。」我的拜訪吸引村裡婦女成群結隊地前來一解對美國女人的好奇。「去看妳的女人們，」他嘖嘖稱奇地說，「多到好像妳是要結婚的新娘子。」

在某種程度上，阿卡蘭沒回家也是考慮到他的姐妹們。「我想讓她們享受自由：在我面前她們不會這麼自在，我是指弟媳兄嫂們。如果我在家，她們不能盡情大笑，不能恣意談天。在家裡面，女人是自由的，男人則不是。」

他的臉旁閃過類似遺憾的情緒。那一剎那，我看見男女分隔制度是個兩面刃，限縮了男人與女人的自由。窗簾能為裡外任一邊的人擋住光線和空氣。當然，每個人被遮蔽的視線不盡相同：男女分隔制度主要是用來約束女人的種種限制。阿卡蘭的姐妹們和母親外出，一定不忘以面紗遮臉，面紗只留下眼睛隙縫。她們也不會在沒有男性陪同的情況下，冒險到附近的凱塔薩賴（Khetasarai）市集逛街。謝赫不認同像這樣限制女人的行動，不過村裡其他人可不這麼想。

謝赫的長女胡思娜（Husna）隨家人離開棧達罕時才九歲，可是就連還是小女孩的她，也受男女分隔制度束縛。七歲時，她不再能夠自由地在外玩耍。「如果有緊急狀況，我們可以到街上的店鋪。」她後來回憶說。由於每戶人家都把女兒們留在室內，在外走動自然成為被人吹口哨和議論的對象。

胡思娜在棧達罕的成長歲月教會她拘謹，並因而擁有其他在英國長大的妹妹們沒有的口音。當她解釋棧達罕祖居男女分隔制度包含的種種限制時，我終於瞭解為什麼訪問期間幾乎沒見到謝赫。胡思娜回憶說，他們家族的男女分隔制度極嚴，姐妹和兄弟之間幾乎不講話：「大姑會和我爸說話，不過其他姑姑都不會，起碼很少。她們會害羞。」

胡思娜也形容自己容易害羞，即便這麼多年過去，在牛津距離雙親不遠處成家落戶，她仍沿用在印度學來的男女分隔習俗。「我不和男人交談，如果交談，也會盡量保持簡短，」她率直而不帶情緒地說。「我不和妹妹蘇麥雅的先生說話——我們沒有交談的必要。即便現在，我幾乎沒什麼和我爸說話。」

「抱歉？」我倒吸一口氣。「妳說真的嗎？」

「真的。譬如，如果外頭下起雨，而我必須回家，我會請我媽傳話說我要走了，」她說，「然後她會叫他載我，好讓我不用開口。」

我又再次被提醒，棧達罕是女人和年老男性的天下。村裡每家的父親和丈夫幾乎全都到波斯灣或其他外地工作，而且返鄉時皆遵守男女分隔制度。棧達罕的男人和女人基本上是分開生活的。在西方，我們擔憂離婚、工作壓力或世代差異可能導致家庭破裂。悶悶不樂的青少年、埋首工作的配偶，各自創造屬於自己的小空間。殊不知世上還有其他分割家庭的方法。

試圖以教育動搖傳統

謝赫在牛津的家實施男女分隔制度，可是嚴格的程度不比棧達罕。若男性訪客來找謝赫，他們通常會進到一個房間，然後他的妻小把起居室的門關上，以維護分隔感。但這裡遠比印度自由，特別是對年輕一代而言。在描述曾有非穆斯林結巴地問她會不會開車時，阿卡蘭的二女兒蘇麥雅翻了個大白眼。「我比我先生更早學會開車！」她得意地咯咯笑。

當蘇麥雅表示想戴面紗，阿卡蘭聽了大吃一驚，可是他認為她有權選擇。「伊斯蘭要女人在離家時，用寬鬆衣物罩住全身，」阿卡蘭說。「可是罩住臉的面紗，是後來才出現的，在先知的時代之後。」

「那你為什麼不告訴棧達罕的家人呢？」

「在村裡長大的人，認為那是正統伊斯蘭的行為。他們無法分辨傳統和伊斯蘭教誨。棧達罕人對面紗的唯一認識是，印度教徒不戴，穆斯林戴。」誠如許多村莊習俗，「它們不是根據宗教知識而存在的傳統，而是為塑造集體認同。」

「但阿卡蘭，你是專家學者！」我斥責道。就連村裡最年長的男人，都聽從他在宗教方面的指示。棧達罕等級制度某次難得破例，就是因為出於敬重阿卡蘭的宗教知識，讓他取代前輩率領清真寺的信眾禮拜。「你是享譽國際的學者，」我以甜言蜜語誘惑，「為什麼不告訴他們，只要他們保持謙卑，其實不需要戴面紗？你難道不該把女學者的研究成果告訴他們？在伊斯蘭發源的前幾世紀，獨自騎乘駱駝去上課的那些女人？在中世紀撒馬爾罕頒布伊斯蘭教令的那些女人？還有站在先知墳前給男學生講課的那個女學者？」

「沒有人會聽的，」他說，「人們會說，『喔，他後來去了納德瓦』，或『自從他去了英國』。我能在拉克瑙說，我能在牛津說，我不能在村子裡說。改變人們的想法不能以村莊為起點。」

改變傳統就像安裝供電或自來水系統，需要正確的基礎設施。面紗的流行，某種程度上源自印度女性經常受騷擾。「此時此刻，你無法想像印度的女人多麼不受尊重。」他說。當時，他的四女兒瑪爾嫣（Maryam）剛上大學，在倫敦大學修習阿拉伯文。「在英國，瑪爾嫣要去倫敦，不會有問題，」他說，「可是在棧達罕，你真的無法想像一個女孩沒有遮住臉就出門。」因為人人都戴面紗，不戴就是自找麻煩。

阿卡蘭說，改變群眾觀念模式之道在於教育。為達此目的，他為棧達罕的女孩們蓋了一所穆斯林學校，就在城外老磚窯後方的稻田裡，交由他的妹夫阿布—巴克爾（Abu Bakr）負責管理。他承認，女子穆斯林學校的教學標準向來不太高。家長通常只接受讓女老師教他們的女兒。到目前為止，女性教師的教育水準仍不如男性。不過新成立的「正直女子穆斯林學校」（*Madrasat al-Salihat*）是改變的希望。經過一兩代教育洗禮後，存在已久的規範或許會被動搖。

在棧達罕與牛津之間

和阿卡蘭坐在牛津的多國料理餐廳、喝拿鐵咖啡、吃墨西哥玉米片，很難想像溫和的農村習俗對人是多大的壓力。棧達罕的生活將人局限在一個緊密交織的穆斯林團體，延續著祖先的生活方式。這環境有溫水洗滌的效果，使地方傳統加倍容易和信仰被混為一談。阿卡蘭——就像移民到歐美各國的許多穆斯林——認為在西方世界的生活，幫助他釐清哪些傳統純粹是北印度文化的一部分，哪些又是真正的伊斯蘭傳統。住在英國讓他能夠和來自不同國家及法學派的穆斯林交流。遠離他的村莊和穆斯林學校，使他找到能夠重新檢視原始文獻的中立空間。

「到納德瓦烏拉瑪學校唸書是個轉變，可是直到我來這個國家，繼續讀更多聖訓，我才真正看清這個宗教的重點——像是虔誠和敬畏真主——而不是將目光聚焦在某些文化事物。」他說。可是村民們，由於教育程度有限，而且不曾涉足外面的世界，不可能樂於吸收他的新發現。

「可是你卻讓我演講，」我旁敲側擊，「說到演講，他們反應如何？」

顯然，我的造訪成了街談巷議的話題。「村裡沒什麼大事，」謝赫解釋道，「妳走後兩個禮拜之內，每當人們聚在一起，肯定要談起妳。他們倒不一定是講壞話，但就是會講，經常講。」

「我去之前根本不瞭解，光是接待我，你就得冒著極大風險。」我說。

「那一帶的人們，全都無法想像一個宗教學者和一個女人是朋友，」他贊同地說，「即便現在，村民肯定還在對他們的朋友四處張揚。它已烙印在村子的記憶中。」

「那有人口出惡言嗎？」我追問。

「沒有人無事生非，」他以有點意外的口吻說，「沒有人懷疑我們的虔誠。」

「可是他們很顯然對美國沒好感，」我說，「他們待我很和善，但那麼多人針對政策的提問……」

「他們不喜歡美國的政策，」他點頭說，「不過他們沒有把妳和那些政策連結在一起。」

他補充說。除此之外，觀眾的問題可能不全然源自政治意識形態，而是只是裝模作樣：「他們會問巴勒斯坦和以色列的事，因為他們對美國的認識僅止於此。」

謝赫向我保證，村裡不存在強硬的反西方論述。「他們是很單純的一群人，」他說，「他們褒揚英國政權更勝於印度政權，因為他們只在乎誰能給他們更好的生活。」都市菁英有餘裕思考殖民主義和追求獨立的國家大事，可是對棧達罕人而言，他們看重的是鋪設前往喬恩普爾之鐵路的是英國人，那是不爭的事實，就像他們用電池收音機聽的英國廣播公司（BBC）也是英國人的。

造訪謝赫的精神故鄉

棧達罕是阿卡蘭的老家，納德瓦烏拉瑪學校則是他的精神故鄉。在拉克瑙大學（University of Lucknow），他主修阿拉伯文和經濟學，不過對他影響至深的是在拉克瑙的納德瓦求學的那幾年。參觀校園時，阿卡蘭的往日情懷就像前四分衛參加校友返校日——而且也受到相同的盛情款待。一見到他，資深教授們喜上眉梢，年輕一輩教授們則對他投以崇拜眼光。

「離開村莊有讓你想家嗎？」我問謝赫。

他有點不知所措。「我好開心來到這裡，妳無法想像。」

事實上，我可以想像，因為這間穆斯林學校和我見過的都不一樣。黑色、黃色蝴蝶在草地飛舞。校園寬敞且充滿綠意。謝赫在他以前住的宿舍外，指出他過去讓學生栽植的一片矮林。（「這不符合規定，」他賊賊地笑說，「可是大家都沒說什麼。」）我們經過他以前參加羽球隊練習的空地。我們向校園食堂的座位致敬，這是阿卡蘭和朋友們以前一起喝印度奶茶的位置。喝完後，他們各付各的，這個習慣被稱為「美國茶」（American tea），因為他們聽說美國個人主義當道。晚上，學校舉辦詩歌朗誦——有點像伊斯蘭詩歌大賽，每個學生都試圖打敗彼此。建於十九世紀的創校建築屬盎格魯—印度全盛風格，那是納德瓦校園的中心樞紐。檸檬黃底色搭配白飾邊，它有扇型拱門，以及裝飾精美石膏雕花的圓柱。好似高級的婚禮時裝店。

這華麗裝飾是經過深思熟慮的決定。納德瓦創建於一八九八年，距離英國對印度菁英推動英式教育已超過半世紀。過去數百年，穆斯林學校的影響力持續衰退，伊斯蘭學者的聲望亦然。「將納德瓦蓋得美輪美奐背後的動機，」阿卡蘭向我解釋，示意我們仰望頭上的隔柵陽臺，「是為了讓實習中的伊斯蘭學者感到自豪。創辦者不要穆斯林學生覺得自己不如在西式教育機構唸書的人。」

他在一面裱框的引文下方佇足並翻譯：「多少次，我許下返老還童的願望，只為到納德瓦烏拉瑪學校唸書，只為呼吸那裡的空氣，吸收那裡的知識。」凡從納德瓦畢業者皆獲得在姓名之後加上「納德維」（Nadwi）二字的權利。學校足球賽分成「納德維隊」和「非納德維隊」。非納德維隊不是作客隊伍，而是由尚未獲得文憑的納德瓦在校生組成。校友名單或大學雜誌發行欄讀起來重複性很高：每個名字都以「納德維」結尾。

納德瓦的勁敵是比它早一個世代建校的德奧班德學院（Darul Uloom Deoband）。德奧班德的人反對英國統治，拒絕將受西方影響的科學或人文學科納入課程。相較之下，納德瓦的創校元老們，渴望讓年輕人同時接受伊斯蘭學科和世俗科目的訓練，從德奧班德人絕對的傳統主義和英國人提倡的世俗教育之間，開闢一條中間路線。[4]阿卡蘭在學習伊斯蘭法學和《古蘭經》、阿拉伯語法學和邏輯學之外，也要讀莎士比亞、佛洛伊德和沙特——他那一代的納德維深受存在主義的吸引。「納德瓦其實是要學生學會思考，」他說，「大部分其他穆斯林學校的學生不會思考，只知道模仿。」

然而，校方並未全面開放外在世界進入學校大門。還在念大學部時，阿卡蘭和朋友們曾懇求校方放行，讓他們到校外看馬戲團表演。[5]身為未來的伊斯蘭學者，他們提出訴求，他們需要親自瞭解墮落行為，看清虔誠信徒必須對抗的邪惡。這番論述未能打動法律專家，因此他們沒看成馬戲團。電影也被禁。偷溜到里拉電影院（Leela movie theater）看「印度湯姆．克魯斯」沙魯克罕（Shah Rukh Khan）的最新電影，要冒著納德瓦標準處罰的風險：停止供餐一至二個禮拜。「大家都說，沒被停餐過的不是真納德維。」阿卡蘭竊笑道。身為學校宿舍的宿舍長，阿卡蘭以前會巡邏市區電影院，看有沒有違規的納德維。「校方不希望學生學壞，」阿卡蘭解釋。「人們已經認為這是一間現代機構，校方不想要引來惡名。」

穆斯林學校的電影院巡邏無法滴水不漏。阿卡蘭後來發現，就他所知，他是唯一遵守該禁令的納德維。除了他以外，其他學生似乎都去看過電影。

我去見阿卡蘭在校時的老室友瓦里烏拉（Waliullah）時發現，不是所有納德維都成了學者。他身材魁梧，雙眼明亮，留著濃密大鬍子，好像南亞海明威。他和阿卡蘭同寢，可是沒學到他的勤奮。搞砸幾次期末考後，瓦里烏拉踏進建築業，做得有聲有色。這點從他和坦都里碳烤餐廳侍者打招呼的方式，以及當天他招待我們去吃飯的交通工具——雪佛蘭SUV、配備駕駛和冷氣——都看得出來。我們坐在車裡穿越拉克瑙市中心，經過骨白色提拉清真寺（Tila Mosque），阿卡蘭曾在此和一名友人喝附近咖啡館買來的可樂，慶祝對方熟記《古蘭經》。我們沿著迂迴的馬利哈巴德路（Malihabad Road）前行，兩旁有許多英國人建的平房，過去散發優雅品味，如今在排廢和季風雨水的摧殘下日漸破損。一群年輕穆斯林女人經過，戴著纏繞頭部和臉部的絲巾，宛如游擊隊突擊隊員。阿卡蘭說，這造型是他在拉克瑙那段時間出現的，目的在展現對穆斯林認同團體的歸屬感，和篤信宗教沒什麼關係。「只是認同。」他說，不停搖頭。

道路兩旁的土地是成排的低矮倉庫和商店，不過回到阿卡蘭在納德瓦的年代，這裡曾是一片森林。週五晌禮之前，阿卡蘭和朋友們會到附近的田野打獵。阿卡蘭用的是父親請一位朝聖者從麥加帶回來的老式德國獵槍。謝赫的槍法和他父親沒得比。「他可以在一張紙上寫阿拉伯數字五，退得老遠，仍然正中五的肚了。」阿卡蘭回憶說，瞬間化成有些佩服老爸的兒子。不過謝赫的槍法也不差。有時，他和朋友們射下好幾袋鴿子，帶著鴿子到附近一間由打獵同好管理的穆斯林學校，然後一起享用鴿子午餐。「我們一個早上能打下二十五至五十隻鳥，」他說，「我朋友的太太會把鴿子放進咖哩煮。非常美味。」

「阿卡蘭在納德瓦時是什麼樣子？」我從前座扭過身看著瓦里烏拉問。「他很用功，」瓦里烏拉說，「有一次，校監演講結束，阿卡蘭深受啟發，回到宿舍後，連續讀了三天的書。」他輕聲笑。「在那先前他聽說吃鷹嘴豆的綠芽很健康。所以那整整三天裡，他只吃鷹嘴豆，泡水、長綠芽的鷹嘴豆。」我認出這個苦修性格：謝赫對在牛津健身房鍛鍊身體一事自律甚嚴，而且幾年前開始實行一套減重飲食，晚餐只吃水果。

我們暫停路邊，去看阿卡蘭還是年輕納德瓦教授時買下的一塊地。那時，他想像自己留在鍾愛的拉克瑙教書，然後在買來的兩小塊地上養家。二十年後，土地周邊冒起一片白色磚房住宅。不過阿卡蘭的土地始終未開發。瓦里烏拉替他管理土地，在四周築整齊磚牆，並栽種一林子的楊樹。樹木現在高大了，是阿卡蘭離開印度二十二年的證明。它們提供令人心曠神怡的樹蔭，當我們走出SUV，短暫佇足餘蔭之下，我想著阿卡蘭離鄉背井的犧牲。

第五章

一個移民的禮拜墊

我在牛津伊斯蘭研究中心工作的九〇年代初期，中心是一棟位在牛津某靜巷的簡陋組合屋，其貌不揚，完全不會引人注意。可是某個春日，它忙碌了起來。帳篷、紅地毯、新鮮果汁和餅乾。全因那天有位王子要來。查爾斯王子（Prince Charles）——中心通訊錄對他的稱呼是「威爾斯親王殿下」——大駕光臨。中心管理部為此準備了好幾個禮拜。印發邀請函，並張羅外燴。電話線塞爆，傳真機吐出安全權限清單。阿卡蘭看傻了眼，年輕祕書們挖空心思策劃活動的拚勁也令他莞爾。活動當天有種權貴世家老男人開化裝舞會的氛圍。牛津教授們穿著黑色學術袍出席。從倫敦來的禮車，卸下穿飄逸白色長袍（*thobe*，波斯灣諸國傳統及踝長袍）的大鬍子阿拉伯人。梳油頭、穿訂製西裝的英國商人，三五成群，交頭接耳，探頭尋找根本沒提供的雪利酒。當王子及其隨從抵達，會場安靜下來，眾人紛紛有點不確定地低頭鞠躬。

唯獨阿卡蘭沒鞠躬。他頭戴卡拉庫爾帽，身穿雪望尼（*shehrwani*，鈕釦式黑色長大衣，是印度宗教學者的傳統服裝），站得筆挺。他站在離紅地毯幾步之外，觀看王子和逢迎奉承者交談。阿卡蘭的瀟灑自若令我敬畏。如同其他學者前輩，他相信宗教學者應保持中立，不親近任何王室。後來我發現，他的莊重有更深層的來源。不是因為他對辦公室政治或王室名人無動於衷。對他而言，伊斯蘭弭平了世俗的等級階層。他唯一在乎的權力是真主的力量。「行為舉止因在權貴或弱勢面前而有所不同，」他後來寫道，「意味著沒有真正瞭解，我們因源於創造主所以生而平等。」[1]

成長過程中親歷英屬印度統治，使他對查爾斯王子的不為所動更加令人佩服。一九六三年出生，他的童年都在英國及其王室至今仍備受尊敬的次大陸度過。當他的謝赫，也就是納德瓦的校長，點名由他接下牛津的研究學人一職，阿卡蘭沒有二話，不是因為職位在英國，而是出於對他的謝赫的服從。他是真主的奴僕。在阿卡蘭的世界，只要不妨礙信仰，凡是謝赫提出的要求，都不能拒絕。

赴外頭一個秋季，拉克瑙的確顯得很遙遠。他買了公車卡和腳踏車，申請了牛津博德利圖書館（Bodleian Library）的閱覽證。他為抵禦英國的寒冬，添購一雙耐穿的鞋子和一件連帽大衣。他從牛津的公共圖書館借閱基督教書籍，對書中描述耶穌的方式感到震驚，「有時是真神，有時又只是血肉之軀。」春天是拉克瑙出名的芒果結實纍纍的季節，他找到一間有賣芒果的牛津超市，把現場存貨掃光。他找到一間清真肉鋪，然後自學煮拉克瑙肉湯飯。在北牛津的清真寺，他還是能夠正常禮拜，但他不禁懷念起在拉克瑙養成的習慣。在納德瓦，每天晨禮後，他會到戈默蒂河（Gomti River）邊蹓躂，和友人們辯論希臘邏輯學，或是討論阿拉伯語法學的庫法學派（Kufah），和巴士拉學派（Basra）及巴格達學派（Baghdad）有何差異。在納德瓦，禮拜敬神和宗教研究將生活與信仰連結在一起。在牛津，其他的穆斯林在禮拜結束後便離開，趕著去上課，或趕著去搭計程車，或趕著回到他們的轉角商店做生意。有一次，我問他最想念拉克瑙的什麼。「真誠的友誼。」他回道。

我們的製圖團隊氣氛歡樂。某次茶點時間，我們半開玩笑、半認真地辯論穆斯林太空人如何在外太空計算禮拜時間。（在場學者們最終同意，一旦離開大氣層，信徒可以跟著麥加時間進行禮拜。）長髮的大衛．丹瑞爾是南亞蘇非道團的美國專家，他和謝赫常展開某種看誰比較謙恭有禮的決鬥，雙方總試圖以南亞式的謙恭把另一方比下去。

「謝赫，你啊，」大衛以柔軟的美國南方拖腔起頭，「你是太陽。」

「不，謝赫，你的明亮遮蔽了太陽和月亮。」阿卡蘭這麼回。

自從這兩個男人共用一間辦公室，謝赫經常找大衛詢問他在西方文化中發掘不完的怪事。英國女人喜歡穿謝赫眼中「這麼小一件衣服」的習性頗令人難為情。他曾問辦公室室友，怎麼不會分心？「我就想，『這不干我的事。』」大衛告訴他——阿卡蘭受用地擁抱這個態度。英國音樂也令他不解。一名街頭樂手長期在製圖室窗戶下方表演，每天都在同一時間現身。經過幾天同樣三首歌的反覆轟炸，謝赫終於開口問：「這是好的音樂嗎？」有些穆斯林傳統主義者不贊成音樂；《古蘭經》背誦是謝赫聽過最接近歌曲的東西。有一回，他結束在利物浦（Liverpool）的演講，我問他有沒有聽說過披頭四。「我來英國讀了很多英國哲學家的書，」他說，「可是我不知道披頭四是誰。」

阿卡蘭繼續留在牛津，兩年後，他幫太太和兩個女兒胡思娜與哈菈申請到簽證。後來又有四個女兒相繼在英格蘭出生，一出生就成為英國人。從歐、美來中心幫忙南亞伊斯蘭製圖研究的其他研究員來來去去。研究員每個都很勤奮，可是計畫進度好比冰川推進、不見進展。研究團隊不斷換將是原因之一。而且中心主任經常忙於新建築建案：一棟結合牛津之美和伊斯蘭傳統藝術精華的研究中心。主任寫募款信給波斯灣阿拉伯國家的酋長與王子，請阿卡蘭翻譯成阿拉伯文。阿卡蘭對此毫無怨言，就好像他也曾被要求將中心浮誇的通訊報翻成阿拉伯文。只要被邀請，他出席研討會，即便主題是他在納德瓦不曾聽過的，譬如伊斯蘭與環境，或伊斯蘭與媒體。只要接獲命令，他會陪新到訪的客座學者喝茶，或陪伴贊助人視察新建物的藍圖。他任勞任怨地做這些苦差事。他或許想念拉克瑙，不過他絲毫不自憐在英國的生活。他自律甚嚴，即便禮拜至深夜，隔天仍會在日出前起床做晨禮。有一次我打手機給他，他正坐公車進倫敦。

「我在去眼科醫院的路上。」他告訴我。他自幾個禮拜前開始頭痛不止。

「幾個禮拜？」我問，「你怎麼有辦法工作？」

「沒有那麼糟，」他說，「痛歸痛，不過我還能讀書。」當時，他正在重讀中世紀神學家伊本─泰彌亞（Ibn Taymiyya）的著作。

某次製圖團隊到倫敦待了一天，去看印度事務圖書館（India Office Library）的古地圖藏品。我們看著戴白手套的藏品管理者展開泛黃的長條紙張，映入眼簾的是一幅顯示德里和坎達哈之間交通路線的蒙兀兒時代狹長地圖。標準地圖顯示地點與地點之間的平面關係，這張地圖卻是呈現一條路，地圖重點幾乎就是道路本身。兩條墨黑色纖細的優雅線條，還有零星標記──一塊巨石或一棵樹，一間寺廟或一座小鎮。它們只是指引標記，道路才是真正的主角。道路之外的資訊根本不重要。這張地圖是給不想東張西望的旅人，給所有不在乎娛樂的人。我記得當時我想著，那是給阿卡蘭這種人的地圖。

個人主義之外

阿卡蘭沒被牛津的聲望震懾。他只是碰巧被派到這裡，他對牛津不抱敵意，也不特別欽佩。整齊的草坪只是草地，教堂尖塔和庭院不過是石頭。對阿卡蘭而言，牛津純粹是他工作和禮拜的地方。工作是他的謝赫指派的，禮拜則是真主的命令。我在牛津沒見過誰像他一樣專心致志。我們著手的計畫規模浩大、卷帙浩繁，由負聲望的美國補助金提供大筆資金。中心對來訪要人吹捧此計畫，說它是高科技方法和高尚學術研究的完美聯姻。中心的管理者們穿起黑色學術袍，在貴賓席和他們的牛津教授同儕共進晚餐，渴望跨越大學和他們這間新興機構之間的鴻溝。在中心工作那兩年，我每隔幾個月也會做相同的事，到城裡某處參加傳統的牛津晚間活動：聽某位我在電視上看過的教授演講，用亮晃晃的銀餐具吃晚餐，配美味波特酒，然後聽不太有自信的學生們唇槍舌戰。阿卡蘭不曾離開中心，只在要使用大學各圖書館時進校園。在阿卡蘭埋首書本時，中心打進了英國統治階級的核心。查爾斯王子在訪問中心後不久成為贊助人，而且後來還頒給中心一只皇家特許狀。中心主任最終獲得大英帝國司令勳章（Commander of the Order of the British

Empire）。謝赫始終不為所動。他在中心履行職責，然後回家做自己真正想做的工作。

二十四歲時，我不理解阿卡蘭從容淡泊的態度。當時的我有中產階級美國人標準的積極進取——無論對我自己，對我的事業，對「體驗經歷」，都一樣。只要不被找麻煩，我的裙子能多短就多短，想像這是將外面世界帶進中心的大膽舉動。「妳對他們會有幫助。」當問起比較保守的穆斯林會不會介意我一介女子在這裡四處走動，一位銀髮的中心管理者向我確保。

當我在牛津汲汲營營追尋屬於自我的成功，阿卡蘭卻莫名地心滿意足。他平靜接受自己從拉克瑙離鄉背井的生活令我無言。如果他這麼想念納德瓦，為什麼不搬回去？接受他的謝赫的指示，難道就意味著他得拋下家庭，一個人思鄉？只要他願意，印度肯定有學校等著聘他當教授。他和他太太都能離他們的雙親近一點，然後他可以享受他珍視的納德瓦同儕情誼。從小聽追求幸福的故事長大，我徹底不解他為什麼不願搬回家。身為美國游牧公民之女，我認為人可以隨時放下一切，轉換新環境，直到覺得滿足為止。我不曾懷疑人生應該以自我為中心。還在學步時，我已跟著《芝麻街》的歌曲唸唱，像個虔誠信徒般：「世界上最重要的人就是你——就是你，而你幾乎渾然不覺！」我的父母和師長從小灌輸我，要我知道自己是非常特別的，就像其他數百萬也被灌輸同樣觀念的心肝寶貝。

阿卡蘭不認同美國人對獨一無二的崇拜。有一次，他請我幫他在納德瓦教過的一位學生寫推薦信，因為對方想到蘇格蘭從事研究工作。阿卡蘭的英文還在初階程度，因此他建議由我將他提供的事實翻譯成推薦信。他給我的細節不甚具體：該名學生在他的伊斯蘭法學、聖訓和其他穆斯林學校科目課堂上均表現傑出。「一切正常，」阿卡蘭說，「是個好學生。」

光是「正常」不會讓入學委員會眼睛一亮。我認真地解釋說，我們需要的是獨創性。最起碼，我們應該試圖傳達這個人獨特的學術天賦，讓他在一大疊申請書中顯得出眾。這個學生是不是對伊斯蘭哲學的趨勢別有洞見？阿卡蘭一臉困惑。我改採其他策略。他能不能使大學文化更加多采多姿，我提示道。他有什麼有趣的嗜好？運動天賦？阿卡蘭微笑，搖搖頭。我繼續逼問。若有機會，他會不會協助建立蘇格蘭穆斯林和非穆斯林之間的文化橋梁？他過去曾經克服怎樣的困難？

什麼都沒有。阿卡蘭不懂這樣做的重要性，為什麼要不斷搜尋他的學生的特點。試圖把一名納德瓦學院學生的人生重點，安插到我自己習慣的簡明美式成就圖表，終究是此路不通。對阿卡蘭而言，事情很簡單。他的學生已精通學校課程。這就是他應獲准繼續做研究的充足理由，毫無疑問。

可是我認為我們需要一些故事。我活在歐普拉（Oprah）的時代。我對個人故事的渴望就像呼吸一樣自然。進好學校，謀得受人尊敬的工作，或受到任何重視，都必須在世人眼中顯得新鮮和獨特。我和唸芝加哥大學的前同事伊夫提哈爾（Iftikhar）一起思索這件事，他已瞭解美國人對獨創性的追求。他解釋說，在傳統穆斯林學校，學術圈的世界大不相同。伊斯蘭的文化史重視傳承和常規，而不是突破。多數穆斯林相信先知活在最好的世代，之後的每一代都略遜於上一代。接著他告訴我一位伊斯蘭學者的故事。該學者經多年研究，終於完成畢生傑作。「最重要的是，」這位學者自豪地宣布，「整本書完全沒有獨創見解！」

在禮拜墊上安身立命

我記得我始終想不通阿卡蘭為什麼留在牛津，忍受孤獨和英國的雨天，做一份浪費他學術天賦的工作？直到多年後，當我聆聽謝赫傳授關於優素夫（Yusuf）的篇章，也就是《古蘭經》關於先知約瑟（Prophet Joseph）的章節，才漸漸能夠瞭解。當初被我斥為消極被動的狀態，其實遠比我以為的更有意義：堅定的恭順。《古蘭經》提到的二十五名先知當中的優素夫，就是《聖經》中的約瑟。我對他的故事只有模糊印象，來自《約瑟的神奇彩衣》（*Joseph and the Amazing Technicolor Dreamcoat*）DVD中的唐尼．奧斯蒙（Donny Osmond），就是個有華麗服裝和可怕兄弟的男子。阿卡蘭對故事的解讀迥然不同。他從故事中看到在任何地方安身立命的手段：謙遜、耐心和調適。

謝赫在利物浦大學教〈優素夫章〉研討課。講座開始之前，我稍微瀏覽了〈優素夫章〉的經文。我看得出安德魯．洛伊．韋伯（Andrew Lloyd Webber）為什麼認為這是個暢銷故事。一個高貴俊美的主角忍受家庭分裂、背叛、陰謀暗殺、色慾和財富巨變。這章《古蘭經》經文的梗概如下：孩提時代的優素夫曾夢到月亮、太陽與各個星球都臣服於他。他的父親認為，夢境是個跡象，說明他的孩子乃一名先知。他的兄弟們眼紅父親偏袒優素夫的諸多舉動，企圖除掉他，將他丟落井裡，佯稱他被一匹狼吃掉了。一組路過的沙漠車隊救起優素夫，抵達埃及時，他被賣給一位有權勢的人做奴隸。英俊的年輕奴隸引起主人妻子的注意。當她試圖勾引，他抗拒誘惑：「他也嚮往她，要不是他看見他的主的明證。」城裡的女人聊起權貴勾引可憐奴隸男孩未果的八卦。主人妻子為拯救自己的聲譽，陷害他被打入大牢。優素夫在牢裡替兩個獄友解夢，當他能夠解讀夢境的消息傳至王宮，他被傳喚入宮替國王解一個夢。國王對他印象深刻，授予優素夫重要官職。優素夫在本章尾聲終於和家人團聚。他寬恕他的兄弟們，並恢復失明父親的視力。

《古蘭經》對這段故事的描述很生動，尤其是主人妻子試圖誘惑優素夫的場景。生動到有位穆斯林學者禁止女性讀這段經文。幸好，阿卡蘭不贊同。他說，反對閱讀第十二章的伊斯蘭教令是荒謬的，並把它比作另一個意圖限制女性權利的伊斯蘭教令，就像基於怕她們寫情書而禁止女性學習書寫，或為避免她們被外人看到，禁止女性住高樓。「《古蘭經》沒有任何針對男人或女人的內容，」他強調，注視著在座同學，「它的對象是男人，也是女人。」

我們各自翻開《古蘭經》。阿卡蘭驚嘆地說，從奴隸、階下囚變成輔佐國王的重臣，優素夫境遇變化之大——一切全因他的虔誠。謝赫在身旁的白板上畫條線，又在線旁畫了個圈。線條代表你的空間，是你生活居住的環境。這個空間可以在任何地方——一座水井、一間牢房、一個專制君主統治的國家，或是一個陌生國度。接下來，他指向圓圈。圓圈象徵一個穆斯林的生命週期，日出日落，分秒流逝，直到真主將你留在這世界的最後一天。阿卡蘭說，居住環境不在你的控制範圍內，但你可以控制生命週期。你的境遇操之在真主；利用在世上的週期實踐「虔信精神」，也就是敬愛、敬畏真主，這是你的本分。阿卡蘭說，照料這個信仰的循環，不要煩惱你的境遇：「任何處境，即便是最糟糕的生活條件，只要你持續轉動週期，終將有所好轉，」他嚴肅地說，「任何境況。牢獄之災。受人奴役。當家作主。雙親健在。痛失雙親。完婚。未婚。說烏爾都語。說英語。無論真主給你怎樣的空間，感謝祂！」

想想優素夫，想想他的不放棄。「他被丟進井裡。他抱怨嗎？他被賣身為奴。他抱怨嗎？他在埃及被人當奴隸賣掉，然後又被打入大牢，誰比他更不幸？」優素夫教我們無論如何要堅忍。當他因憑空捏造的指控淪為階下囚，「他有透過報紙陳情嗎？」阿卡蘭問，「他有找媒體幫忙嗎？」若要改變處境，照料你的週期，抗拒誘惑，向真主禱告。只要身體力行，「任何空間都將變得對你有利。」他不苟言笑地補充，虔信精神需要耕耘。「若要虔信之心降臨自家寒舍，必當盡一番努力，」他說，「它不是魔術。價值是靠努力才得以實現。有投入，就有收穫。」

我一邊抄寫阿卡蘭滔滔不絕的演說，一邊跟自己說，消極不作為和奴役的種子就藏在這裡。阿卡蘭的人生公式，對從小被灌輸她是自己命運主宰的人而言，完全是陌生的。

我們休息午餐，我和課堂上一群女生去買三明治。她們多為英籍亞裔和英籍非裔學生，是隨南亞或東非的雙親移民英國尋求更好生活的女兒們。她們是自信的年輕女性，大部分唸的是醫學或牙醫。其中一名學生阿伊夏（Aisha）本來是中國人，剛移民英國，穿熱褲加緊身褲襪，沒戴頭巾。阿伊夏愉快地對我說她喜歡利物浦。她說，參加大學的伊斯蘭社團對她很重要。當我問她會不會想家時，她猛搖頭說：「完全不會。」

重新思考後，我理解阿卡蘭的空間—週期模型如何能夠安撫移民，無論該移民是否想家。近幾十年來，恐怖活動分析師主張移民過程經歷的錯位，有助創造極端主義滋長的環境。[2]移民從日常脈絡與人際關係中被猛然拔起，往往特別容易受穆斯林極端主義網絡的吸收。其理論經大幅簡化後，如下：無論是在雙親的祖國或西方世界中，移民之子皆不自在，但在清真寺裡找到文化歸屬感。激進分子掌握這個夾心世代的弱點，專門吸收這些迷失青年。

阿卡蘭在面對一個支離破碎的世界帶來的挑戰時，提出截然不同的回應：禱告與接納。閱讀這章經文，我理解優素夫在奴隸市場和大牢展現的堅忍不拔，為何能觸動數百萬穆斯林移民。對於出生孟買的杜拜散工，或在德州加油站工作的旁遮普服務員，或想念穆斯林學校母校的拉克瑙謝赫而言，虔信的生命週期能夠改變外在形勢。刻意鍛鍊耐心和實踐信仰，賦予離鄉背井之人尊嚴、慰藉和意義。對於必須提醒自己回家前再撐一年的人而言，敬主的週期能賦予他們動力。每天發誓再多做一季、再多賺一千塊就要離開波斯灣的男人，從虔信精神得到力量。「每次太陽升起，想想真主的意義，」阿卡蘭說，「照祂的命令行事。空間就會出現變化。」

他繼續說，否則就會招致先望。今天許多穆斯林的問題在於：他們太擔心眼前的情況，而不夠注重他們的虔信精神。「長久以來，穆斯林太過在意空間。我們認為『若有更好的空間，我會過得更好。』穆斯林改革派認為：『若有哈里發，我們會過得更好。若有一個穆斯林政府，我們會過得更好。』穆斯林政府存在嗎？」

在座聽眾很多人點頭。

「我們過得比較好嗎？」

一片靜默。

在埃及，穆斯林都說，只要穆斯林兄弟會（Muslim Brotherhood）掌權，一切都會變好。謝赫說，埃及的一切仍尚未變好。

他以同樣嚴肅的語氣說，還有一些穆斯林想著「遷徙」（*hijra*）的可能。這個字的意思是指先知從麥加逃往麥地那，試圖找到友伴們能自由地做禮拜的地方。在今天，有些穆斯林援引這個概念，追求屬於他們人生的「遷徙」，渴望從非穆斯林的環境遷徙到穆斯林的環境。「我們想著：『和我一起生活的那些人不是穆斯林。』我們想著：『搬到沙烏地阿拉伯，那國家對我們比較好。』搬到沙烏地阿拉伯……你會看見那裡沒有自由！」

他還沒講完。上個世紀穆斯林世界所見的一切抱怨、一切抗議，全都適得其反。印度的穆斯林以為，如果他們擁有屬於自己的足夠空間，他們會過得比較好？好吧，他們得到巴基斯坦，結果變得比較好嗎？在印度人努力將英國逐出之後，在經歷痛苦的領土分割創造巴基斯坦之後，這些自由鬥士之子做了什麼？「他們全都逃之夭夭！」他說，「他們全都想要離開巴基斯坦，住到英國來！」

一方面有人為尋找建立理想伊斯蘭國家的完美空間投注大量精力，另一方面住在所謂伊斯蘭國家的穆斯林卻亟欲到西方世界。就在去年，阿卡蘭認識了一位來自麥加——伊斯蘭文明的中心——的學者，他最大的心願是到英國工作。時間精力全浪費了：「當你進到真主為你安排的空間，別抱怨！」他告誡學生們。「學著利用它。動動腦！」

此外，他問，住在西方世界為什麼會阻止你成為一個好的穆斯林？「告訴我，」他追問，「有哪個西方政府阻止你當虔誠信徒嗎？當你在清真寺，有人阻止你當虔誠信徒嗎？創造虔誠家庭，真的需要一個伊斯蘭政府嗎？」

演講後過幾天，我們在電話上聊天時，他繼續闡述這個論調。謝赫說，英國人不是真正的問題，穆斯林本身才是。少了先知及其追隨者當初的純正意圖，遷徙只是虛有其表的姿態。他說，不久前，一名法國穆斯林詢問他對法國政府禁止在公眾場所穿戴頭巾的看法。他問阿卡蘭，若法國穆斯林移居到能充分實踐信仰的國外某處，難道不會比較好嗎？阿卡蘭嘆氣。「這些人全都本末倒置，」他說，「我問他們，『法國政府管到你家裡了嗎？管到你心裡了嗎？妨礙你敬畏真主嗎？阻止你當虔誠信徒嗎？』」

對阿卡蘭來說，〈優素夫章〉是關於如何在世俗世界過以真主為中心的生活的啟蒙教材。就像優素夫在主人妻子以不恰當眼神凝視他時，設法潔身自愛，西方世界穆斯林需要實踐正念的實用主義。頭巾不是不重要，可是即便在辦公室或學校不准穿戴，譬如法國穆斯林的處境，沒有人能奪走比頭巾更重要的東西：你的信仰。

在此前提下，當人們就英國的生活向他尋求伊斯蘭教令時，他試圖保持靈活。一個熟練的伊斯蘭法律專家需要兩個特質。第一，謹記「向你請示宗教裁決的人，不是罪犯」。他們會來，無非是對自己做下的事感到後悔，抑或前來尋求方法上的指導。阿卡蘭相信，法律專家的工作是提供解答，不是禁令。「禁止的事（*haram*）用說的很容易，」他說，「人人都說得出『禁止的事』。難的是找到解決的辦法。」

住在英國需要對伊斯蘭法律採取一定的靈活性——事實上，住在現代世界任一處都需要。他開車。嚴格來說，他不該開車。汽車不是禁止的，不過駕駛保險是禁止的。根據大部分伊斯蘭法的詮釋，保險等於拿未來賭博，因此是禁止的。可是英國法律要求駕駛人投保。因此他提出了這樣的宗教裁決：英國穆斯林投保駕駛人保險，不妨礙他們當個好穆斯林。只要遵守虔信的週期，在諸如保險等議題上做出必要讓步，不是什麼大事。

謝赫對炫耀式的虔誠姿態毫無耐心。伊斯蘭法和其他嚴苛手段，往往只是篤信宗教的展示，而不是篤信宗教的真實內涵。精心設計避免利息（*riba*）的伊斯蘭財務規劃，是尋找漏洞的手段，而非將虔誠付諸實踐。一個女人戴面紗，可是若沒有善待鄰居，就錯失了伊斯蘭的要旨——信仰不因正確的服裝而成真，而是來自遵從真主。關鍵在於正心誠意，不是大聲宣布穆斯林身分認同。

謝赫在生活中致力避免過分的表演。即便獲得愈來愈多的讚揚，阿卡蘭拒絕任何浮名虛譽，在電視和網路將某些宗教學者打造成名人的時代，這是個醒目的特質。「其他謝赫發表演講時，經常是搭乘頭等艙，帶隨行人員，下榻城裡最好的飯店。」阿卡蘭的學生雅祖曾對我說。阿卡蘭則是獨自搭公車或火車，或自己驅車前往。「他好低調，」她以欣賞的語氣說，「他幾乎不會被發現。」很多學者穿著與眾不同的謝赫專屬裝扮——戴頭巾或穿長袍，或戴卡拉庫爾帽配傳統鈕釦式長大衣。阿卡蘭鮮少這樣打扮。「我不喜歡在衣著上與眾不同。」他告訴我。他沒有明說，不過他是在效仿先知穆罕默德和友伴們穿同樣粗陋的簡單服裝的習慣。

謝赫認為在穆斯林身分認同、伊斯蘭政治派系、關於鬍子和頭巾等規定上耗費心力、錙銖必較，只證明許多人嚴重偏離正道。「當人們遠離宗教的純潔，宗教的外在面向成了身分，」他解釋，「若有虔信精神，你不需要宗教裁決。」他勸告，改變你自己，而不是制度。無論你在利物浦或拉克瑙，重點真的不是身在何處。禮拜。向非穆斯林伸出友善的手。工作。展露笑容。不要抱怨。有智慧地利用你的空間，其他的交給真主。

這番呼籲自制忍耐的言論，在我聽來是十足的反主流文化。在西方，我被訓練要爭取更多、更好、更新，而且要活在當下。不帶怨言地接受你的處境？這樣的美德，早在法國大革命之前，就已不流行了。在我的國家，對現狀表示不滿是人人都在做的事。「創新思考」，蘋果的廣告標語建議。「挑戰權威」，汽車保險桿貼紙說。

當我從利物浦搭車回到國王十字車站（King's Cross Station），我看見一名年輕男子，他提醒我，人可以不顧現代誘惑和西方式不滿，當個虔信宗教且安分守己的人。乘客從火車湧向城市街道，填滿車站餐廳和連鎖商店。男人靜靜的，站在一旁。他在車站某個角落的拱門下方，放下過夜行李箱，展開一張地墊，開始禮拜。人群喧囂而過。信用卡讀取機嗶嗶作響。咖啡店傳出玻璃杯碰撞的聲音。在地墊上，唸著禮拜詞，他找到與世隔絕的平靜。

當我在國王十字車站注視著這名年輕男子，我明白阿卡蘭如何將拉克瑙和英國先後變成他的安身立命之處。即便遠赴他鄉，禮拜就是心繫之處。每天五次的回歸，無論身在何方。

第二部

家

第六章

穆斯林家庭在牛津

詩人艾略特說，家是一個起點，謝赫所見略同。謝赫說，無論在拉斯維加斯還是拉合爾，有好的穆斯林家庭，才有好的穆斯林生活。特別是自西方帝國擴張時代之後，家仍舊是各個穆斯林文化爭論最激烈的舞臺。幾世紀以來，保守派和現代化派之間的對立，始終離不開家庭生活，以及家庭的男女角色。爭議幾乎總是繞著女權打轉。穆斯林社會興建耀眼奪目的摩天大樓、推翻他們的專制君主，改革他們的銀行法和貿易法，但是有關婦女角色的習俗和法律，絕大部分尚未變化。在女人的衣著打扮，或她們唸書、工作、選擇丈夫的權利等辯論之中，傳統和變革的聖戰一直將女人推向拉扯前線。

對塔利班乃至保守的沙烏地教團等傳統主義者而言，保護女人的榮譽總是最具煽動性的團結口號。西方強權有時利用這個理念遂行私利，在出兵打仗時，大肆宣揚穆斯林婦女解放。在支持現代化者和傳統主義者眼中，婦女地位反映著一個國家的觀念模式。保守派長期以來將婦女解放斥為來自西方世界的新奇無用文化輸入物——甚或是，更糟糕的，帝國主義陰謀。伊朗後革命時代一份德黑蘭週刊認為，女人是殖民主義者的祕密武器，「摧毀本地文化，圖利帝國主義者的最佳手段。」[1]

謝赫的傑作瓦解了女權和伊斯蘭的對立。他整整四十卷的作品《女聖訓專家：伊斯蘭的女性學者》（*al-Muhaddithat: The Women Scholars in Islam*），證實了婦女自由本就包含在伊斯蘭傳統當中，而且已有數世紀的歷史。他的發現基本上呼應了伊斯蘭女性主義者的研究，凸顯了限制女人的經常是家父長文化，而非伊斯蘭信條。

我和謝赫對性別角色的對話，時而令人寬慰，時而令人惴惴不安。就女性讀書和工作的權利，以及瓦解過時的家庭工作性別角色方面，謝赫和我的想法近乎一致。有時，我對他視野的限制感到震驚。有時，審視他的世界觀，迫使我重新審視自己的信念。若說讀《古蘭經》讓我看見伊斯蘭傳統寬容的一面，和謝赫及他的妻女相處則讓我看見一個家庭如何在現實生活中秉持該傳統。

以虔信精神拓荒

我帶著兩個女兒到謝赫家共進午餐，當然得準備點禮物。我在棧達罕已學到教訓，謝赫一群姐妹們的慷慨，淹沒了我和我的行李箱。我將水鑽珠寶、幾件刺繡披肩和幾套莎爾瓦卡米茲帶回英國，但禮尚往來卻很不容易。我想寄玩具給他的姪子、姪女和外甥、外甥女，可是我不想違反伊斯蘭對表現人類形狀的限制。偶像崇拜的禁令，把亞馬遜網站的玩具變成危險的地雷區。一切英雄公仔相關產品都免談，少女的玩具似乎全沾染令人作嘔的粉紅性暗示。我很肯定棧達罕的大人不會欣賞「神奇的化妝芭比」。我選了彩色書和手工藝套組。原來我多慮了：我後來發現某德高望重的謝赫，發布一道伊斯蘭教令，廢除對兒童玩具和玩偶施加關於偶像和雕像的一般限制。

謝赫的孩子說英文，和他們在棧達罕的堂表兄弟姐妹不一樣，這讓挑禮物變得比較容易。我見過謝赫九歲的小女兒阿伊夏在父親的講座上看《搗蛋鬼亨利》（*Horrid Henry*）。我自己的九歲女兒妮可也喜歡，所以我們帶了幾本給她。我還打包了一本《大草原之家》（*Little House on the Prairie*），不僅是為了向他人推薦自己的童年愛書，還因為謝赫在牛津的生活，經常令我想起蘿拉・英格斯・懷德（Laura Ingalls Wilder）筆下的美國拓荒生活小故事。

就像英格斯一家，謝赫和他的太太法哈娜（Farhana Khatun）也在一塊未知之地養兒育女。所有移民父母當然都是如此，不過這對夫婦的道德準則，使他們之間的相似度更為驚人。不只因為阿卡蘭家的娛樂——從玩「大家來找碴」（I Spy）到以紙板和鈕釦製作西洋跳棋棋盤——走有益身心健康的十九世紀復古風。而且阿卡蘭和英格斯一家構築道德建築的素材，皆為困乏、勤勉、忍耐，還有最重要的，敬畏真主。

赴約當天，我們經過他們的福斯汽車，走向白底紋飾的磚屋，按下門鈴。我在從倫敦搭公車過來的路上，已經交代過朱莉亞（Julia）和妮可。我們這趟的目的是拜訪謝赫的兩個小女兒和他的太太。他們家沒有電玩遊戲，午餐也不會是義大利麵。我搬出標準的說教，叮嚀她們好好表現，而且不要忘了禮貌。

她們沒讓我失望，好孩子。我唯一察覺到的失禮行為不是出於沒禮貌，而是因為過度熱情。妮可臨出門前，決定自備禮物送給謝赫的女兒們：手掌大小的玩具蛇，是前一天她去布萊頓碼頭（Brighton Pier）遊樂場玩兩便士遊戲贏來的戰利品。我們一進門，她便從牛仔褲口袋把玩具掏出來，送向滿臉疑惑的阿伊夏面前。「這是給妳的！」妮可大吼，「這是我賭博贏來的！」——手臂伸得老直，兩腳呈所向無敵的英雄站姿。

我眉頭一皺。賭博可是被伊斯蘭禁止的，《古蘭經》明確警告「撒旦只是想用葡萄酒和賭博在你們心中種下敵意和仇恨」[2]。好了吧，妮可這孩子才剛進門就以《瞞天過海》劇中角色的高傲炫耀自己的收穫。說大話也是有違伊斯蘭精神的行為。「不要洋洋得意地在大地上行走，」《古蘭經》如此告誡，「真主確是不喜愛一切傲慢者、矜誇者的。」[3]

幸好，阿伊夏和法蒂瑪（Fatima）可能沒注意到，也可能因為太重禮貌所以沒回話。況且，妮可的狂妄很快就被我們對房子的讚美聲壓過。我十一歲的女兒朱莉亞，展現火力全開的禮貌，像維多利亞時代的總督太太嚐到糖一樣雀躍。「光線好好！」她呼喊，「你們還有一個花園啊！真可愛。」

確實可愛。自我上次來訪後，客廳經過重新布置，散發一股不刻意的時髦感。破舊地毯不見了，取而代之的是木地板。茶杯懸盪在瓷器櫥櫃的掛鉤上。亮白色牆壁在陽光下顯得光彩奪目，使房間唯一的裝飾因樸素而迷人。那是優雅的黑色書法單詞：真主（*Allah*）。

「他們家好乾淨！」朱莉亞事後驚嘆，「好整齊！」家裡塞滿東方地毯、埃及銅器、巴基斯坦鏡子，成天在喧囂藝術大雜燴裡度日的孩子如是說。藝品都很美，不過也都是我繼承了父親收集癖的證據。謝赫家的樸素讓朱莉亞吃驚。它反映著一種確定性：從居家環境看得出住戶的極簡精神。就像致力於簡化生活的雜誌，或販賣衣物和廚房分類物品箱的商店，謝赫的世界觀因為充滿秩序而吸引人。

看著牆上好似在發光的「真主」，我想起這個秩序全然由文字打造。在非穆斯林世界，說作家或詩人浸淫在語言裡是陳腔濫調。可是俗人與文字的關係，再怎麼熱情，都遙遙不及阿卡蘭與文字的關係。他的生活是文字砌成的。《古蘭經》的神聖命令是他生存的基礎。在鄉村長大的他，不曾接觸電視、電影、音樂排行榜、博物館，僅透過語言得知外在世界的訊息，有時透過廣播，有時透過紙面文字。年少時，阿卡蘭對世界的認識來自《古蘭經》，後來再加上波斯詩歌。他到納德瓦念書後，在學習古典阿拉伯語法的過程中，受文字恩澤霑濡日深。阿拉伯語法是所有穆斯林學校的核心科目，它賦予伊斯蘭學者從句法上分析真主話中深意的能力。

詩歌是他唯一的藝術享受——是他的《星際大戰》，他的《大國民》，他的《花椒軍曹的寂寞芳心俱樂部》（*Sergeant Pepper's Lonely Hearts Club Band*）*，他的《蒙娜麗莎》。他的記憶裡儲存了大量詩句，因此他經常在演講中引用薩迪的對句或哈菲茲（Hafez）†波斯詩歌的片段，以清楚傳達觀點，或提振聽眾疲乏的注意力。此外，每天晨禮後，他總會留點時間給自己讀一兩首詩。「詩歌，」他曾對我說，「使人柔軟，早晨讀詩，效果更明顯。」

謝赫之妻法哈娜

謝赫的太太法哈娜四十多歲，有張圓月般的臉蛋。我強烈感覺到她是那種對命運逆來順受、毫無怨尤地踏著沉重步伐前進的女人。她只懂一點英文，我們交談都靠十四歲的法蒂瑪幫忙翻譯。進門後，法哈娜短暫現身，擁抱我，然後趕緊回到廚房準備午餐。我們坐在沙發上，和法蒂瑪與阿伊夏面對面，她們倆都做粉紅打扮，一頭長髮沒有遮蓋，畢竟當時房裡沒有男人。朱莉亞和我東張西望、喋喋不休。是的，他們的假期很愉快。是的，阿伊夏和朱莉亞一樣，也喜歡賈桂琳．威爾森（Jacqueline Wilson）的書。

謝赫為培養女兒們的謙虛性格，鮮少出言讚美。每次女兒帶著好成績回家，他會承認她們的好表現，但接著一定會問：「有沒有人表現得比妳更好？」這個問題不是出自虎媽虎爸的競爭心態，而是出於關切虔信精神，及其不可或缺的謙遜。「不要為你的孩子感到自豪，」他勸告，「永遠別驕傲。如果他們表現得好，只要說：『真主，祢示惠於我們。一切都是祢的賜與。』」

---

*　編註：《花椒軍曹的寂寞芳心俱樂部》為披頭四（Beetles）的第八張專輯，於一九六七年發行。

†　譯註：本名沙姆斯丁．穆罕默德（Shams Al-Din Muhammad，約一三一五年至約一三九〇年），最著名的波斯抒情詩人，常被譽為「詩人的詩人」。據統計，他的詩集在伊朗的發行量僅次於《古蘭經》。哈菲茲為其筆名，意為「能背誦《古蘭經》者」。他還有許多其他稱號如「神舌」、「跡象表達者」、「設拉子夜鶯」等。

午餐桌上靜悄悄，唯有碗盤和餐具碰撞的聲音。法哈娜準備的午餐是咖哩魚配抓飯和迷你披薩。她坐在主位，等到看見我們開動才跟進。看著她，我腦袋匆匆閃過「家中天使」（Angel of the House）的形象，即吳爾芙（Virginia Woolf）筆下犧牲奉獻的維多利亞時代妻子：「如果有雞吃，她挑腿……如果風吹進房裡，她坐著擋風。」[4]等到我兩個女兒跟阿伊夏上樓看倉鼠，我在法蒂瑪的翻譯幫助下，試圖多瞭解法哈娜。

法哈娜在距離棧達罕半小時的村莊長大。「妳的父母以何為生？」我問，「他們和阿卡蘭家一樣是開商店的嗎？還是做農的呢？」

「做農。」

「妳有和先生一樣去念穆斯林學校嗎？」

「她的鎮上沒有穆斯林學校，」法蒂瑪翻譯，「學校只到四年級。」

這代表她的學校教育只到九歲。

「妳結婚時幾歲？」

她張開十根手指，然後再追加六根。她直到婚禮當天才見到謝赫：經過長老媒妁之言的相親結婚。

法哈娜來自村莊，生活帶她遠走他鄉。她的故事和其他數億現代人沒有不同。即便如此，離開棧達罕綠油油的田地、搭飛機、走進喧囂的希斯洛機場，其艱鉅程度不因此或有稍減。我想著她以孤零零的英勇精神，拋下在棧達罕中庭的生活，隻身落腳在灰濛濛的牛津，在這個和她說不同語言的陌生國度養育女兒們。

我試圖用另一個角度認識她。我說，在棧達罕，我聽說入夜後，當沒有人能看見她們時，村子女人會爬上屋頂相互拜訪。「我猜牛津當初對妳大概顯得有點……寂寞。」

我知道，這是個具誘導性的問題，但我真的忍不住。我追問她最想念什麼？

她的回答又快又明確：「我的父母，」她溫柔地說，「我的哥哥（或弟弟）。」

她的雙親都過世了。她的兄弟在沙烏地阿拉伯。

「喔，」我說，很高興挖出寶貴資訊，「他在沙烏地阿拉伯做什麼？」

她回以詫異眼神。

「我是指，他做什麼工作？」

她吐出一句簡短的烏爾都語。「她沒問過。」法蒂瑪說。

法哈娜的矜持是文化造成的，還是個性，抑或兩者皆然？無論答案為何，我對她生活的好奇，肯定到了近乎傷風敗俗的地步。把自己的一部分像商品般對外展示，把記憶提供給不熟悉的訪客迅速翻閱，隨意揀選，仔細端詳——這是她陌生的個人主義文化。因為盼望能聽她回憶童年，我問她小時候玩怎樣的遊戲。她以警惕的眼神看著我。

「這些會寫進書裡嗎？」她問，以和善的笑容掩蓋惱怒。

「呃——不，如果妳不想，就不會。」

我知道我該結束訪問了，可是忍不住問了她最喜歡先生的哪個講座，什麼是令她感觸最深的主題。

「她其實聽不太懂，」法蒂瑪說，「它們都是英文的。」

我帶著對阿卡蘭和法哈娜婚姻的明確印象離開午餐約會。我讀過關於英國第一代南亞婦女的新聞故事，她們被孤立和傳統弄得疲憊不堪。我自認知道這一切是怎麼回事：一名忙碌的丈夫，和一名人生地疏的配偶。我判定，法哈娜為離鄉背井所苦。被家務壓得直不起身。被傳統禁錮。

我企圖將她塞進超越個人層次的宏大文化敘事。不久後我發現，我將她視為吳爾芙筆下「家中天使」的看法，完全是異想天開。

事實是，那天她頭痛。後來有人告訴我，她是穆斯林社群活躍且備受敬重的成員，參與慈善工作，自營縫紉生意，而且有調皮的幽默感，不是我自以為看見的賢妻良母。

事實是，倘若我懂得烏爾都語，就能欣賞她的機智風趣。（「嗯，這義大利麵真美味，」有個客人在午餐時對她說，「誰做的？」「謝赫。」她回。「真假？」那個學生說。「假的，騙你的！」法哈娜俏皮地說，「你以為謝赫有這樣的手藝？」）

後來一次我到他們家，法哈娜容光煥發。十足少女似的。她一邊給孫子孫女搔癢，一邊咯咯笑。每當孫兒表現好，她就從皮包掏出十便士硬幣當獎勵。那晚我留下來過夜，當我從行李中取出生日收到的新睡衣，她連哄帶騙地讓我穿上展示給她看。

你的人生不是你的

我和阿卡蘭與法哈娜的二女兒蘇麥雅會面後，才懂得法哈娜在英國扶養六個孩子所需的毅力。蘇麥雅還小的時候，法哈娜負責帶女兒們上學，然後在家等她們下課，煮飯給她們吃，幫她們洗衣服，管教她們。「若不是有她，我爸根本不可能做研究。」蘇麥雅評論，「他能用來寫書、出國、教書、演講的時間會少很多。她犧牲很多。」

蘇麥雅二十多快三十歲，充滿自信，證明那些犧牲換來偌大回報。她的先生是醫學院學生，她的兒子阿席姆（Asim）當時九個月大。當我到她位於倫敦郊區的家中拜訪時，她邊逗弄阿席姆邊為眾人烹煮豐盛的午餐，而且稍早才送了一些餐點到生病的公婆家。即便如此忙碌，她還有時間幫父親組織講座，並在兩間著名的倫敦大學之間做抉擇，一個是阿拉伯文碩士學位，一個是歷史碩士學位。

雖然謝赫六個小孩都是女兒，他讓她們受教育的志向，毫無疑問不因其性別而打折。「先知，」他對他的學生們說，「從不喜歡對待男人和女人有大小眼的人。」接著他講述關於穆罕默德見到一名男子帶著他的兩個孩子來聽演講的故事。這個男人把他的女兒放在地上，但卻親吻他的兒子，而且讓男孩坐在他的大腿上。先知走向男子，尖銳地問，「為什麼你對待他們有所不同？」[5]

謝赫在女孩們還在念小學時，就開始教她們伊斯蘭科目。在正規學校課業之外，她們早上學一小時阿拉伯文，晚上唸兩到三個小時的聖訓和《古蘭經》。謝赫每天晚上五點到八點都陪著她們做功課。

每天放學後，她們得直接回家。阿卡蘭認為學校是學習的場所，不是留下來做體操或參加戲劇社的地方。阿卡蘭的女兒們沒有生日派對。歲月流轉是真主的作為，為此辦派對，形同把神聖的造化之功當作是自己的。但真正的成就還是值得慶賀，因此女孩們完成《古蘭經》閱讀，謝赫就會在後院為她們辦派對。謝赫最小的女兒阿伊夏，以驚人的小小五歲年紀讀完整本經文，得到充氣城堡和杯子蛋糕的派對。她和比她大六歲的姐姐法蒂瑪共享這場慶祝會：「她正在讀，我也是，當我聽說她快讀完了，我想說我也得加把勁，」法蒂瑪竊笑，「大家都說我們倆都是派對的主角，可是……」法蒂瑪露出一副她有幕後消息的表情。

每到週末，這家人習慣從《英國道路地圖集》（*Road Atlas to Britain*）挑選地點，開車前去探險。他們經常野餐，有一次還體驗了騎馬。每到夏天，晨禮後，這家人會散步至當地公園打羽球或玩捉人遊戲。每當夜晚降臨，他們舉辦喫茶時間，阿卡蘭和法哈娜坐著品茗，女孩們則從樓上房間下來加入他們。他們家曾短暫擁有電視，孩子們會一起看卡通，法哈娜則看點印度肥皂劇。一陣子後，阿卡蘭大聲指出大家都沒時間跟彼此說話了，至少沒跟他說話。「某天晚上，父親再次提出這看法，母親把電視從牆壁拆下，決定除之後快。」蘇麥雅回憶道。她把電視放在戶外垃圾桶旁邊，等垃圾車載走。

隔天早上，法哈娜覺得丟掉電視不是明智之舉，打算把它救回來，卻發現它已不在了。「我父親不用開口或動手，但總是能夠稱心如意！」蘇麥雅笑道。

電視事件是謝赫的一貫作風奏效：建議，不命令。「他從不呵斥，」她回憶說，「他會變得安靜，這才可怕。而且他從不直接要求我們做事，可是到頭來我們總是會去做。」

在教養以及其他方面，謝赫的格言是：耐心。「人們不該期待在他們想要的那一刻，得到他們想要的，」他對我說，「事情只在真主想要的那一刻成真。若我想要我的孩子守規矩，即便我感到生氣，我必須想：『好吧，如果今天不行，那就明天，如果明天還是不行，總有一天可以。』果實因真主的意念而成熟。若能控制自己的欲望，一定會得到滿足。」

這個家沒有真正的叛逆。「我和姐妹們沒有經歷青少年叛逆期。」蘇麥雅聳肩說，她回想自己大概曾摔過幾次門。「在學校，我不理解同學們在想什麼。當其他女孩聊著前一晚去夜店的事，我只會問：『妳爸媽怎麼會讓妳去？』」她回憶道。「當她們告訴我，父母當然不准，但她們還是偷溜出去，我震驚不已。我會說：『可是這樣父母會很擔心妳們！他們一定在家裡等得很焦急！』她們會回：『不向父母報備行蹤很正常。』」

阿卡蘭家的女兒從來不上夜店或約會，不過謝赫仍相信孩子需要自由。就像任何伊斯蘭政權試圖透過伊斯蘭法將虔誠變成人民的義務都必當失敗，父母採取極端嚴苛的管教，亦無助於讓孩子養成端正品行。「人應享有犯錯的權利，」他解釋，「你要給孩子自己的空間，同時教他們對的事。讓他們選擇要當怎樣的人。」

蘇麥雅大學畢業時，她的雙親開始推薦父親週末聖訓課堂上的一個年輕學生。「我爸叫我去看看對方。」蘇麥雅露出賊賊的笑容。「每個週日，我媽都說：『去看他長怎樣！他鬍子有這麼長！他的眼睛長那樣。』我就回：『媽，妳覺得他怎樣不是重點！』」

這對佳偶五年前結婚。「我不認為有人更適合我。」蘇麥雅說。假使她是在棧達罕與人訂婚，能在結婚前看新郎一眼就算幸運了：她的父母婚前可沒見過面。訂婚前，蘇麥雅在女性長輩陪同下和對方見了幾次面，找不到任何拒絕對方的理由：「我們基於『無從拒絕』而在一起。」

她當然可以拒絕，毫無疑問。伊斯蘭不允許逼婚。蘇麥雅和父親一樣，相信每個人都有權做個人的選擇。但她也和父親一樣，認為人需要界限，而且對主宰西方生活的個人主義文化持懷疑態度。西方的個人主義文化播種得太早，她不可置信地說：「就連在托兒所的展示分享（Show and Tell）活動，都瀰漫著『看看我，看看我』的氣氛。從頭到尾就在強調那是你的東西，然後你要讓大家都羨慕。」

我從沒想過展示分享會是幼兒築起個人主義的第一塊磚，不過透過蘇麥雅的眼睛，它瞬間變成對自我中心文化的啟蒙經驗。長大後，印有姓名縮寫的毛巾、滿足虛榮心的專屬車牌，以及印有宣傳標語的手提包，目不暇給。這是一場展現自我獨特性至死方休的盛會。若說西方文化推崇大鳴大放、出類拔萃確有值得讚賞之處，這些價值也帶來間接傷害，即個人崇拜。

「在這個國家，成天有人對我們說：『這是你的人生，你的人生由你作主。』」蘇麥雅說。她在醫院準備生阿席姆時，每當醫生需要她准許進行某程序，「他們一直說，『我們需要妳的同意。』」她回憶。分娩到一半時——「我的腦袋已經不能分析利弊」——她請他們詢問她先生。「他們還是一直說：『重點是妳想要什麼。』然後我回：『我想要你問我先生！』但他們就是不聽：他們需要我的同意！管你是產婦或醉漢，即便根本沒有能力回答，他們就是要徵求你的同意！」

對蘇麥雅而言，這個意外插曲顯示西方世俗世界觀和她自己之間的鴻溝。她不理解怎會有人把自己的命運看作某種私人財產，甚至認為對自己的身體有絕對所有權。一切皆屬於真主。「我們沒有這種『我愛怎樣就怎樣，因為這是我的人生』的態度，因為我們一出生就被教導，你的人生不是你的，」她說，「我們相信，身體是真主的賜予，我們只是保管者。」

話雖如此，蘇麥雅還是會對真主託付給她的身體做暫時性調整。前不久，她動了染髮的念頭，當她徵詢父親意見時，他說他覺得不要染比較好。即便如此，就像所有穆斯林，蘇麥雅可自由選擇要聽哪個學者的意見，於是她找了個對染髮態度比較開放的謝赫。獲得其裁決後，她立刻將頭髮染色。

對平凡之物滿懷感激

阿席姆坐在一旁啃咬自己的拳頭，發出咯咯聲。蘇麥雅當媽的頭一年吃足苦頭。他是個美麗的嬰兒，大眼睛，圓臉頰，但因受腹絞痛所苦，從早哭到晚，導致蘇麥雅過去一年睡眠嚴重不足。「我媽說沒見過像他一樣的嬰兒，」她說，「他就是哭個不停。什麼藥都沒效。」有時，她播放自己最愛的《古蘭經》朗誦家阿布—巴克爾・夏特里（Abu Bakr al-Shatri）的錄音，似乎能讓他稍微安靜。蘇麥雅自己則是透過閱讀最愛的篇章〈至仁主章〉（*Al-Rahman*）尋求平靜。「當我感到焦慮，這章經文提醒我要懂得知足。」她說。被困在倫敦郊區帶孩子的那一年，這章經文提供一扇窗，讓蘇麥雅的視野更開闊。它對宇宙誕生的細節描述，將她的視線從奶瓶和腹絞痛解藥移開。「我們在這裡的生活方式，經常不見天日。」她傷感地說，「擁有現代科技以後，我們有時會忘記事物原來的樣子。若電力耗盡，歐洲將整個停擺。但聆聽〈至仁主章〉提醒我們知足。一切多麼美好。」在棧達罕比較容易想起大自然的富庶，「那裡炎陽炙人，每個人的作息時間表都配合太陽。」無論是在中庭休息，或在屋頂看夕陽餘暉。

和蘇麥雅道別，回到家，我將《古蘭經》翻到〈至仁主章〉，經文的平穩節奏與嚴苛邏輯相互輝映：

至仁主為眾生而將大地放下。
大地上有水果，和有花篦的椰棗，
與有稃的五穀和香草。
你們究竟否認你們的主的哪一件恩典呢？
祂曾用陶器般的乾土創造人，
祂用火焰創造精靈。
你們究竟否認你們的主的哪一件恩典呢？
祂是兩個東方的主，也是兩個西方的主。
你們究竟否認你們的主的哪一件恩典呢？
祂曾任兩海相交而會合，
兩海之間，有一個堤防，兩海互不侵犯。
你們究竟否認你們的主的哪一件恩典呢？
祂從兩海中取出大珍珠和小珍珠。
你們究竟否認你們的主的哪一件恩典呢？
在海中桅帆高舉，狀如山巒的船舶，只是祂的。
你們究竟否認你們的主的哪一件恩典呢？（五十五章：十至二十五節）

《古蘭經》也被稱作「充滿跡象的經典」。阿拉伯文「*aya*」的意思是詩節，但也有「跡象」（sign）之意，就如同《古蘭經》句句皆為跡象，大自然亦若是。銀河、樺樹、一陣徐風，萬物皆為指引人類接受信仰而存在。閱讀這些跡象，不僅是為了見證，更是為了表達感激，誠如〈至仁主章〉提出的要求。

和謝赫及其家人相處，他們對微不足道事物的滿懷感激令我印象深刻。在蘇麥雅及其姐妹們身上，我看不到一絲滋長在我生活周遭與我自己心中的空虛不滿。身為美國中產階級的一分子，我在奮鬥者的國度成長，一個以追求幸福之權利為基礎而創建的國家。我們的不滿具有生產力。我們的不滿讓事情成真。更上一層樓的欲望，驅使人們完成研究所學業，或在職場上力爭上游，撐過飛輪課和薪資協商。充滿無盡善意的世界不會繳出穩定成果。我信仰的「凡事自己來」（do it yourself）的世俗主義生活方式，並未讓我養成對椰棗樹、香草植物和海洋表達感激的習慣。

謝赫展現的感激之情比起其他人更強烈，或許因為這份感激有歸屬的對象。他視真主為創造主的認知，將感激推向更高的境界，如宇宙般浩瀚且近乎恆常不斷。阿卡蘭是個能在泡茶之中看見真主的人。「大家都說：『三歲小孩就懂得泡茶。』」他說，「可是每一杯茶都是傾全宇宙之力而來的。若要有茶，太陽和月亮必不可少。大地必不可少。真主創造水，真主創造湖泊池塘盛住水，真主使綠葉生長。當我們來到世上，萬物俱全，靜待取用。每一杯茶都是傾全宇宙之力而來的。」我無法決定這結論究竟是一個道德重擔，還是叫人如釋重負？我想大概兩者皆具，像是駝背用筆電開完會後，舒展肢體所帶來的令人滿足的痠痛。

向一個將茶葉、代數等萬事萬物視為真主恩賜的男人學習，我因體內流竄一股全新的感激之情而顫動。課後我沒變成信教之人，而是獲得時下靈修大師所謂的「正念」（mindfulness）。在回家的公車上，特別是太陽照亮高速公路旁連綿綠丘時，我發現自己突然間，看見它們在謝赫眼中可能的樣子：既不是秀麗風景，也不是昂貴房地產，或阻隔在我和倫敦之間的田野，而是和某種更宏觀事物的連結。當我讀著某章經文，或送小孩去學校，或切洋蔥，有這麼幾個片刻，我覺得自己瞭解秉著這份發自內心深層的感激在現實中的感受：它每分每秒都在提醒你，你活著，不過僅止於當下。

父愛與教育

謝赫的感恩之心讓他受不了懶散，對自己和女兒皆然。相反的，他總是期許女兒們辛勤耕耘，無論在世俗課業或伊斯蘭典籍方面。他對伊斯蘭歷史上女學者成就的發現，更是提高了他望女成鳳的期待。「他見識到女性的各種能耐，」蘇麥雅說，「他不懂，我們為什麼做不到。那些女學者也有家庭。她們的小孩也有腹絞痛。她們必須照顧病人。她們有經濟壓力。即便一心多用，她們仍舊成績斐然，所以他不認為我們有落後的理由。」

許多保守穆斯林讓女兒上學，不過一旦進入青春期，他們通常會將女兒送到穆斯林學校，不再接受主流教育。起初，謝赫也是這樣替自己的女兒安排，把最大的三個女兒送到布拉福（Bradford）的全女子穆斯林學校寄宿。「可是我發現它的教育水準乏善可陳，」他說，「大部分家長把女兒送到穆斯林學校，是為了不要讓她們接觸……」

「男生和夜店？」我笑盈盈地說。

他點頭。和他自己在拉克瑙的謝赫討論過後，他決定把女兒們送到牛津當地學校，自己教她們伊斯蘭課程。「女子穆斯林學校通常教學品質都不好，」他告訴我，「很多人不要女兒有男老師。」由於傳統上男性擁有最好的教育，女孩只能得到二流師資。

他期望情況能逐轉改善。在我們談話前幾天，他剛為一批在牛津修習納德瓦烏拉瑪學校伊斯蘭學科課程的畢業生主持畢業典禮。六個畢業生中，女性占四位——雅祖和梅如，還有他的女兒哈菈和胡思娜。幾年後，他計畫在英國開設自己的穆斯林學校，目前就等負責組織工作的劍橋團體完成募資。一旦成真，女人和男人將同窗共硯。

自那次家庭午餐後再相見，阿卡蘭的女兒們告訴我，他們全家聚在客廳，拿妮可送阿伊夏的腦筋急轉彎互考彼此。奇怪的是，謝赫竟然全都答對了。我問他怎麼辦到的，他笑說：「一點也不困難啊，」他說，「我耐心地等，所以是最後被考的人。他們早就把整本書都問過一輪了。」

謝赫在答案揭曉前忍住不回答，讓女兒們先拋出錯誤的答案，等她們全都猜完，然後再說他的回答。

第七章

被遺忘的九千名女人

一九九八年，我到阿富汗做塔利班政權下女性生活的報導。控制喀布爾的五年期間，塔利班的主要施政路線，是禁止他們眼中有違伊斯蘭精神的一切事物，包括長笛音樂、風箏、指甲油，以及公開展示女性臉孔。然而，最令人震驚的是禁止女性受教育。我訪問阿富汗時，超過八歲的女孩上學是非法的。塔利班領袖說，關閉女子學校是為了阻止世俗化教育的腐化。我見到違抗禁令經營祕密教室的女人，還有太害怕被塔利班發現文憑，以至於上哪都把證書藏在蒙面罩袍裡貼身保管的女大學畢業生。一名喀布爾的前法律系學生說，她只要看見以前的教科書，就感到頭痛欲裂、惶恐不安，導致她必須把書藏在看不到的地方。採訪期間，我曾問一名父親，想知道他的十歲女兒有沒有出過門。他回答：「出門幹嘛？」[1]

在塔利班忙著藉由把女人關在家裡、遠離知識以保護伊斯蘭的那幾年，阿卡蘭發現伊斯蘭傳統截然不同的一個面向。這個傳統的傑出人物包括像烏姆—妲爾達之類的女人，她是西元七世紀在大馬士革和耶路撒冷清真寺教授法學的法學家和學者。她的學生有男有女，就連哈里發也聽她講課。阿卡蘭研究發現的另一個女人是西元十四世紀的敘利亞學者法蒂瑪．巴泰希亞（**Fatimah al-Bataihiyyah**），她在麥地那的先知清真寺為男人和女人講課，慕名而來的學生，最遠來自摩洛哥的非斯（Fez）。有個男學生驚嘆地陳述，她將身體斜靠在先知的墓上講課，男學生還忍不住補充，她靠的是最受人尊敬的位置：就在先知的頭旁邊。

我最早得知阿卡蘭的研究發現時，是在完成喀布爾採訪回國的途中。「我正在做妳會感興趣的研究，」他在牛津百貨公司喝茶時對我提起，「是關於女人的研究。」

「女人？」我回應。

他解釋，這是他偶然展開的一項研究。閱讀聖訓的古典文本時，他不斷看到許多女人的名字被當作專家、權威。他決定製作一本包含所有女性聖訓專家的傳記字典——穆斯林學術文化中流傳已久的體裁。

「所以是一本字很少的書？」我打趣地說。在牛津伊斯蘭研究中心做製圖研究時，我曾吃力地翻閱幾本學者傳記字典：從頭到尾，主角全都是男人。

「我也這樣以為，」阿卡蘭說，「我本來預期找到大概二十或三十個女人，計畫做成一本小冊子出版。結果愈找愈多。」

「真的？」我說，「多多少？」

「多好幾千。」

「幾千？」

誰料得到？雖然，自先知的妻子阿伊夏以降，博學女子在歷史上層出不窮。幾位史家也曾介紹女性的聖訓專家。[2]可是社會上普遍認為，女人的伊斯蘭知識總是以某種家庭工業的方式運行：若女人學習，一般是在自家男女分隔的住宅裡。若女人教書，她們教的一定是女人。

阿卡蘭的研究《女聖訓專家：伊斯蘭的女性學者》挑戰這樣的迷思。自著手編纂他的「小冊子」十年之後，阿卡蘭交出一部長四十卷、含括將近九千名女學者的字典，年代介於先知時代到二十世紀。他的研究對橫跨喀布爾至麥加的傳統概念提出挑戰，否定伊斯蘭知識自始至終都是男人的成果。「我沒見過其他宗教傳統的女性，在其關鍵歷史上，如此重要、如此顯著、如此活躍。」阿卡蘭寫道。[3]在傳統猶太教裡，女人不學習也不傳授《妥拉》（*Torah*），而且儘管女性主義學術研究如今證實，女人在早期基督教歷史扮演比以往認為更重要的角色，基督教的神職人員，直到非常晚近之前，依然全是男性。

謝赫從中世紀的茅利塔尼亞（Mauritania）發現數百名女孩能夠默背著名的伊斯蘭法學書籍《家庭關係法》（*al-Mudawwana*）的證據。[4]在西元十二世紀的埃及，一名女性學者的學生們盛讚她精通一「駱駝」的宗教文本。在中世紀時期的撒馬爾罕，向父親學習聖訓和伊斯蘭法學的法蒂瑪・撒馬罕迪亞（Fatimah al-Samarqandiyyah）負責審理法庭案件。她也頒布伊斯蘭教令——而且對比她更出名的先生，提供有關發布教令的建議。在這個時代，很多女人連清真寺都進不去，更何況在清真寺裡講學，因此讀到女性學者在歷史上享有這般自由的研究，令人精神為之一振。女學者當法官和伊瑪目的老師，頒布伊斯蘭教令，並騎馬或駱駝旅行到遙遠的城市拜師求教。某些特別博學的女學者，在中東一帶巡迴演講，譬如旅行到敘利亞和埃及為女人講學的西元十世紀巴格達出身法學家，或是在阿拉伯半島四處傳授知識的西元十五世紀麥加學者。還有西元十三世紀的法學家法蒂瑪・賓特—雅赫亞（Fatima bint Yahya），她的先生也是法學家，總和她商量特別困難的案子。當他帶著太太的伊斯蘭教令回到課堂上，他的學生會說：「這不是你的判決，這是來自垂簾後的指示。」[5]

就像謝赫自己，許多女學者過著四海一家的生活。我最愛的其中一位是西元十一世紀的學者法蒂瑪・賓特—薩俄德・亥爾（**Fatimah bint Sa'd al-Khayr**），她在亞洲的旅行值得集結成一本專書。她出生於中國西部，父親是西班牙的穆斯林，她巡迴各地求學，念過布哈拉和撒馬爾罕的幾間穆斯林學校，和伊斯法罕（**Isfahan**）另一位著名女學者是同窗同學，一度定居巴格達，在大馬士革和耶路撒冷兩地為男人和女人講學，最後以七十八歲的高齡於開羅逝世。

為尋找這些女人，謝赫流連於伊斯蘭歷史的旁注。他發現她們的蹤跡藏在傳記字典、旅遊書和私人信函裡，還有清真寺和穆斯林學校的記載中。他搜尋的失落歷史散布在各大洲、各文本體裁和各語言的字裡行間。朋友和學術圈同儕從土耳其、巴基斯坦和沙烏地阿拉伯的圖書館，寄手稿影本給他。為了一則傳記，謝赫可能搜索六個不同文本，有些以烏爾都文寫成，有些是波斯文或阿拉伯文。誠如裝飾伊斯蘭清真寺的工匠，從頭到尾只用正方形和三角形的彩色磁磚，阿卡蘭抓住被孤立至今的文獻片段，將它們組合成耀眼的圖案。

他的研究耗時將近十年，進展極為緩慢，而且不受賞識。他白天工作的單位，認為這個計畫無關緊要。牛津伊斯蘭研究中心的主任，比較希望他專注在製圖計畫，以及將商業信函翻成阿拉伯文諸如此類的任務。這項研究，一如他正搜羅編纂的女學者，被排擠到邊緣。謝赫只能用平日晚間和週末做他的女學者研究。

根據現代傳記的標準，他找到的事實非常基本：乏味的書籍和導師清單，偶有學者美德的詳盡注解。舉例來說，《女聖訓專家：伊斯蘭的女性學者》以激發想像與期待的簡潔細節，概略描繪西元十一世紀地位顯赫的聖訓學者烏姆—基蘭姆・卡里瑪・賓特—阿赫瑪德・伊本—穆罕默德・伊本—哈提姆・瑪爾瓦濟亞（Umm al-Kiram Karimah bint Ahmad ibn Muhammad ibn Hatim al-Maarwaziyyah）的生平。[6]我們得知，她是著名聖訓《布哈里聖訓集》廣受歡迎的解說員，她長駐麥加，死於麥加，得年一百。學生從四面八方慕名前來向她求教，包括重要的伊瑪目和聞名遐邇的史家哈提卜・巴格達迪（al-Khatib al-Baghdadi）。她在「知識之道」上旅行，行經伊朗城市薩拉赫斯（Sarakhs）和伊斯法罕，然後到耶路撒冷。

這些細節，對阿卡蘭而言，是一座資訊寶庫，就好像最精簡的描述如「上東區、戰前」或「校隊、長曲棍球、哈佛」，也能在美國人腦中召喚出許多不同的想像。「在伊斯蘭教中，六大聖訓集之一的《布哈里聖訓集》是繼《古蘭經》後最重要的書。」「如果她是傳授《布哈里聖訓集》的人，她的重要性可想而知，」謝赫說，「在印度或巴基斯坦的所有穆斯林學校，最重要的老師向來都是負責教聖訓的人。它是法律的根源，以及生活的根源。」

起初，我不假思索地假設，這些女人的名字之所以被遺忘，應該和西方婦女生活不受重視的原因大同小異。綜觀西方文明，歷史多出於男性之手，他們寫自己知道的事。女性的貢獻無人歌頌，直到一九六〇年代起，才有女性主義史學家開始挖掘婦女成就。

在伊斯蘭文化脈絡中，女性被抹煞的原因比想像中複雜。「穆斯林社會珍視女性的謙恭，」某天阿卡蘭和我通話時解釋道，「傳統上，許多穆斯林家庭，不願家中妻女的名字被昭告天下。」把女人的名字排除在課堂、穆斯林學校或清真寺紀錄之外，不過是「遮蔽」（*hijab*）概念的廣義詮釋*。事實上，這個通常被用來稱呼女性頭罩的名詞，泛指對男性和女性應有的謙恭。為保護女性不暴露在公眾目光之下，女學者的生平和工作成果於是被遺留在史冊之外。

他說，對遮蔽概念的廣義詮釋至今屹立不搖。「即便現在，還是有些人不要他們妻女的名字出現在印刷品上，或在公共場合被宣布，」阿卡蘭告訴我，「有一次，我替一份烏爾都文報紙撰寫關於朝聖的文章。我想介紹朝聖團裡的成員，但全部男人都請我不要揭露他們家中女性的名字。」

「那你怎麼稱呼她們？」

「就『某某某的妻子』和『某某某的女兒』。」

一個世代以前，我的母親也曾做相同的事。她在一九六〇年代使用的郵寄標籤貼紙是「理查．W．鮑爾太太」。後來女性主義興起，這些貼紙被丟進抽屜裡。時至八〇年代，一名學生在她的婦女研究課上，以極為嚴肅的口吻提問，想知道她的名字「海倫．鮑爾」（Helen Power）是

＊編注：「hijab」一詞在阿拉伯文中有「遮蔽、遮蓋」之意，後多用以指稱穆斯林女性穿戴的頭巾。

不是向「特洛伊的海倫」（Helen of Troy）的女性主義致敬。

有鑑於女人不具名的傳統，謝赫所找到的九千名女性，可能只是歷史上女性伊斯蘭學者的冰山一角。「我能找到九千人，代表實際數目還有更多更多。」他說。在每卷《女聖訓專家：伊斯蘭教的女性學者》卷末，他收錄大量提及女人的引文，有時多達數百條。這些女人在史料中不具名，而是以令人惋惜的簡潔描述如「姐妹」「妻子」或「女兒」現身。

他蒐集到的學者不僅數量可觀，而且成就斐然。他振奮地說，這些隱藏在史料裡的女人，是傑出的聖訓權威，精通伊斯蘭傳統。「在伊斯蘭學術史上，女性從不曾被指控捏造聖訓，或錯誤地傳達聖訓。」阿卡蘭說。

我笑了。「我不信，」我說，「雖然我很想相信女性在道德上比男性優越，但那根本不可信！」

「相信我，是真的！」

「怎麼可能？」

「她們不需要編造聖訓，」阿卡蘭解釋，「聖訓對她們而言無關收入，而且她們傳授聖訓不是想獲得名氣。她們純粹是為學習而學習。」

阿卡蘭論稱，男女分隔制度使她們為學術而學術。對女性而言，學術研究是一種宗教使命，而不是她們的職業。

相較之下，男性做學問是為了謀生。針鋒相對的法庭生活，意味著他們必須推銷自己的學術研究，吸引掌權者的青睞。「很多時候，在朝廷服務的伊斯蘭學者憑空捏造聖訓，」阿卡蘭說，「因為他們想奉承或輔佐統治者。」一名中亞學者曾設法「找到」一條聖訓，指出先知穆罕默德說，中亞的河流就如同天堂的河流。另一名精明的學者侍臣，注意到主子把照顧鴿子當作嗜好，於是「發現」一條聖訓，指出守護鴿子福祉的人都能進天堂。這位虔誠的哈里發，看出其中的諂媚意圖和假造伊斯蘭傳統，立即殺了他所有的鳥。

西元十七世紀以降，隨著許多穆斯林國家落入歐洲殖民統治，女性學術研究式微。謝赫解釋其衰頹，一部分也是受到整體穆斯林學術自信下降所影響。穆斯林學校系統失去活力，導致父權習俗填補真空。宗教學者的領導能力一蹶不振，他們當中許多人求助於政治而非學術研究，使穆斯林對自己的歷史一無所知。「我們的傳統愈來愈弱，」謝赫曾經跟我說，「當一群人很衰弱的時候，他們變得膽戰心驚。當一群人膽戰心驚時，他們不會給女人自由。」[7]

穆斯林的不安全感使得究竟誰才掌握宗教權威的問題，變得特別棘手。有些宗教學者認為女人在公共場所發言是被伊斯蘭禁止的。這些男人認為，一個女人堂而皇之地談論宗教非常無禮。阿卡蘭告訴我，假如代表地方政府的女人到清真寺談論世俗事務，像是流感疫苗或社群關係，男人會願意聽。可是女人談論宗教事務則會觸怒很多男人。「如果和宗教知識有關，他們會說：『喔，女人的聲音是被禁止的，而且對什麼都有意見！』」謝赫落寞地說，「因為那是他們的地盤！」

男性對於他們眼中專屬男人的傳統感到惶恐不安，意味著女人經常得受罪。謝赫有個朋友和太太到英格蘭旅行，禮拜時間一到，這對夫妻走進附近的清真寺。伊瑪目拒絕讓這位太太入內禮拜，宣稱即便出門在外，女人就是不能到清真寺做禮拜。最後是誰提供她禮拜的場地呢？一位印度教商人。「他打開店門，讓她進去禮拜。」謝赫語帶稱許。

阿卡蘭說，就像否定她們的其他權利，拒絕讓女人進出清真寺，純粹是緊抓著特定習俗不放，不是忠於信仰。在教育方面，他的立場更嚴正。他說，阻止女人求知，就像活埋女孩的前伊斯蘭時代習俗。扼殺她們的潛力使今天的穆斯林世界和「蒙昧時期」（*jahiliyya*）*半斤八兩。「我告訴人們：『真主賦予女孩各種稟賦和潛力。』」他說，「如果她們不能夠發揮，如果她們沒有機會學習，本質上就如同活埋。」[8]

被埋沒的穆斯林女性

阿卡蘭藉由翻出被埋藏的女學者傳統，為激進的社會變革事先鋪路。對穆斯林而言，伊斯蘭的過去不僅是史學家的研究對象，也為眼前提供依據。指導宗教生活和行為規範的是歷史先例，不是理性創新。因此，阿卡蘭發現這些女學者，不僅是一段被埋沒已久的歷史的有趣片段，而是用來改變現狀的有力證據。

「他正在做的事具有革命性，雖然一名傳統主義學者和革命性一詞沾上邊，或許有點古怪。」

加州大學洛杉磯分校歷史教授、《伊斯蘭教的女性和宗教知識傳播》（*Women and the Transmission of Religious Knowledge in Islam*）作者阿思瑪・賽伊德（Asma Sayeed）說。儘管其他穆斯林，譬如進步人士和女性主義者，對伊斯蘭父權制度的質疑更強烈，相較之下謝赫則是從傳統內部逐漸削弱父權。他接受的穆斯林學校教育屬於保守派，他對女學者的興趣來自傳統本身，採取透過聖訓而非性別的觀點。

他的研究發現不經意地將他塑造成婦女解放的代言人。《女聖訓專家：伊斯蘭教的女性學者》研究的消息一出，穆斯林女性透過電郵大力宣傳。「那個週日早上，我們互相通電話，聊他的研究成果被報導的事，每個人都說：『妳相信嗎？』」一名穆斯林女子告訴我。突然間，謝赫的名字被許多意想不到的部落格大肆宣傳，像是「壞壞女穆斯林」（Badass Muslimahs）和「致命女性主義者」（The Fatal Feminist）。（我要徹底坦承：謝赫無意宣傳他的研究，但我有。他的研究在我為《紐約時報雜誌》〔*New York Times Magazine*〕報導該研究的文章刊出後，才廣為流傳，所以謝赫總說，他出名都是我害的。）現在，從紐約到吉隆坡都有團體邀請他以女人為題演講。穆斯林研究生到賽伊德的加大洛杉磯分校辦公室找她，渴望以伊斯蘭女性歷史做論文題目，個個都說是受到謝赫的書的啟發。

＊編注：指伊斯蘭建立前的阿拉伯社會。

某個晚上，他在倫敦金融中心金絲雀碼頭區（Canary Wharf）的公共圖書館「觀念倉庫」（Idea Store）演講。出席觀眾幾乎全是女性，她們把背包和公事包放在一旁，手上黑莓機震個不停。坐在世界前幾大銀行總部駐紮的摩天大廈叢林裡，聆聽伊斯蘭學者演講，可能顯得不太合適——但只有非穆斯林會這麼認為。事實上，當晚的主題之一是流動性，以及穆斯林女學者扮演的角色、現身的場地。阿卡蘭和共同發表者阿伊夏・布黎（Aisha Bewley）大致描述了一段歷史，那截然不同於許多當代穆斯林女性處處受限的困境。在中世紀時代，市集女商人在自家店內辦私塾，有些女學者在公園裡授課。謝赫告訴聽眾，曾經有個女人公然糾正哈里發，也就是穆斯林社群的領袖。當他介紹法蒂瑪・巴泰希亞，就是靠著先知墳墓教書的那個學者，在場女性一片譁然。「哇！」坐在我隔壁的年輕女子驚嘆，不可置信地直搖頭，「靠在先知的墓上！」

儘管在基層之間引發騷動，阿卡蘭對九千名女人的生平細述仍不見天日。除了自成一卷的導論，以英文出版，完整研究仍靜靜躺在他的電腦硬碟裡。他在大馬士革、貝魯特和拉克瑙長期合作的出版社都說，四十卷的成本太高了。儘管他的學生們苦苦懇求，他想要先有紙本書，然後再公布到網路上。

研究一度受到沙烏地阿拉伯前駐華盛頓大使圖爾基・費薩爾親王（Prince Turki al-Faisal）的關注。謝赫優素夫・卡拉達維（Sheikh Yusuf Qaradawi，因為在半島電視臺做傳道節目，成為世上最著名的遜尼學者之一）也公開對這項研究計畫的欽佩。謝赫的一些學生發起募款活動，試圖籌措出版資金。不過研究仍尚未付梓，一部分是謝赫缺乏世俗野心的緣故。「有聯合國的人打電話來，」某日他一語帶過，「他說他們想要協助我的研究。」結果，阿卡蘭把來電者的名字和電話號碼弄丟了，儘管我不斷逼問，他就是想不起男子所屬的部門單位。他一點也不擔心：「他會再打來的。」

直到對方打來之前，阿卡蘭藉由對女性團體以及在大學校園演講，繼續分享他的研究訊息。可是，他的發現和當代習俗之間的鴻溝有如天壤之別。他在開羅艾資哈爾大學發表關於女性的演講那天，臺下清一色全是男性，儘管這所遜尼派世界德高望重的大學，既有女學生，也有女教授。

在諸如此類的時刻，阿卡蘭會感嘆變革的腳步走得太慢。「都是文化，」他緊鎖眉頭地說，「全都是文化的影響。」偉大學者如阿布—哈尼法（Abu Hanifa）和瑪立基——都是法學派的創始者——「他們從不反對女性！他們向女性學習！」他曾提到自己讀了十八世紀詩人湯瑪斯・格雷（Thomas Gray）的〈寫於鄉間教堂庭院的輓歌〉（Elegy Written in a Country Churchyard）。這首詩向死去的英國農民致哀，感嘆他們一輩子只識得鄉村生活，沒機會受教育，無法施展與生俱來的天賦。阿卡蘭說，若能接受適當教育，「格雷說那些入土的村民，本來可以是下一個大詩人彌爾頓（Milton）」。「穆斯林女人也是一樣的情況。一群被埋沒的彌爾頓們。」[9]

第八章

「小玫瑰」

若說有證據能指出虔誠女穆斯林不必然是卑躬屈膝、三從四德的妻子和母親，先知十一名妻子中的第三位妻子阿伊夏，絕對是活生生的榜樣。她是先知最受爭議的妻子，穆斯林和非穆斯林對她的看法自西元七世紀起便充滿分歧。她既是頂尖的伊斯蘭學者、女權主義者公認的先行者、負責發布伊斯蘭教令的法官，又是能在駱駝背上征戰沙場的指揮官。作為領袖之妻，阿伊夏並未將自己局限在展現姣好面容和母儀天下等一般職責。無論以我們或她所處時代的標準來看，阿伊夏的知識地位和宗教權威都叫人難以置信。

她自己也知道。她說，她和其他妻子有十點不同。以下摘錄早期伊斯蘭教對她這段話的紀錄：「他的妻子當中只有我是處女……啟示總在他和我在一起時降臨，而且從不發生在他和別的妻子在一起時。真主帶走他的靈魂時，他靠在我的胸膛。」[1]

阿伊夏不是穆罕默德妻子中唯一推翻「傳統」穆斯林女性概念的人。先知的第一個妻子哈蒂嘉在麥加經營商隊的生意，她不僅家財萬貫、經商有成，還是當過兩次寡婦的單親媽媽，比穆罕默德年長十五歲，甚至是他的老闆。她向未來先知的求婚相當直率：「我喜歡你是因為我們的關係，你在你族人中的好名聲，你的穩重可靠，你的善良和誠實。」[2]

儘管哈蒂嘉廣受愛戴，但在早期穆斯林青史大放異彩、躍然紙上的卻是阿伊夏。她的聲音穿越時光，被保存在兩千兩百一十條聖訓中。這可說是空前絕後的事蹟。如果你願意仔細聆聽，你會聽見她的聰慧和勇氣，針對上至禮拜下至貿易、性交等事務，參與了伊斯蘭傳統的建構。阿伊夏的生平比哈蒂嘉更廣為人知，說穿了是因為時間點：哈蒂嘉人生大半時間活在伊斯蘭教建立之前，因此沒有留下和阿伊夏一樣的詳細歷史紀錄。阿伊夏在穆罕默德接獲第一則啟示的四年後出生，在她成長期間《古蘭經》經文持續降示於先知。我們鉅細靡遺地掌握先知年紀最輕的妻子前後共六十多年的生平：她喜好穿胭脂紅的衣服、她做詩的天賦，與她的醫療知識。我們擁有她和其他傑出知識分子激烈辯論的記述，也知道她對從餵母乳到繼承等議題所頒布的伊斯蘭教令。先知過世後，她的教令備受尊敬，這些宗教判決直到今天仍對伊斯蘭法律至關重要。

大約一千四百年過後，阿伊夏不僅仍是人們心目中的楷模，也是有七情六慾的凡人，既值得歌頌，又令人寬慰地不完美。她把家中僅剩的食物，一顆葡萄，施捨給一名乞討者，但她也對其他妻子充滿嫉妒。某次她和薩菲婭（Safiyya）口角的簡明記述如下：「我侮辱她的父親，她也侮辱我的。」[3]薩菲婭是先知的第十位妻子，從猶太教改宗。

我興高采烈地讀著阿伊夏的生平記述，譬如她對先知曝曬在太陽下太久感到苦惱，或是光憑記憶背誦出成串詩句。很多時候，阿伊夏的人生，消除了介於伊斯蘭女性傳統和我自己女性主義情感之間的鴻溝。阿伊夏讓我們在宗教傳統核心，看見一個女人，以及一個對女人的詮釋。「汲取小玫瑰（Humayra）一半的宗教知識。」[4]穆罕默德建議友伴們，小玫瑰是他給皮膚粉嫩的阿伊夏起的小名。蕾拉・艾哈邁德（Leila Ahmed）在她的權威之作《伊斯蘭的女人和性別》（*Women and Gender in Islam*）中提到，女性在伊斯蘭主要文本的核心地位，使伊斯蘭教和其他一神教與眾不同：「世上有多少主要的現存宗教，把女人的話納入其核心文本中，或讓一個女人對神聖文本中某字之正確發音的證詞左右決定？」[5]

不過，在阿伊夏讓我看見自己的看法和謝赫多麼相近之際，她也讓我發現我們的看法可能多麼遙遠。談論阿伊夏的生平，引發我們之間最痛苦的一段對話。

頑強柔韌的先知之妻

她訂婚時約六、七歲。根據阿伊夏的敘述，訂定婚約的當下，她正在屋外玩耍，並不知情。「真主的使者在我和其他女孩玩耍時娶我為妻，」她回憶說，「我不知道他和我結婚了，直到母親出來帶我，要我到家裡坐，不要繼續在外面玩。然後我才知道我結婚了。」[6]

兩人就這樣成婚，但起初那和世人熟知的婚姻不太一樣：她直到九歲才開始和先知同住。「我當時正在玩翹翹板，渾身髒兮兮的，」她說，「我被帶走，打扮，然後送到他家。他看過我穿著絲綢衣服的樣子。」[7]先知在夢裡看見這幅絲綢圖象。天使加百利拿著肖像出現，然後說，「娶她，她是你的妻子。」[8]

這段婚姻幸福美滿，兩人如膠似漆，常和彼此談學論道。穆罕默德對阿伊夏的愛「就像堅固的繩結」[9]，他曾對她說，信守不渝。今日，世人稱她「真主的至愛的至愛」*。即便如此，阿伊夏從蹺蹺板到絲綢圖象的簡短敘述使我氣餒。讀到這段時，我油然生厭，有股衝動想把她的傳記啪一聲蓋上。千百年來，伊斯蘭的詆毀者全都和我一樣，他們鄙斥五十多歲的穆罕默德和小女孩結婚是戀童癖行為。可是某種程度上，闔起書本，就等於將阿伊夏貶低為不過是個新娘。僅注重她成婚的年紀，不在乎婚後發生的一切，我將錯過故事最精彩的部分，那些使阿伊夏本人、而不光是這段婚姻得以流傳千古的事蹟。

這個童婚新娘，後來變成大人心目中的女英雄。先知過世後，當世人對穆罕默德真實言行的爭論開始發酵，阿伊夏成為對抗厭女情結的卓越辯士。一名男子聲稱穆罕默德曾說，如果「狗、驢和女人」經過正在禮拜的人面前，則禮拜無效。阿伊夏反駁：「你這是把我們女人比作狗、驢。」[10]她主張這類情況完全不會使禮拜失去效力：「以真主之名！先知生前會在我躺臥於他和麥加之間時禮拜。」[11]在政治場域中，她最大膽的舉動發生在伊斯蘭第三代哈里發伍斯曼（Uthman）遇刺後。哈里發就是先知的繼任者。她要求新上任的領袖阿里（Ali）追查行刺伍斯曼的兇手們。阿里拒絕，於是阿伊夏發動「駱駝之役」（Battle of the Camel），戰役根據她騎駱駝指揮大軍之舉而得名。她代表的陣營落敗，她遷往附近的巴斯拉（Basra），向輸贏雙方的女人傳授伊斯蘭知識。有些學者將駱駝之役的戰敗解讀為女人不該當領袖的證據。謝赫不這麼認為。阿伊夏的堅忍，以及接納勝利方女性之舉，讓他學到另一個教訓：「錯誤如果已經鑄成，繼續前進便是！」

* 譯注：指穆罕默德的至愛。

丈夫不是妻子的創造主

某個晚上，在倫敦，我準備出門聽謝赫發表以阿伊夏為題的演講。演講舉辦在帝國學院（Imperial College）這所全英首屈一指的理工大學。就週間晚上而言，觀眾出席相當踴躍。謝赫早有預料，後來他告訴我，阿伊夏向來是高人氣講題，特別是在大學校園。她無可避免地將討論導向婚姻——廣受學生喜愛的主題。謝赫身陷車陣，沒能準時出現，我坐在姐妹區的後排位子，邊等待邊掃視觀眾席。謝赫不認為男、女學生應該在他的演講中被區隔開，畢竟這並非穆罕默德時代的慣例。即便如此，負責安排謝赫演講的工作人員，往往將座位分成男女兩邊。標誌區隔的方式充滿創意。有時候他們用白色塑膠簾幕，或從房間中央垂放懸掛的床單。其他時候，儘管沒有正式劃分，男性和女性自動往觀眾席的兩端聚集。無論肉眼可見與否，以性別為依據的座位安排創造一種氛圍轉換，彷彿飛機艙壓出現變化。區隔觀眾賦予演講廳自己的一套規矩，有別於支配演講廳外世界的任何規矩。

那晚的劃分方式富有新意：男性位於前排的座位，桌上擺著瓶裝百事可樂和塑膠杯，女性則占據後排。我會記得，不僅是因為其中含有將女性視為二等公民的訊息，而且我的黑莓機因此無法清楚錄下阿卡蘭的演講。當然啦，比這更糟的情況所在多有：很多清真寺不允許女人進到主廳和男人共處一室。我曾和其他女人一起擠在陰溼的地下室，試圖克服嬰孩啼哭聲和擴音器爆音，拼湊出清真寺伊瑪目講道（*khutbah*）的內容。

就我的個人經驗而言，性別隔離鮮少達成其目的：在演講期間，將人的思緒從異性身上移開。某次，我母親參加正統猶太婚禮，按規矩，男女賓客座位是分開的。回家後她說，壁壘分明實際上使人更加察覺異性的存在，而無法消除有關性別的念頭。我曾聽過一則故事，講一名巴基斯坦學者被問到為什麼信奉伊斯蘭的文化都致力於將男人和女人分開。「為什麼？」他問，「當然是為了刺激生育率啦！」

在我們等待謝赫到場之際，現場被分化為互不來往的兩場派對，一邊全是男人，另一邊全是女人。眼見一名穿格紋襯衫的男子仗著濃密睫毛的掩護，頻頻偷瞄女性座位區，我暗自思忖，性別隔離絕對讓人的念頭更加離不開性。

謝赫終於從倫敦車陣中脫身，抵達現場。他先為讓聽眾久等一事道歉，接著便開始談論阿伊夏。他說，由於阿伊夏之於先知有孩童和妻子兩種身分，虔誠的穆斯林能以她的生平作為養育篤信宗教之兒女和經營美滿婚姻的雙重指引。他接著說，無論妻兒皆需擁有探索、學習及追求幸福之自由。

比起許多二十一世紀的穆斯林女性，阿伊夏在各方面皆享有更多自由。她和男人辯論。她上清真寺，她馳騁沙場。有一次，穆罕默德收到將她排除在外的晚餐邀請，他連續拒絕出席三次，最後晚宴主人終於同意一併邀請她。當她想觀賞戶外運動比賽時，他將她高高舉起，免得視線受阻，雖然「先知因為年紀大了，並不特別感興趣」，阿卡蘭解釋道。更有趣的是，這對夫婦還會和彼此賽跑——阿伊夏贏過幾次。「你可以想像聖訓專家（*muhaddith*），或法學家（*faqih*），或像我這樣的人，和自己的妻子賽跑嗎？年輕的妻子？」群眾發出贊同的笑聲。「他們和彼此賽跑，而且她還跑得比他快！但他不以為意！現在還有誰像他一樣！我們為什麼不追隨他的腳步？」

這些軼事令我百感交集。它們暗示一段體貼、相敬如賓的結合。可是，關於賽跑、關於阿伊夏熱衷運動比賽、關於她的童言無忌，這種種似乎都在強調那無可否認的事實：阿伊夏年紀很小。

阿卡蘭有不同解讀。對他而言，阿伊夏的生活指出某個常被忽略的觀點：幸福對一個虔誠穆斯林家庭的重要性。「男人婚後，不想要妻子快樂，」他說，「夫妻有孩子後，不想要孩子快樂。」為什麼不？謝赫訴求。「讓他們盡情追求快樂！」他指出，先知除了阿伊夏還有其他好幾個妻子，即便如此，穆罕默德仍有辦法使每個妻子感到快樂。話雖如此，生活並非全然令人心滿意足。有一次，穆罕默德的妻子們抱怨他老是把家中存糧施捨給窮人。「他的妻子們說：『為什麼你厚待所有人，但卻不照顧自家人？』」謝赫指出。這個抱怨令穆罕默德和妻子們分房睡一個月，然後他接受到一段新的《古蘭經》啟示，給她們選擇的權利。她們可以繼續當先知的妻子，過簡樸生活，或是離開他，做個貴婦：

先知啊！你對你的眾妻說：「如果妳們欲得今世的生活與其裝飾，那麼，妳們來吧！我將以離儀饋贈妳們，我任妳們依禮而離去。

如果妳們欲得真主及其使者的喜悅，與後世的安宅，那麼，真主確已為妳們中的行善者，預備了重大的報酬。」（三十三章：二十八至三十節）

阿卡蘭說，這段經文解除了任何人對先知強迫阿伊夏維持婚姻關係的疑慮。「很多人以為阿伊夏被逼婚，」他說，「但當她聽到啟示後，她說：『我選擇了你。』」

謝赫慢條斯理地談論阿伊夏生平最著名的軼事，其重要性從它出現在《古蘭經》中可見一斑。所謂的「謊言事件」（Incident of the Lie）不僅為這對夫妻引發一次危機，還造成年輕穆斯林社群的政治摩擦，還好最後出現一則表明阿伊夏清白的啟示。當時穆罕默德及其追隨者結束和敵對部族的戰事，回到麥地那。當大隊人馬車行停止時，十四歲的阿伊夏跳下駱駝背，找地方上廁所。甫回到行旅陣中，她發現自己的項鍊不見了，於是沿原路返回。由於女孩體重很輕，加上她位於駱駝背上的篷蓋座位門簾緊閉，當車隊繼續前進時，沒人注意到她不在座位上。發現車隊離去後，阿伊夏在原地等待，盼望有人會回來找她，護送她歸隊。她的希望落空，但一名年輕男子恰巧路過，把阿伊夏放到駱駝背上，一路用韁繩牽引，將她帶回麥地那。

回到城裡，流言蜚語四起。阿伊夏的年輕救星容貌出奇地英俊。她則是活潑亮麗。在與世隔絕的綿延沙丘，是否發生了不可告人之事？就連先知本身也懷疑起那天在沙漠發生的事。他疏離阿伊夏，變得有點冷淡，而且啟示不再降臨。阿伊夏則是在事件後抱病，搬回娘家休養。終於，先知質問她。阿卡蘭說，她和她的雙親都為此哭泣。「先知說：『阿伊夏，聽著，倘若妳做了這事，便是犯了錯，』」謝赫繼續說，「向真主懺悔，祂將寬恕妳。」但阿伊夏立場堅定。「當時我是個年輕女孩，對《古蘭經》所知尚淺。」她日後回憶說。但見到穆罕默德以為指控可能是真的，她百口莫辯。「若我對你說，我其實是清白的——真主知道我的清白——你絕不會相信我說了真話，」她說，「若我承認這些指控……你反而會認為我說了真話。」她決定，唯一的辦法是保持耐心，並且請求真主助佑。她別過頭，躺到床上。

接著，先知開始流汗，汗水「宛如珍珠，從他的身體滑落，儘管當時是嚴寒冬日。」阿伊夏回憶道。[12]他進入某種恍惚狀態，隨後啟示降臨。降示的經文譴責謠言是毀謗，而散播謠言者皆為罪人。經文不僅證實阿伊夏是清白的，並規定若丈夫指控妻子通姦，但妻子宣稱自己的清白時，應信其言。伊斯蘭法處理通姦所依據的關鍵《古蘭經》段落，就出現在這章經文中，規定要有「四個證人」作為定罪姦夫淫婦之前提：

當你們聽見謠言的時候，信士和信女對自己的教胞，為何不作善意的猜想，並且說「這是明顯的謠言」呢？

他們為何不找來四個見證者來證明這件事呢？他們沒有找來四個見證者，所以在真主看來他們是說謊的。（二十四章：十二至十三節）

阿卡蘭說，穆罕默德如釋重負。「當啟示降臨到他身上，先知感到無比欣喜，」他說，「他容光煥發。」然後他說，「阿伊夏，你的貞潔已由天降示於我。」女孩的母親連忙催促她向丈夫道謝。阿伊夏不聽。「她說：『不。』」阿卡蘭欽佩地說，「她說：『我不會向他道謝。我要向我的主道謝。』聰明如她，從這次事件中學到她和真主的連結才是伊斯蘭的重點，一切言行都該用於侍奉祂。」丈夫，即便擁有先知的身分，亦不是神恩的贈與者。真主才是。

阿卡蘭這段話，揭露了一個極具影響力的原則，一個自伊斯蘭建立伊始便對抗人為階級制度的原則。每個人，無論身分處境，皆因信仰真主而獲得絕對的尊嚴。虔信精神和信仰（*imaan*）使你無須聽命身處的世俗權力結構，而是聽命於一個更高的權力。譬如，妳是個年輕的新娘，拒絕受到小鎮流言、雙親懇求，乃至丈夫（碰巧也是真主在世上的使者）心生疑慮的嚇唬。阿伊夏的信念給予她承受龐大壓力的力量，不向世俗權力結構低頭，而是求助於某個更令人敬畏的力量。

每當阿卡蘭提到他對考慮離婚的婦女朋友的勸告時，總能在女性座位區引發一陣贊同的哄堂大笑。「我總是告訴和先生相處不睦的女人：『妳以為婚姻生活就是妳的全部嗎？丈夫來來去去，但妳的主一直都在。』」阿卡蘭對虔信精神的看法，也提供對抗婚姻關係壓迫的基調。他對聽眾之中可能受到誘惑虐待自己妻子的丈夫們，指出虐妻的必然後果：「你不是她的主宰！你不是她的創造主！若你的妻子快樂，感謝真主，享受你的快樂。男人不是妻子的創造主，女人不是丈夫的創造主。真主才是。」

他僅以臣服於真主之必要來論證他的主張：沒有哪個人有權控制其他人。這話聽起來令人神清氣爽、徹底解放，就像第二波女性主義思潮，沒有多餘的矯情浪漫主義。

童婚爭議

結束以阿伊夏為題的演講後，阿卡蘭開放現場提問。男性問了關於婚姻的幾個問題。一名年輕男子為「在座正在找老婆的弟兄們」尋求建議：一個妻子應該有哪些特質？阿卡蘭認為，不要是個家庭奴隸。「照顧家庭是男人的職責。男人必須下廚！男人必須打掃！」畢竟，先知也掃地，也縫補衣服，而且還替自己修涼鞋。

女性座位區傳出掌聲。男性座位區則傳出不安的笑聲。

「妻子的工作，」阿卡蘭接著說，「是教育孩子。所以，找老婆最重要的標準，就是找受過教育的。」

阿卡蘭滔滔不絕，愈說愈起勁。在今日的穆斯林社會，女人鮮少受到應有的尊重。《古蘭經》和先知早年的生活，顯示伊斯蘭賦予女性極大的權力。現代穆斯林必須回歸這些基本文獻，看清他們弄丟的一切權利。

接下來的問題，也是我極想知道的問題，但很慶幸不用自己舉手發問。一名年輕男子問，謝赫怎麼看待阿伊夏結婚時年紀還很小的問題？

阿卡蘭回覆，阿伊夏是先知唯一的童婚新娘：他娶其他妻子時，她們有的是成年女子，有的是寡婦或離婚婦人。阿伊夏是特例。阿伊夏確實在九歲的時候住到先知家，但每個人成熟的年紀各不相同。「有些女孩，她們一出生，就非常聰明，非常有頭腦，」他說，「而且她們也發育得非常快。有些女孩和其他多數人不一樣……真主刻意將某些人造成那樣。也有很多人已經三、四十歲，但並不成熟。」

我以為我聽錯了。我真希望是聽錯了。

更重要的，他說：「我們沒有任何證據指出她不快樂。」就像先知的其他妻子們，她可以選擇要不要離開這個家，但她選擇留下。況且，她對美滿婚姻的描述代代相傳至今，我們大可相信她在婚姻中是幸福的。不同於許多女人，阿伊夏有機會說出屬於她的故事。

我彷彿胸口受到重擊。我本來完全預期——現在則是強烈希望——阿卡蘭會選擇文化相對主義的解釋路線。我想要他說，西元七世紀的阿拉伯半島和今天不一樣。人的壽命不長，女孩很快變成女人——不僅在穆斯林的社群如此，猶太教和基督教社群亦然。某一派猶太教傳統堅信[13]，利百加（Rebecca）嫁給以撒（Isaac）時是三歲；很多學者估計瑪利亞（Mary）約在十二歲生下耶穌。[14]此外，我們需再稍加修飾結婚的定義：放眼整個近東地區，婚姻通常都是用來連結家族和部落的政治結合——這項習俗在歐洲也曾維持千百年。

換作是我，就會從這個角度回應，我相信許多穆斯林女性主義者亦然。

然後，我想要謝赫說：「聽著，我們可以承認阿伊夏的婚姻有它的時空背景，而且因為這段婚姻涉及兩個非凡之人，所以結果是非常好的。但這不代表我們不該譴責今日的女童婚姻。」我想要他批評仍大量實行童婚的地方，譬如印度和葉門，然後指出童婚是現今穆斯林社會最悲哀的沉痾之一。我想要他斥責童婚殘害女人的健康，讓她們失去受教育和工作的機會，而且對她們的孩子和社會皆無助益。穆斯林看到今日仍在實行的童婚，應該如世上其他族群一般感到氣憤，因為他們追隨的是一個真真切切關心正義的宗教。

上述是我希望他說出口的話。我想要他義正辭嚴地譴責童婚。

他沒有。

稍後，當前排另一名年輕男學生再次提起這個議題，他依然沒有這樣說。他說，那些講述她玩玩偶和盪鞦韆的聖訓，難道不是代表存在合意的問題嗎？

「她當時是個孩子，但她是個聰明的孩子，非常聰明。」阿卡蘭回答。在伊斯蘭法律中，唯當女孩的婚事不是由父親安排時，才存在合意的問題：「其他人沒有愛，但父親有父愛，」他說，「他能做最明智的決定，而且對女兒有滿滿的愛。」

（那母親呢？我納悶。母親到哪去了？）

他接著說，當然啦，如果女兒不願意嫁人，絕不應強迫她。曾經有個女孩敲阿伊夏的門，哭訴她的父親試圖強行逼婚。阿伊夏將女孩接進屋內，而後當先知聽完女孩的投訴，他宣布婚姻無效。

這還差不多。可是提問還是繞著阿伊夏的年紀打轉——禮貌但尖銳的提問。一名年輕女子問，我們該怎麼對非穆斯林解釋阿伊夏的婚姻？這是他們總會問起的事情之一。她頹喪地說，每次他們問起，「我不知道該回些什麼。」

謝赫說，無須向非穆斯林辯解。「妳應該堅定自己的立場。」他說。「當妳相信使者是虔誠的、純正的，」他說，「那麼妳一定知道他的婚姻也是。」

不同文化永遠無法瞭解彼此，「除非他們瞭解另一文化的重要根基。」非穆斯林如果不知道先知的正直和純潔，大概永遠無法理解他的某些行為。「若你根據我們這時代的觀念去讀這個故事，它看似不恰當。但若根據先知時代的觀念去讀，它是可以理解的。」

不久後我在一場聚會中巧遇漢斯，就是不認同我主張伊斯蘭亦保障世俗主義擁護之人權的那個讀書人。他邊替我斟香檳邊問，妳的書還順利嗎？和謝赫的課程上得怎麼樣？

我和他分享一點目前所學。我說向謝赫學習常有意外收穫。然後趕緊轉換話題。

再次挑戰童婚的傳統詮釋

我肯定不會在下次上阿卡蘭的課時，避談阿伊夏婚姻的主題。阿伊夏演講上有位聽眾稱讚他「不躲避婚姻議題」的勇氣，而我亦無法對此置之不理。

「聽我說，」我說，「我瞭解年幼女孩在西元七世紀結婚有它的背景。可是我不確定你認為那樣的行為在今天是可接受的嗎？你能就此說明嗎？」

謝赫同意，脈絡很重要。他說，這令他想起在納德瓦學到的一句聖雄甘地的格言，「大意是說，『若不在相同的處境，不容易想像事情的全貌，也很難做出明智的判斷。』」

所以脈絡是什麼？「今天的西方世界有大學教育，人如果沒有工作，不會計畫結婚。但想像你在三、四百年前的歐洲。想像一個農人的家——這些人除了結婚，沒其他大事。一個農人的兒子和一個農人的女兒——一切都無法阻止他們成家，即便年紀還很小。」

「但如今，在現代社會，童婚基本上被視為虐待兒童！」

「虐待的情況也是有，虐待是存在的，」他鎮靜地點頭，「但並非每個像這樣結婚的人，都認為自己是虐待兒童的受害者。若你有特定的成長背景，你對原有的思考方式習以為常，你對這類事情不會有別的看法。」

身為多元主義者和記者，嘗試從另一個文化觀點看待事情確實很有成就感。我瞭解阿伊夏是個特例，也接受西元七世紀阿拉伯半島有截然不同的一套規範。但謝赫不願全面譴責童婚，令我耿耿於懷。沒錯，他不贊同孩童結婚，但他依舊未對伊斯蘭法律——和印度教、猶太教相似——允許童婚的傳統詮釋提出挑戰。對謝赫而言，女性在相對年輕的歲數結婚，亦好過西方大量青少女當上未婚媽媽的現象。「十五、六歲未婚生子，導致女人無所依靠，」他辯稱，「這絕對更糟糕！」

理智上，我懂他的意思，在傳統社會裡單身女子是被唾棄的。情感上，我不能接受，其中一個重要的原因是努祖德（Nujood）。[15]我認識她時，她十歲，住在葉門的沙那（Sana）。一家美國雜誌社派我去訪問這名女孩，她迎頭挑戰當地文化的勇氣，使她成為葉門最出名的離婚女性。一個還在為《湯姆貓與傑利鼠》（*Tom and Jerry*）卡通瘋狂的孩子，九歲嫁作人婦，十歲離婚。有鑑於努祖德的姐妹一個被綁架，另一個被強暴，失業的父親（娶了兩名妻子，育有十六個孩子）認為早點結婚能給她溫飽和安全。結婚那天，她得到一只二十元的戒指、三件禮服，還有兩件頭巾，但入夜後，三十歲的新郎強暴她，結婚的喜悅跟著褪去。一年後，她搭計程車到市區的法庭訴請離婚，改寫葉門歷史。當她未來的律師追問原因時，她的回應是：「我討厭那些夜晚。」

努祖德的案子橫掃全球新聞頭版。當葉門通過提高最低結婚年齡至十七歲的法律時，傳統陣營反對聲浪之強，導致新法被廢除。二〇一〇年，美聯社（Associated Press）報導葉門的穆斯林領袖發布一聲明稿，宣稱所有新法的支持者將被譴責為不合乎伊斯蘭教義的，並被視為叛教者。直到二〇一四年，葉門才凝聚足夠力量推動禁止童婚的法律。

一夫四妻又是怎麼回事？

在課堂上，謝赫總是告誡學生，不要為了被西方人接納而重新包裝伊斯蘭。他關於阿伊夏的演講——還有一夫多妻議題的演講——證明他對自己的言論身體力行。

「謝赫，」某日我斗膽提問，「據我瞭解，一個男人想娶兩個妻子，首先必須對她們一視同仁。」

我是在說「你們可以擇娶你們愛悅的女人，各娶兩妻、三妻、四妻；如果你們恐怕不能公平地待遇她們，那麼，你們只可以各娶一妻」這段經文。

穆斯林女性主義者指出，在愛和家庭這類事務上，不可能做到公正無私。他們論稱這段經文實際上抑制、而非助長前伊斯蘭社會實行一夫多妻。

謝赫回答，不對。我聽了垂頭喪氣。「一個男人可以娶兩個、三個或四個妻子，只要他為每個妻子提供個別的住所和生活開支。但愛不可能是均等的。心的感覺，比較難控制。」

「可是一夫多妻的啟示，其真諦不是為了照顧穆斯林戰役產生的寡婦嗎？」我問，期待他贊同我認識的一名穆斯林女性行動主義者的解讀。她說，這段經文在穆罕默德及友伴們在軍事上接連失利後降示，敗戰使許多人成了寡婦。她說，這則律法的精神，不是教人為自娛娶第二、第三個年輕曼妙的妻子。相反的，它的宗旨是保護脆弱的年長婦女，這個保護是西元七世紀阿拉伯父權社會迫切需要的。

「沒錯，戰役造成死傷，所以男人迎娶寡婦對社會是有益的，」謝赫說，「但這不是一夫多妻制存在的原由。阿拉伯人向來可以娶不只一個妻子——而且沒有上限！」伊斯蘭純粹把上限訂在四個。

「所以這其實和保護孤兒寡婦無關？」

「對，無關。部分穆斯林只是想要藉此讓更多人能接受伊斯蘭律法。」

在一夫多妻這方面，謝赫顯然不在意被世人接納。

不過，謝赫眼中的一夫多妻也和世人不同：承認男性的軟弱，以及一個用來將傷害減到最低的有效制度。「不忠的男人比比皆是，」他說，「他們很可能愚弄女人，然後離開她，有時候還讓對方懷孕。」他認為多妻是對女性的保護：把關係公開，同時把男人照養女人的責任也公諸於世。「多妻對女性比較好，」他說，「她們會得到房子，而且生活有著落。」

在傳統的世界觀裡，我瞭解這個制度的邏輯。

可是我的世界觀沒有足夠彈性，無法接納謝赫的觀點，於是我沮喪地掛掉電話。謝赫在保守的穆斯林大環境內提倡女權，對他而言，這類安排是合乎邏輯的。然而，在我眼裡，那些是他不願意碰觸的父權社會的面向。

改變謝赫立場的兩個女孩

然而，認定謝赫不會改變看法是我低估他了。雅祖和梅如是牛津室友，她們師從謝赫並晉升伊斯蘭學者之階，最終是這兩個人，讓她們的老師重新思考自己對童婚議題的立場。某個週日，在牛津的伊斯蘭法學進階課堂上，全班學生正在解讀伊瑪目卡薩尼（Imam Kasani）撰寫的法律文本，章名為〈未成年婚姻〉。「班上大概有四十個男性，女生只占少數。」雅祖回憶說。當全班平靜地抄寫細瑣的童婚法律要點時，這兩名女子，「氣得一陣青一陣白，」雅祖說。梅如既是醫生也是公衛顧問，曾到肯亞及尚比亞工作，在第一線目睹了童婚的可怕代價。「她怒火中燒，」雅祖說，「她愈是氣憤，愈是不發一語。」「我不懂社會怎能期待一個八歲孩子站出來對抗她的長輩、在法庭捍衛自己的最佳利益，」梅如說，「我激動到無法自己發問，所以我戳了祖兒（她對雅祖的暱稱）一下。」

雅祖舉起手，她請謝赫解釋，伊斯蘭法律怎會容忍使人受盡折磨的行為。她提起葉門的女孩；提起父母為錢財把孩子嫁人，壓根兒不在乎她們的安全；提起未成年性交和小女孩生產再常見不過的後果，如內出血和子宮脫垂。她滔滔不絕地接著說，她知道法學專家們都說，女孩可以拒絕婚事，但她想知道——開始有點上氣不接下氣——世人怎能期待一個小女孩會為此上法庭挑戰自己的雙親，乃至期待她們擁有自己的立場？

謝赫聽著，一邊點頭。欠缺正確觀念——以及國家監督——這些行為無疑相當普遍。它們是不義的，而且有違伊斯蘭精神。伊斯蘭絕不會容忍任何人在未表達同意的情況下被逼婚，或強迫與人發生性關係。

接下來幾週，她們持續和阿卡蘭辯論這個議題，然後看著他的立場出現改變。起初，謝赫主張，儘管童婚是被允許的，但父母必須顧及女兒的最佳利益——而且政府應該監督這些婚事的安排，以確保女孩不受雙親和丈夫的虐待。他找不到婚姻關係可合法在青春期之前完成的證據，於是他說，女孩初經開始之前都不該有性行為。「孩童需要的是一份合約，」他告訴梅如和雅祖，「不是完婚。」

相關辯論延續了幾個禮拜，雅祖負責提出法理依據，梅如則和阿卡蘭分享她在非洲診治童婚新娘的故事。然後，謝赫在某週日早晨的聖訓課，對這兩個女人說，「今天伊斯蘭法學的課，妳們一定要來，」他強調，「今天的課很重要。」

確實，因為他在那堂課上所做的宣布「令我們飛上雲端」，梅如後來形容。

「他說：『過去幾個禮拜，我和雅祖與梅如妮夏，針對未成年婚姻議題有很多討論，』」雅祖在我們的Skype通話中說，「『我的立場改變了。』」聽完她們反對童婚的論述，他重新檢視文獻，發現西元八世紀的法官和法學家伊本—舒卜魯瑪（Ibn Shubruma）曾頒布一則鏗鏘有力的伊斯蘭教令反對童婚。伊本—舒卜魯瑪論稱，議題的癥結是女人的自主權。女孩進入青春期後，她們能夠選擇結婚的對象。但若在孩提時期就嫁人，她們便被剝奪了這個選擇。阿卡蘭為此論點補充，指出今日童婚所包含的壓迫和不公凸顯從法學層次反對童婚的必要性。古典法律論述加上雅祖和梅如與他分享有關不公義的現代實例，使他回心轉意：「這兩個女孩讓我受教了。」

男生占多數的在座學生震驚不已。一名謝赫公開宣布改變想法已是難得一見，遑論他的改變來自和兩名女學生的辯論。

「男生都嚇到了。」梅如說。

「男生全部立刻舉起手來，」雅祖笑著說，「前幾個禮拜上課時，他們當中沒人對未成年婚姻提出任何挑戰。現在，劇情急轉直下，他們終於受到激勵了。」

「男生那邊很快就凝聚出一股反對聲音，」梅如也同意，「倒不是因為他們有誰真的童婚過，或是出於對童婚的認同，而是覺得他們身為男性的角色以及為孩子做決定的父權，受到了攻擊。他們的反應給我更多動力。」梅如補充。

謝赫告訴她們倆，司法正義需要吸收女人的聲音和經驗。穆斯林不該僅從古典文獻認識他們的信仰。今天的學者有必要書寫新的文本，將女人眼中的《古蘭經》與先知傳統之精髓納入考量。「寫本書，」他敦促雅祖，「這些法律觀點被記錄的時候女性並沒有參與。妳們一定要寫本書。」

事後我反思著，外界常將伊斯蘭化約為鐵板一塊的統治、綁手綁腳的伊斯蘭教令和嚴酷禁令，是多麼諷刺的事。在這一年之中，伊斯蘭知識體系的包羅萬象一再令我驚喜。這個固有的靈活性可以被善用，也能被濫用：伊斯蘭法律因穆斯林的詮釋而變得仁慈。

第九章

穿戴面紗和脫下面紗

某日早晨，蘇麥雅．阿卡蘭戴著面紗坐進家裡的車，準備去上學。她的父親見狀詫異不已，拒絕發動引擎。她的頭和臉全被罩住，只留下露出兩隻眼睛的一條縫。「他覺得我瘋了，」蘇麥雅說，「他動也不動，坐著等我回家換衣服。他不肯發動引擎。」

最早看到女兒戴面紗時，謝赫以為她受到某些強硬派團體的控制。他擔心那不是她自己的選擇。她有沒有可能是受到其他人的影響？「我當時想，她大概是很敬佩誰，」他說，「所以想要模仿人家。」

戴面紗完全是蘇麥雅自己的選擇，但她不十分確定，究竟是什麼促使她想這樣做。她當時十六歲，所以可能必須把賀爾蒙納入考慮，不只是她的賀爾蒙，還有其他人的。身為青少女，她覺得自己不該注視男人，男人也不該注視她。「我覺得戴頭巾可以時時提醒我。」她說，好讓她不受誘惑。結果十年過去，她的決定依舊頗為神祕，就連她自己都不懂。「我不知道原因是什麼，」她沉思道，「但我想要試試看。」

觀察這個講話直率、泰然自若的女人在東倫敦的郊區住宅客廳忙進忙出，我在想，她戴面紗是否能比做一種清真式（被允許的）的青春期叛逆？或許它是哥德髮型或愛心刺青的翻版？一種自我宣言，一種告別童年的溫和儀式？然後我實地調查了一下：嘗試把面紗單純視為青少女的時尚宣言，剝除它的一切神聖意涵。並非每個人穿戴頭巾都是為了把自己交給真主。她們有些人身上的冒牌 **Calvin Klein** 商標，暗示一種對市場的屈服。對同時穿戴頭巾和緊身牛仔褲的女人而言，頭巾不必然傳達端莊的意涵，而可能是代表一個人的招牌風格。

但面紗就不同了。它不是消費者經濟中的一個「選擇」。全黑的面紗意味著拒絕參與日常生活中的自我表現，它是在視覺上消除自我。女人選擇穿戴它，是因為它能連結她和某個超越自我的存在。那個存在可能是真主，也可能是穆斯林身分認同。很肯定的是，它絕非單純的青少女時尚選擇。

無論驅使蘇麥雅在二〇〇五年戴面紗的原因為何，這麼做無疑需要勇氣。蘇麥雅是牛津戴面紗的先鋒之一。更重要的是，在她念的高中沒有多少穆斯林，因此沒有同儕支持可言。根據她簡明扼要的觀察，她的同學們肯定以為她「準備把教室炸毀之類的」。她最喜歡的老師問她，當天是不是特別的節日。她回答不是。「以後，這就是我，」蘇麥雅回應。她從此不再解釋：是怎樣就是怎樣，無須贅言。

非穆斯林不太評論她的新服裝打扮——「英國人非常拘謹。」看到這個大膽的虔誠宣言，最不知所措的反倒是其他穆斯林同胞，於是他們盡量在課堂上保持距離。「我的老師們當中，有些一定在想『現在我們該拿這女孩怎麼辦才好？』」不過，她盡可能保持「正常」，繼續在上課時發言，坐在相同的座位，確保學業成績和以前一樣優異。

至於她的父親，自從瞭解這是她的個人選擇，旋即接受了面紗。穆斯林男男女女務必端莊謙恭。阿卡蘭和他的女兒都同意這點。他們也同意，面紗並非強制的，不是必要的。謝赫和很多古典學者一樣，相信女人應該遮蓋頭、手臂和雙腿，並穿寬鬆的衣服，以避免吸引他人對她身體的注意。可是她不用遮蓋臉和手掌。若女人想戴面紗，那是出於她的選擇。若她想戴黑色手套（某些戴面紗者會這麼做），那也是出於她的選擇。不過，就謝赫看來，面紗和手套都不是必須。謝赫認為端莊的穆斯林覆蓋衣物之目的不在讓女人消失或隱形，只是「希望她們出現時，能把身體的電力關掉」。

主動戴上面紗

世上少有服裝能媲美穆斯林罩紗（veil）*所能掀起的激烈爭辯。毛拉們針對正確遮蔽性、長度和風格高談闊論。部分穆斯林和西方國家政府則把它當作政策制定的綱要。即便使用「罩紗」一詞都能引發爭議，因為它可能引發誘人後宮女子的東方主義式幻想。儘管如此，我選擇在本章使用「罩紗」，不是想要延續神祕東方的形象，而是因為在形容穆斯林女人遮蓋身體的概念時，它是我所能想到最廣義的用語，足以涵蓋薄如蟬翼的頭巾乃至全身式包裹的蒙面罩袍。

穆斯林本身對《古蘭經》是否明確指示女人必須遮蓋頭部眾說紛紜。支持遮蔽論述者最常引用的經文，出現在〈光明章〉（*Nur*）：

> 你對信士們說，叫他們降低視線，遮蔽下身，

這對於他們是更純潔的。真主確是徹知他們的行為的。

你對信女們說，叫她們降低視線，遮蔽下身，莫露出首飾，除非自然露出的，叫她們用罩紗遮住胸膛。（二十四章：三十一節）

經文的措辭非常模糊，罩紗支持者及其反對者，都能從中找到有利證據。阿卡蘭和許多古典法學家相信，允許女人展現「自然露出的」首飾的詩句，暗示女人得以展露她們的面貌和雙手。其他人認為這句經文純粹鼓勵女人衣著端莊。還有人甚至將這句經文解讀為一單純的警告，反對異性之間開具有暗示性的玩笑，史學家說這類玩笑普遍存在前伊斯蘭時期的阿拉伯半島。[1]在部分保守派眼中，這句經文便是規定女人穿蒙面罩袍的依據。某位具爭議性的《古蘭經》譯者，甚至把這句經文翻作女人只能露出手掌，以及「一隻或一雙眼睛，因人有看路之必須」[2]。

一如往常，阿卡蘭知道各種不同的解讀，並且尊重每種解讀。「有一派看法認為以面紗遮蔽面容是強制義務，每個女人都應照著做。」他得體地回應提問。「可是，」他接著說，「從一則關於阿伊夏的故事中，我們得知先知的妻子們通常不會把臉遮住。」某次，其他妻子們聽說一名美

---

* 編注：「veil」除了「面紗」之意，也可泛指遮蓋頭部、身體的衣物或布料，考慮作者採用之廣義，以及和穆斯林女性穿戴的「面紗」（niqab）一詞區隔，此處譯為「罩紗」。

女主動向先知提親，於是催促阿伊夏去探查這名女子的魅力。為了不被識破，阿伊夏穿上面紗。

有趣的是，先知妻子們對身體的遮蔽勝過同時期的其他穆斯林女人。在有時會被稱為「頭巾詩句」（The Verse of Hijab）的一段經文中，《古蘭經》也如此命令。根據一早期記載，這段經文降示於穆罕默德某次婚禮之後。當慶祝活動停止，部分賓客繼續逗留在新娘房裡，這有違禮儀。一段經文從天而降：

> 信道的人們啊！你們不要進入先知的家，除非邀請你們去吃飯的時候；你們不要進去等飯熟，
> 當邀請你們去的時候才進去；
> 既吃之後就當告退，不要留戀閒話，
> 因為那會使先知感到為難，他不好意思辭退你們。
> 真主是不恥於揭示真理的。
> 你們向先知的妻子們索取任何物品的時候，應當在帷幕外索取，
> 那對於你們的心和她們的心是更清白的。（三十三章：五十三節）

關於「在帷幕外」和先知妻子們互動的部分，說明了穆罕默德家中的情況。他在穆斯林社群

的聲望意味著家裡門庭若市，來見先知的人愈多，愈是有必要想辦法為先知的妻子們提供隱私。經文中提到的帷幕就是這個作用。在先知生活的時代，「唯有他的妻子們才遵守類似隔離的遮蔽。」[3]史學家蕾拉·艾哈邁德寫道。罩紗在穆斯林社群的普及是後來的事。艾哈邁德推測，罩紗蔚為風尚，一部分可能要歸因於對先知妻子們的仿效，抑或是拜伊斯蘭傳播到貴族有遮蔽身首之習俗的區域所賜，譬如敘利亞和巴勒斯坦。後來，中世紀學者將習俗化為律法。

謝赫相信，婦女不該受迫遮蔽她們的頭部。一如虔誠，端莊謙恭亦當發自內心，而非外加。「法律不使人虔誠，」他說，「它們保護人所展現的虔信。」政府不能透過立法將公民變得恭順：伊朗和沙烏地阿拉伯就是證據。就像強制執行伊斯蘭法，不會把人們變成好的穆斯林，強迫穿頭巾，也不會自動賦予女人謙恭。他解釋，若不敬畏真主並發自內心地順服祂，這些外在的伊斯蘭認同展示不過是對身分的炫耀，無關信仰。「遵守伊斯蘭法的人，不一定是信徒，」他說，「有些人即便不遮蔽身體，卻很虔誠。」他說。

遮蔽頭部的舉動一定要是發自內心，才有意義。「人不因穿著而虔誠，」他告訴學生們，「若妳是虔誠的，頭巾罩袍會保護妳。但試圖強迫女人足不出戶，或強迫穿戴頭巾，並不會讓她們變得虔誠。」世人亦無法評判任何女人穿戴頭罩的用意。缺乏真誠的伊斯蘭信仰，罩紗不過是伊斯蘭信仰的公共展示之一，毫無實際意義。對謝赫而言，頭巾議題和更尖銳的虔信相比，其實不那麼重要。在這點上，他和另一位截然不同的穆斯林思想家看法一致，我說的是非裔美國女性主義者阿米娜．瓦杜德，她曾說：「你以為天堂和地獄就差四十五英寸*嗎，準備失望吧你。」4她引用《古蘭經》的主張，稱「具備虔信精神的衣服，是最好的衣服」。

深知虔信精神無法強加於人，謝赫讓女兒們自行決定穿著打扮。年紀較小的幾個女兒進入青春期後，也就是許多穆斯林女子開始穿罩袍（*jilbab*）的年紀，她們想知道是否非穿這寬鬆的長袖袍子不可，「我不會強迫妳穿它，」蘇麥雅記得阿卡蘭只是溫和地回說，「我認為妳應該穿，但妳自己決定。」

「因為他沒有強迫我們，」她聳肩說，「所以罩袍沒被排斥。」

也因此有了她對謙恭的投入。蘇麥雅對謙恭的內涵，每天都有不同見解。她不是被遮蔽的女人，而是選擇如何遮蔽自己的女人。有些時候，她選擇戴面紗，決定通常是根據她所在的地理位置而來。當她和先生搬到目前位於東倫敦的社區，她感受到「非常反伊斯蘭」的氣氛。社區倒不是公然反對伊斯蘭，但她不禁注意到許多小事：鄰居們冷淡的點頭致意，或在門口留簡短字條，提醒他們夫婦倆修剪草坪。她和先生最早搬來時，有人向地方當局投訴抱怨他們把家具放在人行道上。「我們正在搬家，」蘇麥雅嘆氣道，「家具當然放在室外！」

不管她的鄰居是恐伊斯蘭或只是無禮，蘇麥雅決定放棄在自家社區一帶戴面紗，改穿比較簡單的頭巾。若是去倫敦比較友善穆斯林的區域，她依然會戴面紗。我們談論這個話題的那天，她還在思考到研究所上課時要不要戴面紗。她自大學起就不再戴面紗上課，離開大學後，又繼續戴面紗（當她想穿的時候）。「比起沒戴它的時候，」她說，「戴它讓我覺得比較自在。」

罩紗的多元意義

某日，謝赫的禮儀研討課進行到一半，我抬頭看見一個穿戴面紗的女人，小心地推著嬰兒車姍姍來遲。我對她點頭微笑，把我的背包從座位騰空，讓她入座，然後繼續專心聽講。她輕推我，耳語道「嗨，卡拉」——根據那雙溫暖的眼睛，我推測她很可能正對著我笑。蘇麥雅現在化為一股聲音，以及一個和長相無關的存在。後來在午餐休息時間，我看到她的兒子阿席姆撥弄面紗。「他習慣了，」她說，「他喜歡和它玩躲貓貓。」

千百年來，男性領袖也一直在玩罩紗躲貓貓。只不過他們的遊戲和衣著無關，而是關於權力。「近幾十年來穆斯林面對的問題，大抵不脫界限問題。」[5]摩洛哥女性主義作家法蒂瑪·莫妮茜（Fatima Mernissi）寫道。過去兩百年，伊斯蘭世界受到最嚴重破壞的界限是領土疆界，亦即西方帝國主義的侵略。但這些侵占穆斯林土地的行為，往往引發對其他更私密界限的爭執：和女人有關的爭執，還有關於她們該不該遮蓋身體的爭執。從十九世紀在阿爾及利亞的法國人，到二十一世紀在阿富汗的美國人，西方世界對伊斯蘭國家的軍事侵略，始終伴隨將穆斯林婦女從頭

---

* 譯注：約一百一十四公分，指頭巾。

巾之禁錮解放出來的政治宣傳。「現代化」或征服一個國家，意味著揭開該國女人的神祕面紗。「阿拉伯人躲著我們，」一八四〇年代阿爾及利亞的法國總督比若元帥（General Bugeaud）指出，「因為他們把他們的女人藏起來，不讓我們看見。」[6]九一一事件後，在美國轟炸阿富汗的準備期間，政治人物和學者權威把阿富汗擺脫塔利班統治，和婦女擺脫蒙面罩袍連結在一起。塔利班政權垮臺後的前幾個月，西方媒體趕緊捕捉女人脫去面紗的畫面。就好像從被蒙面罩袍罩住的人變成女人的轉變，是二十一世紀的《賣花女》（*Pygmalion*）神話：阿富汗民眾終於變成活生生的人了。

長久以來，一個穆斯林國家的女人遮蔽或不遮蔽的程度，就好像某種該國和西方世界關係的石蕊試紙。對中東獨裁者而言，要求婦女脫下罩紗，是證明你正轉向西式「發展」的便宜之計。當伊朗獨裁者禮薩·汗（**Reza Shah**），也是伊朗最後一位國王的父親，為推動其現代化改革於一九三六年對伊朗罩袍頒布禁令，警察被要求若見到還穿著罩袍的婦女，便扯掉她們頭部的遮蓋。這道命令迅速掀起某種地區性罩紗波浪舞。從阿富汗到土耳其，統治者紛紛鼓勵女人露出她們的頭。傳統主義者予以反擊，有些選擇在清真寺和街頭，有些選擇透過議會。命令女人脫下罩頭，標誌有自信的西化、世俗化。命令穿戴罩紗，則傳達一相反訊息，透露對傳統主義的承諾，以及不受西方控制。

這場英勇奮鬥持續至今，且不局限在以穆斯林人口為主的國家，也蔓延至歐洲。女人和國家，因穿戴頭巾與否的決定遭受接二連三的批評。頭巾往往被賦予明確且沒有模糊空間的意義，彷彿電源非開即關、二進位碼非一即零。穆斯林女人若穿頭巾就是「傳統的」，反之則是「現代的」。穿就是「被壓迫的」，反之則是「思想開放的」。包頭巾的是「狂熱派」；不包頭巾的是「溫和派」，又或者是「世俗派」。這樣的自負心態，就像我試圖以美國式的左右派光譜辨識謝赫的屬性，注定失敗。在她自願穿戴的面紗底下，我可以感受到蘇麥雅的自信——而且確實比沒穿面紗時，更有自信。

在塔利班控制的喀布爾，罩紗不是選擇，而是恭順的展現。在塔利班統治下，每當除惡揚善小隊（Vice and Virtue squads）的紅色豐田卡車經過，女人都嚇得縮到牆角。一九九八年在喀布爾，為隱藏我們以外國人身分偷溜到阿富汗民宅之情事，我和攝影師尼娜都穿上只能透過紗網向外看的全蒙面式罩袍（*burqa*）。但蒙面罩袍藏不住尼娜的Nikon相機和鏡頭，也無法限制她的步伐。即便有蒙面罩袍的覆蓋，她看起來仍是原來的自己：匆忙的曼哈頓女子。「小步走！」我躲在蒙面罩袍底下低聲提醒她，「別忘了，妳是被壓迫的！」[7]

在女人能決定自己穿著的社會裡，頭巾可以有很多不同的意義。它顯示一名女子和真主的關係，或承受同儕壓力。它標誌女人對政府或對自己的服從，或單純是髮型不好看。開羅的通勤族，也許會為了避免在人擠人的公車上受到騷擾而戴頭巾。黎巴嫩村民也許藉著戴頭巾傳達她是穆斯林而非基督徒的訊息。某位美國女性主義穆斯林戴頭巾，展示對消費者文化的反抗。另一方面，她的姐妹卻戴著有Nike勾勾標誌的頭巾，擁抱消費者文化。蘇麥雅認為她大概是為了預防性誘惑而戴面紗，但另一名女子告訴我，她覺得當自己戴飾有紅白花朵圖樣的面紗時，像個「超正的火辣壞女人」。

西方人公開求愛、私下禱告，穆斯林剛好相反

五歲時，雙親在伊朗替我買了生平第一條罩袍，我還記得每次穿它，內心油然而生的興奮之情。柔軟的聚酯纖維成分使它異常保暖且有彈性。戴上它，就像被埋進軟綿綿、過分親暱的懷裡：舒服但膩人，好像姑婆熱情的擁抱。我和母親在德黑蘭大市集一間五彩繽紛的攤子上千挑萬選，在從淺鴿灰到火紅橘、由地板疊到天花板的數百列布料當中，終於相中一塊孔雀綠的旋轉佩斯利花紋布（paisley）。我依然記得攤商用裁縫刀剪布料的聲音。我愉悅地欣賞他將布料摺成柔軟的一捆布，然後包進棕色包裝紙裡。即便當時，我已知道不是每塊布都僅僅是一塊布。我瞭解罩紗是特別的布，是某種關於成年人及成年之危險的強烈標誌。

對一個有餘裕選擇穿戴與否的孩子而言，伊朗罩袍象徵著權力，而非順服。使人一舉手一投足散發誘惑和激情。我看過《睡美人》，我知道什麼是十足的女性特質：首先要穿輕飄飄的衣服，然後儘管未陷入昏睡，仍要軟言細語，保持少女的矜持。當我和朋友塔拉（Tara）穿著罩袍、搖晃懷裡的嬰兒娃娃，玩起「伊朗女士」的午後遊戲時，我們心照不宣地同意相較於我們的

美國媽媽，扮演穿罩袍的婦女更有戲劇張力。美國女人穿牛仔褲，拋頭露面，缺乏穿戴罩袍的婦女所擁有的女性特質力場。一九七二年，當我們的女性主義母親拋棄高跟鞋和口紅，穿罩袍的伊朗女人，成為一個五歲女孩心目中的理想女人。

我當時是個孩子，現在的我早已擺脫幼稚。可是談到西方世界對罩紗的迷戀，許多人還沒擺脫幼稚心態。頭巾令非穆斯林神魂顛倒的原因何在？穆斯林男性應蓄鬚，但他們遮蔽下巴和臉頰之舉，卻鮮少被描繪成對人權的侵犯。在塔利班統治下，喀布爾的男人會神經兮兮地拉扯鬍子，試圖把鬍子弄得蓬鬆，深怕他們的鬍子沒有達到除惡揚善小隊規定的「一個半拳頭」標準。

但全部焦點都集中在罩紗上，引起諸如宗教狂熱分子和西方媒體評論員某種近乎戀物癖的關注。在法國人以強硬世俗主義標準通過舉世譁然的法律，以及塔利班等宗教狂熱分子的推波助瀾下，罩紗當然會成為頭條新聞。可是從更根本的角度來看，罩紗嚴重破壞了私人和公共的標準世俗概念。當女人戴起罩紗，她的頭突然間被當作引發情慾的地標。世俗社會認為屬於公開的事物，如今變成私密的。而她的宗教信仰——在許多西方社會裡被認為是個人的私事——卻公諸於世。摩洛哥女性主義者莫妮茜認為，穆斯林和非穆斯林之間的現代摩擦，終歸是在於界限不同。

任職牛津伊斯蘭研究中心時期，我曾冷不防撞見巴基斯坦同事伊夫提哈爾正在進行禮拜。我窘迫地迅速轉身離開，並把門帶上。後來他表示我其實不須道歉。「那就是我們之間的差異，」他說，不以為意地揮揮手，「你們西方人公開求愛、私下禱告。我們穆斯林剛好完全相反。」[8]

遮蔽男女的差異

某個週日，我去聽謝赫在曼徹斯特的演講，在一片頭巾之海中，覺得自己的衣著落伍極了。光是頭髮還不夠看。我的灰褐色精靈式短髮彷彿使人不被看見的面紗，因為我身邊的人，個個包著像香奈兒禮服般有細緻摺邊的頭巾，布料印有豹紋、玫瑰花紋、鮮豔的格紋或條紋。頭巾由珍珠和鑲鑽別針固定，有些頭巾的打褶整齊到好似一頂布料製成的皇冠。謝赫對奢華頭巾的時尚是知情的。「很多穆斯林女人這麼做是為了增加吸引力！」他後來苦笑著對我說，「那不是頭巾的功能。伊斯蘭想要女人學會衣著簡樸。光是用頭巾罩住頭臉，但卻穿著緊身牛仔褲是不對的。一個人穿頭巾應該是為了展現純淨的心。」

老實說，當天早上在參加曼特斯特演講前精心打扮的，不只女人。搭電梯上樓到演講廳時，我看見一名小伙子用手指梳理鬍子，他竭盡所能地撥弄拉扯，希望鬍子看起來又長又濃密。謝赫當天的演講主題是如何創造美好的穆斯林婚姻。演講廳裡滿是年輕且絕大多數仍單身的聽眾，充滿了擇偶的可能性。謝赫透過遣辭用字，冷卻觀眾席間的任何浪漫幻想。「很多時候，人們以為『我愛上某某人』。」他開始說。但這些愛十之八九都被證明不過是慾望。真主將性衝動種在人體內，是為延續人類的繁衍。但一如其他基本的人類慾望，和某人性交的渴望不會持久。謝赫警告說，性慾一旦得到滿足便會消退：「若你因慾望而成婚，你的慾望將退卻。就像你因為覺得餓，所以進食，然後對食物的慾望就退卻。慾望本來就是會消減的，愛則會增強。」

慾望催生的婚姻注定失敗。「若你因為一個女人有德性而娶她，你將看到她展現愈來愈多的美德。若你因為慾望而娶一個女人，婚姻終將失敗。若你因為一個女人只有二十歲而娶她，會發生什麼事呢？隔天，她會變成不只二十歲。」

謝赫堅定地說，慾望和愛的差別，就好比速食餐不同於家常菜。飢腸轆轆的男子經過麥當勞可能會登門光顧，但那對他的健康並不好。最好寧可放棄那個漢堡，回家吃悉心準備的健康食物。「強迫你的慾望聽命於你！」他呼籲，「若人們總是順從慾望，他們的健康就遭殃了。若人們為享受而成婚，婚姻絕不會長久。當性的慾望出現，別著急。充分思考：『我準備好結婚了嗎？』」聽完講座回家的途中，我經過維多利亞車站。我聽見男子齊聲高歌的噪音，他們三五成群，正從橄欖球賽離開，散發啤酒和男性賀爾蒙的氣味。一群慶祝告別單身派對的女人蹣跚步出郊區火車，準新娘的腰間綁著一條粉紅腰帶，上頭寫著「新娘」。她的朋友們腳踩細跟高跟鞋、大露事業線，喧鬧地跟在新娘身後。我頭上有張女人用胸部兜售啤酒的廣告海報。我心想，多麼奇怪，一堆西方人竟認為世上只有穆斯林在劃分性別之間的界限，透過男女分隔制度和頭巾。男性和女性在謝赫當天的演講上都表現得非常謙恭，以至於他們之間的差異，似乎變得模糊且不再重要。在座每個人展現出的莊重，使不同的性別水乳交融。

當我這麼對他說時，謝赫高興地喊說，那就是重點。「沒有遮蔽讓人更能辨別男女，」他說，「一旦他們遮蔽彼此的差異，男女其實都是一樣的。」

重點是看他們人在家裡，還是在公共場所。「真主將男人和女人都造成人類，但保留了一些差異。」謝赫說，「在家裡，他們以男人和女人的身分相見。」在戶外，他們應該以人類的身分相見。「遮蔽彼此的差異，」他說，「能促進世人以人類的身分相待。」

性與性別

和阿卡蘭夫婦聊天，我發現罩紗的收放似乎飄忽不定。區隔公共和私人的簾幕，可能突然間落下，遮蔽我本來以為可以公開談論的一些話題，例如法哈娜的童年遊戲被排除在書本之外。儘管三番兩次旁敲側擊，阿卡蘭對從印度搬到英國的話題絕口不談。但有時候，我也會赫然發現頭巾被掀開，而且往往看見出乎意料的真相。禁忌之簾在談論性的話題時，以最為戲劇化的方式掀起。摸索謝赫放下和拉起簾幕的時機，就好像慾望般令人糊裡糊塗。有一次，我單純想知道，阿伊夏是否曾和先知的友伴阿布—胡萊拉（Abu Huraira）為了一則聖訓發生爭吵。突然間，冷不防地，我們談起了射精的話題——或者應該說是，沒有射精的話題。阿卡蘭說，阿伊夏確實曾就傳述先知話語一事表示和阿布—胡萊拉持不同看法。「舉例來說，阿布—胡萊拉總是說：『如果和妻子發生關係，但沒有射精，事後便不用洗澡。』可是阿伊夏說：『不對，他說錯了。』」

伊斯蘭理所當然地接受性是生活的元素之一。早期伊斯蘭文本認為，只要發生在有婚姻關係的一男一女身上，性是美妙的生活元素。「你們的妻子好比是你們的田地，」《古蘭經》對穆斯林說，「你們可以隨意耕種。」[9]（這是托馬斯・克利里〔Thomas Cleary〕的翻譯；其他英文譯本翻得更大男人：「你的妻子是你的耕地，你可以隨心所欲地進入你的耕地。」[10]）第一次讀到這句常被引用的經文，我對它將女人比作土壤感到震驚，也無法接受它暗指男人無時無刻皆享有對這塊土壤全然不受限的造訪權。直到印度伊斯蘭女性主義者麗莉・慕尼爾（Lily Munir）為我解開這個隱喻的微妙之處。「土壤必須為播種做準備，」她告訴我，眼睛發亮，「它需要澆水，需要翻土，然後犁平，才能播種。」

聖訓集強調夫婦不僅應該有性關係，而且還要能夠享受它。「不要像個動物一樣對你的妻子射精。」據稱先知穆罕默德曾那麼說，勸男人以親吻、撫摸和情話綿綿讓妻子動情。我曾在開羅訪問一名埃及宗教學者關於伊斯蘭看待性的態度，他也對前戲的話題展現類似興趣：「女人不是椅子，拉出來，說坐就坐！」他邊解釋，邊以雙手拍膝強調。

若能導之以禮，伊斯蘭對性的立場是祝福。「若有誠摯的意圖，男人和伴侶的性愛遊戲，將使他得到真主的獎勵。」[11]西元十六世紀的聖訓學者阿里・穆塔基（Ali Muttaqi）寫道，「據聞先知曾說：『真主因男人逗弄他的妻子而喜悅，並為他準備獎賞，讓他因此不在世間捱餓。』」基督教將性和罪綁在一起，但劍橋神學家提姆・溫特指出，伊斯蘭將性描述為「超驗的驚鴻一瞥」（a glimpse of transcendence）。伊斯蘭不支持獨身，沒有僧侶或修女的主流傳統。「在基督教脈絡裡，」溫特曾對一英國報紙解釋，「性慾傳統上被視為墮落的後果，可是對穆斯林而言，它是天堂的預告。」[12]

穆罕默德的傳記以動人筆法記錄了先知和妻子們的閨房情趣。當穆罕默德不確定啟示是發瘋的跡象，還是來自真主的旨意時，哈蒂嘉要他下次再見到天使加百利時提醒她。[13]當先知依約告訴她時，他的妻子要他坐到她的右大腿旁。她問他是否還看得見天使？他回答是，一如坐在她左邊大腿旁時。但當她將衣袍解開，該生物就逃跑了。對哈蒂嘉而言，此舉證明出現在穆罕默德眼前的生物是天使，不是惡魔。若它是有惡意的生物，一定會佇足觀看。

在婚姻中，性是已婚男女雙方的權利。若伴侶其中一方無法行房，婚約可被解除。「女人能上法院訴請離婚的傳統原因之一，是丈夫無法和她發生關係，或無法滿足她的需求。」阿卡蘭告訴我。曾經，有個學生向他吐露結婚一年但仍是處女的祕密。「我要她不要這麼害羞。若他不能提供這方面的服務，她務必尋求解決之道。現在她已另嫁他人。」

謝赫非常不齒色慾，以致不吝公開譴責。「每個人都想要激情。」他承認。但太多激情會擠壓真主的立足之處。「也就是說，你基本上在崇拜真主以外的人。」面對性的話題，他的討論不受浪漫主義攪擾，也不會被羞愧感扼殺：色慾只是真主為生育目的植入人體內的一種衝動。我曾問他對《古蘭經》耕地詩句的看法。儘管慕尼爾解讀在播種前需先耕犁的經文是為呼籲男人做足前戲，謝赫阿卡蘭強調的重點卻是農業意象。人需要土壤耕作，土壤是滋養萬物生長的場所。

「有些人以為只要有慾望，他們想怎麼做就怎麼做，譬如從後面，或用嘴巴，」他解釋道，「但這個慾望是為了家庭而生的。你的慾望要用在對的地方。姿勢隨人喜好，這沒問題，但必須以能夠達成生兒育女之目的的方式去做。」

色慾需要受控制：所以一些清真寺和教室才會掛著簾幕，所以端莊謙恭是每個穆斯林最重要的德性。謝赫和多數古典學者持相同看法，認為沒有婚姻關係的性（也就是「*zina*」），是伊斯蘭世界最嚴重的罪行之一。儘管性受到伊斯蘭道德支配的控制，但它所受的控制，和禮拜、飲食或慈善施捨，並無二致。由於伊斯蘭是一種生活方式，性作為這個生活的一部分，信徒必須確定自己在從事性行為時仍秉持著虔誠的精神。害羞不該阻止任何人摸索成為好穆斯林之道。穆罕默德在世時會主持僅限女性的特別集會，就是為了不讓羞怯成為藉口。好穆斯林對性的認識，就和對其他議題的認識同樣重要：「害羞的人不會進步，」阿卡蘭聳肩說，「傲慢的人不會進步。」

謝赫對性的看法，和我自己所學到的不同。我本身受的是一九七〇年代自由派給孩子的標準性教育。一切要從五年級在琳達・舒罕（Linda Schuham）家仔細觀察《性的愉悅》（*The Joy of Sex*）書中毛茸茸的夫婦做全裸體操說起。後來有一天，我不小心聽到母親談論某甲和某乙忙著諮詢離婚律師，因為他們孤注一擲的鮮奶油實驗並不成功。好萊塢也在性愛指導方面扮演一定角色。和雙親共同欣賞《最後一場電影》（*The Last Picture Show*）時，我滿臉通紅地定住不動，在那之後我們還看凱特琳・特納（Kathleen Turner）和威廉・赫特（William Hurt）在香豔刺激的

《體熱》（*Body Heat*）裡不帶愛意的結合。我偷偷翻閱《怕飛》（*Fear of Flying*）。母親在我十五歲生日時，驕傲地送給我人生的第一本《我們的身體，我們自己》（*Our Bodies, Ourselves*）。這些儀式灌輸我一個現代西方女性主義者的正統性觀念。性不過就是某種自我表達，不受婚姻、懷孕乃至愛情的束縛。假如你上過美國計畫生育聯盟（Planned Parenthood）*的網站，而且把愛滋病的幽靈拋在腦後，性完全是自由的體現。

謝赫既沒看過《花花公子》雜誌，也沒看過R級的下午場表演，但這並不妨礙他在女性專屬課堂〈每個穆斯林女人都該知道的事〉（What Every Muslim Woman Should Know）進行坦率的討論。這堂課辦在南倫敦的一間穆斯林小學，我穿越走廊，欣賞牆壁上滿滿的倫敦大笨鐘和麥加卡巴聖殿兒童塗鴉，走進聚集數百名年輕女性的禮堂，並拿到當天演講的講義。在第一頁關於小淨的討論中，有一則來自先知妻子阿伊夏的聖訓，其內容之露骨，我甚至以為是自己眼睛花了，反覆看了兩遍：「我總是幫真主的使者把衣服上已乾的精液刮掉。如果還是濕的，那就用水洗掉。」[14]

這則訊息四周沒有拉起封鎖線，和其他忠告一起出現在講義裡，譬如包裹女人屍體所需的裹屍布數量（五條），或禮拜時女人該把手放在哪裡（在胸部之上）。精液及其善後處理，純粹被視為做個好穆斯林該知道的問題之一，一如他們也得認識死亡或禮拜的儀式。

晨間講座處理男女兩性夢遺的問題——「這是慾望和性成熟的徵兆。」謝赫說。課中討論了經血，以及如何判斷月經是否已結束所以可繼續從事性行為和上清真寺禮拜。謝赫在示範正確的小淨儀式時，從講桌後方走出來。他脫下鞋子，示範如何用水洗腳。他把手放到頭上，告訴在座女性清潔頭部的方法，教她們如何把手指伸進頭巾下方完成清潔。他說明男人和女人跪拜姿勢的細微差別：男人將前額貼地，身體下方還留有足供山羊寶寶通過的空間。女人則要保持端莊，盡量將身體緊貼地面。

現場討論似乎百無禁忌。「妳們肯定有某些不同於男人的問題，」謝赫說，以鼓勵的眼神注視在座女性，「聖訓裡有好多規定都是因為女人提問才存在的！」

化妝似乎是聽眾最關心的議題。袒露面容、抄著筆記的年輕女性踴躍地舉手提問。可以塗腳指甲油嗎？謝赫回答，若指甲油會在沐浴淨身時妨礙指甲的潔淨，那麼禮拜時就不該塗。那穿襪子包覆塗過指甲油的腳趾可以嗎？如果美甲上有圖樣貼紙可以嗎？用防水化妝品會讓沐浴淨身變得無效嗎？謝赫告知，妨礙水潔淨皮膚的一切，都會妨礙正確的沐浴。

謝赫以令我佩服的耐心，應付有關符合伊斯蘭精神之美容習慣的許多提問。一名年輕女子問，染髮是可以的嗎？另一人接著問，那修眉毛呢？謝赫回應，若信仰虔誠，妳不需花錢買化妝

＊譯注：支持女性墮胎權的團體。

品和做指甲美容。「妳們看，」他爽朗地說，「伊斯蘭有助節省生活開支！」

更何況，他說：「不要因為看到別人化妝美容，就覺得自己也要跟著做。妳要知道自己是與眾不同的，而且應該做對自己有益的事，不要盲從！妳不會因為常做美甲而受人尊敬！」這段演說和我對女兒們說過的話幾乎一模一樣。

午休之前，一名女子持麥克風對眾人宣布，邀請在座聽眾支持名為HHUGS的慈善團體，幫助被英國反恐法拘留的男人照顧他們的家庭。「閉上眼。」她對聽眾說，想像妳習以為常的生活在警察找上門後一切大亂。她引導我們，想像妳的孩子們在哭泣。「妳被迫離開家門，連戴頭巾的時間都沒有，」她說，「妳身上穿著睡袍。」妳的先生或父親被逮捕，而妳不確定下一次再見是什麼時候。演講者告訴我們，那就是丈夫被囚禁在關塔那摩灣（Guantánamo）或英國監獄的眾多妻子的真實經歷。

我在她結束募款後打開眼睛。在平等、身體功能、指甲油和警察拘留等話題間周旋了一整個早上後，此刻我加倍地暈頭轉向。女孩心思和神聖事物的衝撞；談完深刻話題，接著談雞毛蒜皮的小事。這些五花八門的念頭讓我的思緒亂了方向。薩依德在《東方主義》裡論稱，西方世界對伊斯蘭文化的研究實際上「是一種用來支配、重構以及對東方建立威信的方法」[15]。我在想，這個罪名在多大程度上適用於我的計畫：我犯下多少將謝赫世界觀硬塞進西方分類的罪。

我漫步走出禮堂，對謝赫的泰然沉著感到佩服。有幾個男人能對著滿場女性觀眾討論精液和經血。但伊斯蘭為他提供了討論這些問題的依據。和謝赫聲望相當的學者當中，鮮少有人會忍受青少女不斷追問指甲油的事。那就好像要求世界知名的梅約診所（Mayo Clinic）的院長幫你的喉嚨癢開處方箋。但謝赫因為完全不愛慕虛榮，所以能夠遠離穆斯林男性和其他男性經常被期待展現的迂腐男子氣概。「謝赫阿卡蘭不是典型的男人，」他的學生雅祖曾說，「他擁有男性特質和女性特質的完美平衡。」其實他只是堅守傳統罷了。先知穆罕默德溫柔，對孩子有愛心，而且會做家事。謝赫深信，婚姻是一個夥伴關係：女人有教育小孩的責任，男人有賺錢養家的義務。即便阿卡蘭相信那樣的性別角色，他還是認為角色是可以互換的，「不過做起來不容易。」

同性戀議題

然而，謝赫的寬容也有其界限。

「妳看，真主將男人造得和女人不同是有目的的：創造家庭。如果一個家有兩個男人，全家都會遭殃。有些女人非常強悍，有些男人非常柔弱。那不是問題。但人們還是要遵守底線。」

他說的底線，當然是指同性戀。

「那真主為什麼要賦予人這樣的感受？」我問，「難道他們就不配擁有性關係？」

謝赫說，性只為一件事而存在：人類的種族延續。

「但同性傾向的慾望為什麼存在，如果你也同意有些人天生就喜歡同性的話？」我追問，「如果這些感覺是真主創造的，同性戀不該是問題。」

「滿足身體只能是為達成創造家庭之目的。除此無他。」

「可是謝赫，如果一個人有這樣的傾向……？」

「一個人有這樣的傾向，不代表他就該屈服。擁有同性傾向不代表他們該對慾望妥協。這些人應該接受他人的支持，強化他們的信仰。」

我心底著實難過，就像那個禮拜後來讀到關於奈及利亞「男扮女裝者」（*yan daudu*）遭受迫害的新聞一樣。[16]儘管已經身為丈夫和父親，這些男扮女裝者化妝、戴頭巾，這是有長久歷史的陰柔男性次文化。文章說，這群人長期受寬容對待，但如今成為北奈及利亞穆斯林宗教復興的眼中釘，以及對性別弱勢重新施壓的標靶。「聽到別人說『願真主改造你』真的令我心痛，」一名準備進到清真寺的男扮女裝者一邊小淨一邊說，「唯有真主能評斷，所以如果我們和別人不同，那是因為真主刻意讓我們不同。」

這名奈及利亞人的一句話，言簡意賅地總結了一支新興的進步穆斯林神學。在《古蘭經》新解中，無論解讀來自女性主義者、同志理論家、支持政治多元主義的讀者，他們都強調擁抱多樣性，而不是拒之於千里之外。

在這個議題上，我堅定地和穆斯林進步陣營站在一起。或者該說，我和除了宗教保守派（管他們是基督徒或穆斯林）以外的絕大多數人屬同一陣營。追隨謝赫學習期間，非洲的基督教福音派正在推動禁止同性戀的立法。過去十年，世界各地紛紛通過允許同性婚姻的新法，就連天主教教宗都自認沒有資格批評兩情相悅的成年人關起房門做的事，相較之下，謝赫對同性戀的觀點似乎和主流脫軌。不過，它們提醒了我們，腳下的斷層線不是夾在伊斯蘭板塊和西方世界板塊之間，而是夾在接受主流宗教正統詮釋者——和不接受這個詮釋的所有人之間。

第十章

解讀〈婦女章〉

一位穆斯林友人得知我將求教於謝赫，她提出一個請求。「問他，」她說，「為什麼穆斯林男人對女人那麼壞。」

我拿這問題問他時，謝赫說，因為男人沒有正確地讀《古蘭經》：「若不敬畏真主，他們就會壓迫他們的女人。」但還是有很多拒絕讓妻女享有基本自由的男人，拿《古蘭經》當擋箭牌。男性族長最喜歡的段落是《古蘭經》第四章〈婦女章〉的第三十四小節。這幾行句子絕對足以登上最受爭議的穆斯林經文排行榜。倡導家庭平權的穆斯林團體「平等組織」（Musawah）稱之為伊斯蘭法律傳統的「父權DNA」[1]。因為很多學者宣稱，從該段落可看出真主有意讓男人在地位和權力上優於女性。

二十世紀早期英國翻譯家穆罕默德·馬默杜克·皮克索爾（Muhammad Marmaduke Pickthall）廣為流傳的翻譯如下：

> 男子是管束女子的；因為真主使他們比她們更優越，還因為她們花費他們的財物（供養她們），所以，賢淑的婦女應是順從的，借著真主的保佑操守忠貞的。你們恐怕她們反抗的那些女子，當然要規勸她們；不和她們同眠；鞭打她們。如果她們服從你們，那就不要對她們尋此一途徑了。[2]

關於這段經文如何翻譯的問題，在網路上和學術研討會辯論激烈，新譯本的性別歧視意味比過去的譯本要淡。本書通篇引用的克利里譯本，提出比較公正的安排——起碼第一句有比較好：

男人是維護婦女的，因為真主使他們比她們更優越，又因為他們所費的財產。賢淑的女子是服從的，是借真主的保佑而保守隱微的。你們怕她們執拗的婦女，你們應該勸戒她們，可以和她們同床異被，可以掌摑她們。如果她們服從你們，那麼，你們不要再想法欺負她們。（四章：三十四節）

另一個譯本將男人稱為女人的「保護者和供養者」，但也有譯本說：「男人得照顧女人，因為真主將他們造得比較堅強。」被皮克索爾翻成「鞭打」（scourge）的阿拉伯文，在其他譯本中被翻作「打」（beat），克利里則翻成「掌摑」（spank）。但雷薩．阿斯蘭（Reza Aslan）指出，這個字也有「從……離開」，或「和……一起前進」，乃至「和……情投意合地交媾」等諸多意思。[3]

第四章三十四節的意思或許有待辯論，但可以肯定的是：男性對這段經文的詮釋造就數百萬女性的苦難。伊斯蘭法律專家引用此章節為家暴辯解。丈夫挾著此章節阻止妻子到研究所深造、踏入職場，或上市集逛街。沙烏地阿拉伯政府濫用其訊息，在王國內立法通過一個「監護權」制度；根據該制度，直到不久前，沙國女性不能做生意、不能擁有銀行帳戶、不能出國旅遊，也不能在徵得一男性親屬許可之前就讀大學。和阿卡蘭上課前幾天，我收到一封電子海報，宣傳到麥加朝聖的旅遊行程。在行程報價、旅遊日期，以及保證全程四星住宿的文字下方，印有衍生自沙國對第四章三十四節經文解讀的一句話：「女性務必由一名男性監護人（*mahram*）陪同。」

女性主義的養分

一如阿卡蘭，在成長過程中，我對家裡有好幾本相同的書並不陌生。在阿卡蘭的家裡，那本書就是《古蘭經》。在我雙親的家裡，重複的書名不只一個，而是好幾個女性主義開山文本。母親在聖路易的華盛頓大學教婦女研究，對教學充滿熱忱，但家事管理有待加強，家中各個角落總是散落著她的課堂指定書籍。一本《北方女性文學選集》（*Norton Anthology of Literature by Women*）躺在我雙親位於二樓的浴室，寫有母親注解筆記的另一本，若沒跟著她去學校教課，就擺在餐廳的銅盤裡。托妮．莫里森（Toni Morrison）的《最藍的眼睛》（*The Bluest Eye*）則像是我們家的基甸會《聖經》（*Gideon Bible*）：家裡幾乎每個房間都有一本。而且我們有將近一整書櫃纖細優雅如吳爾芙本人的《自己的房間》（*A Room of One's Own*）平裝本。彷彿母親聽見吳爾芙對專屬房間的呼喚，一股腦地買了好多本吳爾芙。

在吳爾芙處處可見的家庭成長，我很小就養成辨識性別歧視跡象的能力，類似拓荒年代的孩子要學習狩獵和釣魚。在墮胎權利集會上、在《末路狂花》討論課上、在「奪回黑夜」（Take Back the Night）的「我有話要說」活動上，我被教導唯有我能保護自己的權利。四歲時，我不解地問母親為何從不請參加她意識覺醒團體的女士們吃餅乾。母親告訴我，個人即政治（the personal is political）。*請喝咖啡可以，除此之外一切食物在這些場合都是禁止的，以免互別苗頭的點心烘焙和待客之道觸發卡路里軍備競賽。某個情人節，大約在我十幾歲的時候，母親開車載我經過聖路易的一個大看板，廣告宣傳某郊區花店：主視覺是一雙不見其人的光溜溜女性大腿，從花瓶伸出來，然後一旁的標語寫道「我們的花莖超棒」（We've got great stems）。†母親特

---

* 譯注：一九七〇年代左右，女性透過意識覺醒（Consciousness-Raising）在團體中討論女性身體、家庭、情感與性的經驗，引發女性意識，建立姐妹情誼。姐妹情誼具有撼動人心的力量，因為女人在父權宰制下分裂，女性主義者認同：只要身為女性，每個人都有共同受到父權體制壓迫的經驗，所以女人應該支持女人。女性主義者提出「個人即政治」（The Personal Is Political）的口號，強調所有個人自身的感覺跟經驗皆具政治性。七〇年代以前，只有政黨政治、選舉等公眾之事稱為政治。七〇年代以後，女性主義者論證所有女性身上經驗到的，無論大小，都是政治。房間裡面的事可以拿出來談，女人的身體、性與生殖器等也都是政治議題。換句話說，女性經驗從最私密的到最公眾的皆具政治性。以女性自身經驗為基礎，即具挑戰父權壓迫的政治立場。女性主義拓展了「政治」的意涵。出處：《跨國女性研究導讀》，第二章，林津如。

† 譯注：stem有大腿的意思，因此廣告標語另有「我們有美腿」的雙關意義。

意倒車，開到這間花店，我們一起走進花店，對招牌傳達的性別歧視表達抗議。一個花瓶長出女性肢體，連浪漫都稱不上，母親這樣對銷售助理說。他一臉茫然，不過承諾會把我們的關切傳達給老闆。「記得告訴他，來投訴的是一對團結的母女。」母親和藹地叮嚀道。

雖然她經常拿那句偉大的女性主義臺詞提醒我，溫良恭儉讓的女人鮮少名留青史，但母親以前也是溫良恭儉讓的女人。在她學術生涯起步之際，大學生還在戴白手套約會，而她直到雷根上臺後才全心擁抱女性主義。由於她不介意偶爾離開教學崗位幾年，隨父親走天涯，她錯過了轟動一時的羅訴韋德案（Roe v. Wade）和平權修正案（Equal Rights Amendment），而且沒參與到性革命。當她的同僚在婦女研究更原始未開發的領域中奮戰，像是酷兒理論或女性主義經濟學，母親在吳爾芙和瑪莉．沃斯通克拉夫特（Mary Wollstonecraft）的散文，以及珍．奧斯丁和勃朗特姐妹的小說裡找到她的女性主義。「我很喜歡帶這些孩子認識婦女擁有的可能性，還有教他們別將平等視為理所當然。」她曾振振有詞地說。接著身子往前傾，內疚地懺悔，輕聲說：「但有時候，我真想闔上書本，告訴他們生小孩組織家庭是多麼美好的事。」

即便如此，母親讚賞吳爾芙對十九世紀家庭生活的批評。在課堂上，她解析作家對維多利亞時代「家中天使」、服從、純潔、犧牲小我等理念的鄙夷。在家裡，她以真摯的急切將一本《自己的房間》塞給我。母親對吳爾芙呼籲年輕女性「為自己的人生作主」[4]，擺脫局限在起居室和家庭生活的狹隘視野，因為「做人不該故步自封」，深感共鳴。

聽謝赫講課時，我發現一股渴望，想以更遼闊的觀點看待某些婦女問題。有一次，一名學生問起他對女性主義的看法，阿卡蘭毫不遲疑地回應。他說，考量到許多穆斯林女人在穆斯林世界所承受的苦，受女性主義吸引的女人並沒有錯。「人們想要正義，」他說，「女性主義想為女人爭取正義。這樣的運動出現在穆斯林沒有公平對待女人的地方。若女人沒得到應得的尊重，當她們求諸於女性主義時，我們沒資格抱怨。若女人受苦受難，她們就是會透過女性主義尋求尊重。」

他告訴我，改變主流態度需要時間。「在歐洲，當人們評論穆斯林社會的女權，通常都是說穆斯林女權低落，」他說，「他們言談之間，彷彿歐洲女人一直都享有如今的地位。但歐洲有些國家，女人是直到一九七〇年代起才有投票權的。」

生而平等但有別

討論〈婦女章〉（*An-Nisa*）的那天，我們坐在馬糧袋咖啡廳的老位子。我躬身低頭望著拿鐵，緊繃地像等待冠軍戰搖鈴聲的拳擊手。當我翻閱《古蘭經》到想討論的段落時，謝赫莫可奈何地點頭，彷彿他始終知道我遲早會翻到這一頁。我們都知道，第四章第三十四小節的正面交鋒是逃不掉的。我們都知道，我將指向原子筆標記的經文段落。我想瞭解，一個如此在乎公平正義的信仰，怎會讓不公不義形諸文字，化為聖典的一部分。

「關於『監護人』的段落，有些翻譯認為男人比女人優越——你會怎麼翻譯？」我脫口而出。「『*qiwamah*』這個字，我看有人翻成『監護權』，它到底是什麼意思？」

阿卡蘭停頓了一下。「我們先說說這章的主旨，」他和緩地說，「若從這章的開頭讀起，妳會發現，它其實是在捍衛女人。」

根據阿卡蘭的解釋，〈婦女章〉的立意是保護女人，而非懲罰女人。它闡明社會弱勢成員應受的對待，像是孤兒、戰爭寡婦和大部分女人。在每一道命令之間，經文提醒信徒敬畏並服從真主。阿卡蘭解釋，這些警告被植入關注弱勢權力的章節，形成一種修辭形式的保護。「聰明的人，或當權者，總是能夠隨心所欲地詮釋法律，」他說，「因此真主提醒世人，『敬畏我。』也就是說，在家裡，倘若你待妻子不公，她或許無法告上法院……但法院不只一個。」他手指上方。「真主是全知的。」

這章經文以平等主義的精神破題。「妳看，」阿卡蘭說，用手圈住面前的空氣，手指呈勻稱的橢圓形，「開頭的時候，經文說男人和女人是從『一個人』造出來的。」他朗讀道，「眾人啊！你們當敬畏你們的主，祂從一個人創造你們，祂把那個人的配偶造成與他同類的，並且從他們倆創造許多男人和女人。」

因此，《古蘭經》的創世假設，是以人生而絕對平等為起點。截至目前為止，它似乎比《聖經》廣為人知的創世故事更為開明。夏娃不過是亞當的伴侶，是用亞當的肋骨造出來的——除此之外，上帝直到賦予「野地各樣走獸、和空中各樣飛鳥」生命後，才造了夏娃。

阿卡蘭緊接著說，「同一個人」的創世說，說明伊斯蘭鑑於榮耀與尊敬真主使男人和女人平起平坐。「他們本是同一個人，而且他們擁有同樣的創造主，因此他們必須遵守相同的法律。」

在西元七世紀的阿拉伯半島，女人擁有（任何）權利，而且是與男人不相上下的真主創造物，堪稱一革命性概念。在前伊斯蘭時代的阿拉伯半島，女孩被視為拖油瓶。她們是嗷嗷待哺的一張嘴，出嫁時身體需要穿戴昂貴嫁妝，因此有些女嬰一出生就被殺掉，埋葬在廣漠沙丘——《古蘭經》明確譴責的一項習俗。

那些活過童年的女性，幾乎從不被允許繼承或擁有財產。實際上，女人根本就是男人的商品和私人財產：若丈夫過世，妻子，連同其他財產，都將傳給丈夫的男性繼承者。伊斯蘭到來後，女人獲得了繼承權：《古蘭經》指出女人有權繼承男性親戚繼承的一半。這個方案也許沒達到平等的當代西方標準，但在西元七世紀阿拉伯社會，它是公道的模範。根據傳統伊斯蘭設定，負責一家生計的是男人，而非女人。女人繼承的遺產歸自己所有，可依其意願任意處置；男人的責任則是用繼承遺產養家活口。

撇開最現代的標準不談，二比一的繼承是極其進步的規則：直到一八七〇年，英國普通法系仍依據「從夫」（coverture）原則運作。這個意思是，從法律角度來看，已婚婦女其實並不存在。由於法律視丈夫和妻子為一體，女人不能繼承財產或保留她們的積蓄。「她們的實際存在和法律地位，在婚姻中被暫時吊銷。」[5]十八世紀的法學家查爾斯．布雷克史東（Charles Blackstone）寫道。在美國，女人直到一九〇〇年才獲得控制自己財產的權利。

不出所料，西元七世紀的男人聽到女人有權繼承財產，可高興不起來。雷薩．阿斯蘭指出，早期伊斯蘭歷史，記載了男人滿腹苦水地向先知抱怨。「女人和小孩既不用工作也不用養活自己，怎麼可以擁有遺產繼承權？」他們問道，「難道他們如今可以像辛苦工作賺錢的男人一樣繼承了嗎？」[6]阿斯蘭認為，〈婦女章〉有句經文斬釘截鐵地答覆了他們的提問：「誰違抗真主和使者，並跨過這則（繼承）律法的界線，真主將使誰入火獄，而永居其中，他將受凌辱的刑罰。」[7]

這幾句經文對謝赫的家產，造成可觀影響。他直到十九歲在納德瓦唸書才真的正確地瞭解遺產繼承的詩節。當他把阿拉伯文寫成的詩節，反覆讀了又讀之後，他很震驚。他的祖父和曾祖父在皆不知情的狀況下，導致女兒們失去她們應得的財產。一如許多印度穆斯林，阿卡蘭的家庭遵從村莊習俗，按照這個習俗女人通常不會繼承土地。阿卡蘭的父親和伯叔平分土地；他的兩個姑姑什麼都沒拿到。在那之後，阿卡蘭回到棧達罕時找父親理論：他和他的兄弟們必須讓出三分之一的土地，讓兩個姐妹平分。阿卡蘭說服了父親，但當這兩個男人向阿卡蘭的姑姑們解釋，《古蘭經》准許她們繼承部分父親生前擁有的土地時，她們起初嚇得不敢接受。「她們習慣每年到我們家住上一兩個月，」阿卡蘭解釋，「她們擔心，如果接受屬於她們的遺產，就不能再來我家住了。她們擔心日子會變得不一樣。」

聰明的年輕姪兒令姑姑們發愁。這姪兒剛從拉克瑙返鄉，就堅持重新安排家族事務。兄弟們對她倆照顧有加，何苦小題大作？但阿卡蘭和他的父親堅持，兩個女人最終接受《古蘭經》應允她們的財產。當時，她們是整個棧達罕唯二繼承土地的穆斯林女人。阿卡蘭說，現在村子的男人會專程前來，請教《古蘭經》對留財產給繼承人的內容。

阿卡蘭說，棧達罕發生改變的不只是土地繼承權。千百年來，村裡的穆斯林採用印度教的聯合家庭習俗，也就是新郎帶著妻子與他的雙親同住。但在伊斯蘭教，每個穆斯林丈夫必須提供妻子專屬的家。自從阿卡蘭向村民們宣傳這點之後，維持聯合家庭的棧達罕穆斯林愈來愈少了。他告訴我的時候，露出一種無名英雄的笑容。「雖然我還年輕，他們卻肯聽我的。」他說，「雖然我還年輕——還在納德瓦唸書——他們卻聽從我的意見。」

阿卡蘭的姑姑們在我的念頭縈繞了一下，我想著她們對接受真主（及其家人）認為屬於她們的正當財產，有所遲疑。儘管令人窒息，習俗只要行之有年，就習慣成自然了。

「改變很困難，是吧？」我說，「哪怕改變造福的是自己。」

「不公義自有一套秩序，」謝赫贊同地說，「經過一兩個世代，人們看到不公義的事，會以為那就是常態。當你試圖伸張正義，此舉可能造成改變，並在短時間內使人感到失序。」

阿卡蘭根據《古蘭經》的方針持家，把薪水用來養家，他的妻子則把賺的錢留給自己。法哈娜縫紉生意的收入是她自己的。「有時候她把錢寄給她的家人，」他說，「但我從不干涉。我甚至不曾過問。那是她的錢。」

她的「聘禮」（*mehr*）也是她的。準新郎會在婚前把這穆斯林式聘禮送給女人。阿卡蘭解釋，這是對女人地位的一種投資：「如果男人必須給聘禮，代表結婚是經過深思熟慮的！」他高聲說，「意味著那段婚姻不只是為了享樂！」

「事實上，在伊斯蘭的脈絡中，人們想問的是『女人為什麼能獲得財產？』」阿卡蘭說，「她們根本不需要花錢！」他稍事停頓，在自問自答之前任憑這句挑釁陳述在空氣中徘徊，發揮最大效果。女人擁有遺產繼承權是出於原則、而非務實考量。女人需要屬於自己的財產。「因為財富使人嚴肅對待他人，」他解釋，「女人需要分得部分財產，好讓她們得到一定的尊重。」

女人因能繼承遺產，並獲得遺產所帶來的尊重，得到各式各樣的其他機會。我和阿卡蘭坐在牛津討論的不到一百年前，吳爾芙已在劍橋的一場演講草擬出其中的部分機會。演講時，她指出由國王和實業家贊助的牛津劍橋諸多男子學院的富麗堂皇。對比她在「蕨罕」女子學院（Fernham）——這是她為傳達論點所編造的——享用的分量少得可憐的牛肉和乾梅晚餐，盛裝在毫無裝飾的素瓷盤，配著白開水吞下肚。無奈蕨罕學院精力充沛的維多利亞淑女創辦人沒有財產權，當初得千辛萬苦地籌募資金蓋學校：「現在，想像如果她從商，變成人造絲綢製造商或證券交易巨頭；如果她當初留給蕨罕二、三十萬英鎊，我們今晚就能安逸地坐著高談闊論，聊些考古學、植物學、人類學、物理學、原子本質的話題……」[8]

但情況卻不然。相反的，吳爾芙和接待她的女主人正在討論為什麼她們無法享有「山鶉和葡萄酒、吏員和草皮、書本和雪茄、圖書館和休閒時光」，以及為什麼「（我們的母親）竭盡全力，只能在空地上築光禿禿的牆」[9]。有能力資助蕨罕的女人將生命奉獻在養兒育女，不曾出外攢錢。（當然還因為一八七〇年法案通過之前，女人根本沒有繼承權。）在吳爾芙的年代，照顧家庭是女人工作的全部。創建一個教育機構，和輝煌的男性牛津劍橋學院相抗衡，「需要徹底壓抑家庭」[10]。

阿卡蘭同意，照顧家庭是費時費力的工作。但俐落的分工把工作變得容易許多——這就是他對爭議段落第四章三十四節的解讀。儘管許多學者將其內容詮釋為廣義的背書，主張男人因與生俱來的優越性在能力上勝過女人，阿卡蘭相信這個段落有更特定的適用範圍。一般定義為「監護權」的「*qiwamah*」一字，對他而言，純粹是指男人有供養家庭之經濟責任。「伊斯蘭並非不願給女人權力，」他說，「若女人想成為法律專家，若她想成為學者，或踏進職場，這些職位她都可以追求。只不過在家裡，男人是監護人。在真主的法律下，男人和女人擁有相同的權利和義務。唯有在家庭裡，男女各有各的權利和義務。這不是什麼了不得的事。」

「也許對他而言沒什麼，」我腦袋冒出這念頭，「因為他既是男人，又是信徒。」對阿卡蘭來說，平等並非取決於誰負責洗碗，而是取決於真主賜予男女相等的恩寵：「在《古蘭經》中，男人是監護人。世人以為，男人比女人強。這不是事實。儘管男人是監護人，不代表他們在最後的審判中顯得比較虔誠。不是這樣的！有可能是妻子上天堂，而他入火獄！」

身為世俗主義者，對死後世界未有定論，我能掌握的末日審判就是當下。阿卡蘭能滿足於公平的真主，在人死後為人主持公道。像我這樣受現世奴役的俗人，受不了屬於我的公平正義被推延。我想現在就得到，在這個世界得到，在我自己的廚房和臥室看見正義：我要將我的打掃工作和學校接送責任劈成一半，好讓我有時間出門，看看世界，工作賺錢，好讓我有選擇，能聽從吳爾芙的意見，把錢留給某間女子學院。

我肯定露出不信服的樣子。「男性監護權的概念，」他趕緊補充，「只是關於組織的事情。單純為了家務的安排。」

「但對某些人來說，怎麼組織一個家，就是追求公平的第一步，而不是某種次要的事。」我反駁道，想起母親不准提供餅乾的意識覺醒聚會。「在好多人眼中，若某性別擁有對另一性別的監護權，就沒有正義可言，即便它不過是關於誰負責洗衣服的問題。」

「但男性擔任監護人的法律，並非男性制定的。他只是實踐法律。若法律是男人訂定的，那麼確實不公平。其實兩性之間只有一個差別，那就是女人會懷孕，所以她們無法像男人一樣不受限制。其他一切都是相同的。」伊斯蘭讓母親不用承擔男人無從逃避的特定責任。「由於真主對家庭制度的安排，男人得負起各式各樣的集體義務——他們必須負起維繫社會的責任，但女人有權選擇她們是否想要分擔。對男人而言，那是責任，他們沒得選擇。」

「像什麼？」

「當領袖在清真寺召開集會，男人必須出席，」他說，「女人可以選擇是否出席。聖戰（*jihad*）——男人必須參戰；但女人有權參加，或不參加。週五禮拜也是！男人一定要參加，女人可以選擇性參加。」

阿卡蘭解釋，女人的生理構造使她們得以從社會責任中稍事喘息。「她們有一天會懷孕。她們有一天會變成母親。若女人獲得與男人相同的權力和責任，她們一定會過得更辛苦，無庸置疑。」

他咬牙咧齒搖頭說道：「我真的不知道真主為什麼不換個方式分配！譬如，讓女人做母親十年，然後也讓男人做母親十年！」突然間，他的發言聽起來好像佛蒙特州的女性主義團體領袖。「妳也知道，人們總以為男人擁有的一定比較好！但在我看來，應該是倒過來才對。男人應該說：『我不想要家的監護權——給我當母親！』」

「你讓我想起一些女性主義者，」我笑道，「她們主張社會應該重視為人母的價值，還有其價值不應受貶損，圖利由薪酬勞動和職業地位構成的男性模型——因為這模型只在乎金錢。謝赫，你確定你不是女性主義者？」

談話至此，我們皆放聲大笑，而且可能有點太大聲了。隔壁桌戴眼鏡的男子從他的茶壺上方，對我發射嚴厲目光。

但阿卡蘭話匣子開了：「真主說：『天堂就在母親的腳下。』他不曾這樣形容父親！母親得到很大的尊重！」

他接著說，況且，當男性監護人有時令人感到厭煩。

「人喜歡權力，但其實權力限制了人們的樂趣，」他誠懇地說，「行政管理形同做牛做馬。《古蘭經》不想讓女人受行政管理之奴役。女人累了可以睡覺。但我是個父親，就算我累了，我知道我還有責任要盡。我太太她可以休息。但我若頭痛，還是得教書。」

謝赫閉眼幾秒，我知道這代表他接下來要說玩笑話：「若有人告訴我：『我會照顧你，我是你的監護人。』我一定會高興得不得了！」他俏皮地說，「我一定會舉雙手贊成，真的！」

何以監護權屬於男人？

儘管他拿此開玩笑，穆斯林女人扮演的角色，不可思議地宛若吳爾芙筆下的家中天使，那個毫無影響力的鬼魅生物，在女人學會讀書識字之前，像冰冷石頭般了無生氣。無論是不是穆斯林，並非每個在家顧小孩的女人，最終都會落得毫無影響力。但職責的免除可能僵化成權力的剝奪。瑞秋・阿德勒（Rachel Adler）在著名論文〈缺席的猶太人〉（The Jew Who Wasn't There）中描述，正統猶太教對女人、兒童和奴隸的免責，使這三個族群成為「邊緣猶太人」（peripheral

Jews）[11]。允許他們略過不參與某些儀式，譬如在猶太新年（Rosh Hashanah）不用聆聽公羊號角，而且不用每天禱告三次，意味著他們「『被排除』在絕大多數建設性象徵外，對男性猶太人而言，這些象徵使時間變得神聖，使他的存在變得神聖，並且教導他認識起源神話和猶太哲學。」伊斯蘭教允許女人在家禮拜的特許，事實上，讓她們錯過了清真寺集體禮拜的種種滿足和支持。在很多穆斯林文化中，這個特權徹底變形，從一個允許女人留在家中的教規，變成一個限制女人不可離家的習俗。和多數穆斯林相比，經常試圖說服保守派讓女人上清真寺或念大學的阿卡蘭，對此體悟更深。

「有時候，年輕的女孩會來找我，告訴我她的父母不讓她上清真寺，」謝赫說，「然後我會問她：『他們會讓妳去商店嗎？』她說：『會。』我就跟她說：『他們准許妳逛街，但不准妳上清真寺？』」禁止女人參加集體禮拜，可是卻讓她們採買食品雜貨，不僅是前後矛盾而已，而是不正當的，並且違背了伊斯蘭精神。

我知道阿卡蘭對過分限制女性的危險非常敏感，因為我曾聽他為此發出警告。討論〈婦女章〉後兩個禮拜，他有一場關於〈精靈章〉（*Surat al-Jinn*）的演講，這章經文在《古蘭經》後段，討論的是看不見的靈魂，或稱精靈（*jinn*）。他說，太多太多人把精靈附體當成嚴重問題。多年來，包括印度和英國的穆斯林都曾為精靈的事找他諮詢，而且被認為遭精靈附體的往往是女人，不是男人。這些女人單純是受到過分嚴厲的男女分隔制度限制，導致情緒苦悶。在發給聽眾的講義裡，謝赫警告，這些女人的「精靈」其實是精神痛苦：

> 她們覺得受現實生活所困，無法逃離監禁、無盡孤獨，以及情感乃至身體虐待的種種處境。她們的生活處境如此極端，以致她們對快樂或幸福不抱希望。她們對改變客觀環境感到徹底地無助，因此厭棄她們所擁有的人生。日積月累，在極端案例中，她們開始無法入眠，無法進食，無法移動，無法像個正常人一樣做事或思考……這個時候，和她們一起生活的人，有時出於善意，便會說出，「她不對勁，她被附身了。」12

我們討論〈婦女章〉的那天，我就第四章三十四節經文陳述的整個「監護權」制度如何運作，對謝赫窮追不捨。「好，假設我們把監護權，局限在男人要賺錢養家。怎麼避免這個制度不會被濫用？」

「那些掌權者，他們錯用監護權。這是千真萬確的。但女人受苦是因為男人沒有實踐《古蘭經》式的正義之道。」

「謝赫，」我心平氣和地說，「我完全理解，這些安排關乎西元七世紀阿拉伯半島的正義。女人當時需要保護。但如今，二十一世紀的社會經濟條件不同了。受教育的女人愈來愈多。不僅踏入職場的女人愈來愈多，而且她們也肩負起經濟責任。既然一般社會的事實正在改變，繼承法是否能跟著改變，確保它們的公正性？」

「那沒問題，」謝赫點點頭，「但伊斯蘭得先改變男人和女人的責任。」

「在一般社會中，它們已經變了，謝赫！所以可以嗎？」

「一旦改變，意味著家裡再也沒有監護人。」謝赫解釋。

「不能有兩個監護人嗎？責任和權力各擔一半？」

阿卡蘭露出笑容。「家有兩個監護人，就好像國家有兩個統治者：鬥爭很快就會上演。應該讓男人監督管理——否則，他們連誰該做決定都不知道。」

我的臉肯定垮下來了，所以他趕緊補充：「但他應該和妻子商量，並且尊重每個人。」

「有些家庭，真正發號施令的是女人，即便在家裡也是！」他眼睛發亮地繼續說，「《古蘭經》不介意。事實上，真正的穆斯林家庭，總是由女人當家作主。我的母親決定怎麼經營一個家。我的父親負責賺錢和採買……現在，我家也是這樣。我不能決定我們吃些什麼：我只負責賺錢。」

謝赫這番話並非虛情假意。他也不是覺得自己高人一等，為了安撫刻意對著太太點頭如搗蒜，奸笑地說：「她最大！」阿卡蘭真心認為，家庭和外面世界這兩個領域，是各自獨立但平等的。由於家庭生活是他理解伊斯蘭的關鍵，他真心相信妻子的主要職責的重要性：教育子女。對阿卡蘭而言，外面世界的事務，像是工作、賺錢、與他人競爭，其實反倒不重要。

阿卡蘭的信念，使他對妻子的工作油然生敬。我自己的觀點非常世俗，視經濟為一切的依歸。我和受良好教育的友人會垂頭喪氣地哀嘆，家庭生活意味著壓縮我們的掙錢能力。我們都認為，控制家庭開銷的人就是掌權的人。無論想要女性主義家庭或虔誠的穆斯林家庭，理論和現實經常存在差距。我曾看著母親批改婦女研究論文，然後抬起頭溫順地徵詢父親，是否同意她買一份週日的《紐約時報》。

「如何避免監護人對待妻小不公？」我問。

阿卡蘭要我寬心，說先知其實提供嫁給鐵公雞丈夫的妻子一個漏洞。古萊須族的領袖阿布─蘇斐揚（Abu Sufyan）非常吝嗇。他的妻子問穆罕默德，能不能夠瞞著先生拿他的錢支付基本家庭開銷。「先知說：『可以，當丈夫沒有提供適當的生活費，女人可以拿取合理的費用。』」

「但假設我們同意，每個家只有一個人有資格做最後的決定，」我說，「為什麼那個人是男人？有些女人賺得比先生多，那怎麼辦？或比先生更聰明、教育程度更高？」

「真主讓男人或是女人當監護人，不是重點，」他說，「這樣講，假設女人成為監護人，會怎樣？妳去問問那些由女人當家作主的辦公室！結果是一樣的！重點不是誰作主：只要人們不敬畏真主，已經發生的事，還是會繼續發生！」

「但謝赫，不是有個論點主張，為維護正義，整個監護權制度應該逐步廢除嗎？」我問，「因為它讓男人有玩弄法律的空間？」

「問題的核心不在誰當領袖（*amir*），」阿卡蘭說，「只要人們不公平相待，怎麼做都是枉然。」

對阿卡蘭而言，一切終歸要回到虔誠，還有以禮相待、秉公無私。錯不在監護權制度，要怪就怪人是有缺陷的。

「既然現在的社會已和西元七世紀不一樣了，我們現在有沒有改變法律的理由呢？」

「在法律中，有些事情永遠都一樣，不能被改變。不過，隨著世人所處的背景不斷變遷，伊斯蘭法律無疑持續在變。」

謝赫同意無論在哪個社會，人們必須以務實的方式安排家庭事務。婚姻是一種夥伴關係，男人和女人皆有維持婚姻運作良好的責任。「儘管如此，有些事情是確定的——有些事實始終不會變。母親就是要扮演母親的角色——不能被改變。」

《古蘭經》允許毆妻？

終於，我們即將討論《古蘭經》至今最具爭議性的婚姻權利段落，特別是許多穆斯林聲稱允許丈夫毆打叛逆妻子的字句。

「首先，我們把字義界定清楚，」謝赫說，「這裡使用的單字——『*daraba*』——是指動手打人。沒有別的解釋。」

「沒有，『從……離開』或『建議』的意思？」我說，滿懷希望。「我知道有些穆斯林是那樣解釋的……」

沒有。阿卡蘭表示，辯護者或許提出這個單字可做各種解釋的說辭，但他們是錯的：「『*daraba*』就是『打』！」

打人是不可取的──事實上，打人是不對的，他繼續說，但若有絕對必要，丈夫在動手之前，必須先採取幾個步驟。「首先，你必須嘗試調解。然後，你可以邀請家人──雙方的家人。若還是行不通，那就不要和她們同床共枕。」

若那也行不通，你才可以動手。但有三個條件：

「當權者──無論是政府當局或一家之主──不許在氣憤之下動手。在生氣時教訓別人，是自私的舉動。第二點，這麼做必須是為對方著想，而不是滿足打人者的利益。若我對我的孩子動手，這個教訓應該改善他的情況，而不是我的。第三點，動手必須只是做個樣子。不應造成疼痛、傷害，不應該。」有些法學專家建議使用鞋帶，或牙刷樹的樹枝（*miswak*，許多穆斯林用它來清潔牙齒，就像先知一樣）。「若丈夫，或父親，或妻子──任何掌權者──將疼痛加諸於人，那就是大錯特錯，」阿卡蘭說，「若他們動手，造成傷害，法學專家認為受害者可將他們一狀告上法院。」

他說，合法的動手受到重重限制，「發生在穆斯林世界的毆打事件，沒一個符合伊斯蘭法律，」他說，「多數人因為生氣動手——有些則是出於自尊或傲慢而動手。那都不是伊斯蘭的教誨。」

況且，他指出，先知不曾對妻子們動手。他的友伴們絕大多數也不曾。「你們當中對待妻子最好的人，」先知穆罕默德說，「就是最傑出的。」一如往常，《古蘭經》的語言比穆罕默德對友伴們的解釋更嚴苛。「經文在先知傳布《古蘭經》時聽起來非常嚴苛，」阿卡蘭評述，「但當他以自己的語言闡述其要旨時，令人覺得和藹可親。」

一線希望藏在律法和先知的教誨之間：「《古蘭經》設下界限，但先知沒有走向界限。他沒有對妻子們動手。」事實上，先知嚴厲訓斥那些動粗的人——「所有毆打妻子的丈夫，不是你們當中的好人」——他並且警告男人「不要動手打真主的女性追隨者」。

「那你呢，謝赫，在這方面，你遵照《古蘭經》，還是向先知的傳統看齊？」

我想我知道答案，但我需要聽他親口說。

「就一般行為舉止方面，我向先知看齊。當我從《古蘭經》讀到一些東西，我會趕緊翻閱聖訓，還有先知的傳記（*sira*）。記得嗎，阿伊夏稱先知為『走動的《古蘭經》』。所以，能參考他的作為總是最好的。」

謝赫不曾對他的孩子或妻子動手。

挑戰古典法學的浪潮

自從先知聽見第一則啟示（「你應當宣讀！」）的那一刻，伊斯蘭就成了一個以文字為基礎的信仰，它的信徒則是在《古蘭經》和自然之中閱讀真主跡象之人。好的穆斯林必須閱讀原始文獻，閱讀真主的跡象。但《古蘭經》博大精深，光有識字能力不足以讀懂它：在他意識到父親應該將土地分給姑姑們之前，阿卡蘭閱讀〈婦女章〉，肯定已不下數十次。

儘管社會背景殊異，一如雅加達之於維吉尼亞，世界各地的穆斯林進步分子都為第四章三十四節提出全新解讀。他們亟欲從這段經文以及整本《古蘭經》當中，尋求能指引虔誠穆斯林穿越二十一世紀客觀環境的可能解讀。一九九二年，美國穆斯林學者阿米娜・瓦杜德出版第一本由女性撰寫的《古蘭經》性別角色相關經文評論集。直到瓦杜德寫下後來成為她的出版著作《古蘭經和女人》（*Quran and Woman*）的博士論文之前，現代穆斯林女性在闡釋《古蘭經》的辯論中沒有發言權。經由瓦杜德和其他人的努力，情況有所改變。女性回歸基礎文本，鑿除當中經由數百年時間淬化而成真理的人為偏見。這是費時的大工程，追根究柢尋找聖典的普世訊息，保障男女享有正義和人道對待的訊息。剝除累積一千四百年的層層厭女情結需要勇氣。這些伊斯蘭進步分子所使用的工具，很多都取自《古蘭經》本身。男女在第四章三十四節經文裡表面上的不平等，可拿另一段經文加以反擊，例如瓦杜德對經文描述婚姻是由男女相互尊重搭起的庇護所的翻譯：

「祂的一種跡象是：祂從你們的同類中為你們創造配偶（mates），以便你們依戀她們，並且使你們互相愛悅，互相憐恤。」[13]

《古蘭經》會說男人和女人是「配偶」，但當代伊斯蘭法律鮮少反映這點。在許多以穆斯林人口為主的國家，主管結婚和離婚、繼承和監護權的現代法律，通常是以伊斯蘭古典法學家的思維為依據。這些古典法學家生活在先知死後一百至四百年之間，是在中古時代巴格達或大馬士革活動的男人。誠如一切人類對神聖律法的闡釋，這些中古時代裁決帶有他們的時代印記。一名法學家甚至寫下婚姻「是以支配陰道……為目標……的一份契約」[14]。一千年後古典法學家搭起的架構，仍支撐著許多穆斯林國家主管婚姻權利的法律。從巴基斯坦到埃及，有關婚姻的法律條文和謝赫主張的夥伴關係相距十萬八千里，也迥異於《古蘭經》將婚姻視為對配偶雙方之慰藉的溫柔意象：「她們是你們的衣服，你們是她們的衣服。」[15]

全球穆斯林男女，正在挑戰伊斯蘭文化過去不知不覺產生的厭女情結。巴基斯坦女學生以追求教育違抗塔利班政權頒布的命令。非洲行動主義者要求地方毛拉指出，《古蘭經》究竟在哪個段落提倡女性生殖器切割的習俗。印尼的女性主義學者正傳授男性毛拉一些性別敏感的課程，馬來西亞的運動宣傳者旅行到偏鄉清真寺和學校，發送印著諸如〈穆斯林男人可以毆打妻子嗎？〉和〈男人和女人在真主面前是否平等？〉等議題聳動的亮紅色封面手冊。

愈來愈多人明白兩性在真主面前是平等的。和阿卡蘭上課前幾年，我曾參加「平等組織」籌劃的研討會，辦在吉隆坡某家飯店光彩奪目的宴會廳。平等組織是全球性的婦女組織，致力於改革伊斯蘭的家庭法律。世界各地的行動主義者齊聚一堂，宣揚運動的宗旨：將他們在《古蘭經》裡找到的正義和平等重新放進穆斯林法律和文化之中。環顧宴會廳，我看見瓦杜德和印尼行動主義者說話，還有蘇丹律師和泰國人類學家相談甚歡。菲律賓發展工作者和伊朗女性主義者交換名片。一位馬來西亞的女性主義運動沙場老將和一位埃及的幕後決策者閒聊。我把目光轉到他們的頭上：到處都是頭巾，但也有人留雷鬼辮和波浪捲髮、戴非洲頭帽（geles）、剃小平頭。當晚散會之前，原本熱絡的談話聲在擴音器宣稱女人是完整且和男人相當的人類成員之際，逐漸安靜下來。這段話是《古蘭經》第三十三章第三十五小節。在穆罕默德令人欽佩的妻子烏姆—撒拉瑪（Umm Salamah）問他，為什麼真主好像只對男人而不對女人說話之後，穆罕默德很快便得到了這則啟示：

> 順服的男女、
> 信道的男女、
> 服從的男女、
> 誠實的男女、
> 堅忍的男女、

恭敬的男女、
好施的男女、
齋戒的男女、
保守貞潔的男女、
常念真主的男女，
真主已為他們預備了赦宥和重大的報酬。（三十三章：三十五節）

謝赫前進的動力就來自對這份赦宥、這份報酬的希望。在平等組織對公平正義的呼籲旁，他的學術評論音量或許會被遮蓋。然而，他拾起穆斯林學校傳統所提供的工具，努力地挖掘隱藏在習俗之下的伊斯蘭正義原則。我不會稱他為女性主義者，但他在所處的保守社會環境之內，發動了一場具影響力的女權爭取運動。他也不會自稱女性主義者。他不過是個讀了《古蘭經》的穆斯林。

第三部

世界

第十一章

朝聖者的行進

倫敦希斯洛機場第五航廈的多信仰禮拜室，夾在卡布奇諾吧和英國航空的報到櫃檯之間。過去，當這類機場硬體設施還稱作「小禮拜堂」（chapel），而且附有十字架標誌的時候，我父親經常在登機前尋找小禮拜堂，但不是為了禮拜，而是去打盹小憩。很多時候，整個空間由他一人獨享：在伊朗革命與伊斯蘭復興發生之前的一九七〇年代，人們似乎不太需要這個空間。

現在，這空間可重要了。我因為擔心錯過與謝赫之約，跑過半座機場，滿頭大汗、氣喘吁吁地抵達，沒料到第五航廈的禮拜室滿滿都是人。鞋架不敷使用，房裡成排的穆斯林男人正一起禮拜。

我到希斯洛機場和謝赫及準備展開「小朝聖」（*umra*）的一群信徒碰面。在阿拉伯文中，「*umra*」是「拜訪」的意思，屬於兩種麥加朝聖之旅當中，地位較低的那個。不同於在伊斯蘭曆第十二個月特定五天從事的「朝聖」（*hajj*）*，小朝聖可在一年當中的任何時間進行。朝聖是伊斯蘭五功之一，倘若生理和經濟條件許可，所有穆斯林一生至少需完成一次。朝聖需要身心靈的耐力：朝聖者需繞行卡巴聖殿七圈，在兩座神聖山丘之間奔走，並在阿拉法特山（Mount Arafat）上禮拜。「射石驅鬼」（Stoning the Devil）是象徵性的驅邪儀式，朝聖者得在據稱是撒旦誘惑易卜拉欣之地，對三根柱子投擲卵石。撒旦當初慫恿易卜拉欣忽視真主要求他犧牲自己兒子的命令。

朝聖者以純潔的狀態執行這些儀式，避免性交、齟齬或任何衝突，因為無論大小朝，其目的都是為了淨化靈魂，並使朝聖者更接近真主。

謝赫已完成兩次大朝和多次小朝，不過今天是他第一次踏上教學小朝之旅。他率領三十七名英國穆斯林前往麥加和麥地那，抵達後，他將和其他沙烏地阿拉伯學者一起主持佈道。對很多伊斯蘭學者而言，朝聖之旅就像非正式的專業研討會，麥加和麥地那則提供他們私下談公事和執行儀式的場地。謝赫二〇〇三年去朝聖時，有位他一直想認識的重要聖訓學者也來朝聖。謝赫說，一得知對方也在麥加的消息，他「高興地跳了起來」。

此行的朝聖者以年輕男性居多：沙烏地阿拉伯禁止沒有男性監護人（如兄弟、叔伯或丈夫等男性近親，扮演監護人的角色）陪同的女人進行小朝。剛拿到人力資源碩士學位的夏芭娜（Shabana），自從六年前開始虔信伊斯蘭教就想進行小朝。但直到去年結婚之前，始終找不到願意陪同前往的男性親人。

「我的家人其實沒什麼在實踐伊斯蘭，也不常做禮拜什麼的，」她說，「所以對我來說，過去這六年，結婚，找人帶我去小朝……」

「女人需要監護人陪同才能去，」夏芭娜的先生幫她接話，「兄弟叔伯……」

「我覺得女人沒有男人陪同不能去好諷刺，」我說，「謝赫從伊斯蘭早期歷史找到那麼多女學

---

* 編注：指伊斯蘭曆朝聖月（Dul Al-Hijjah）第八到十二天的朝聖，又稱「大朝」。

者獨自旅行，騎著馬匹和駱駝。若是為了追求宗教知識，絕對沒有人可以拒絕女人朝聖？」

「女人不能獨自旅行是有原因的，」夏芭娜的先生表示，「我不知道確切原因，不過是有原因的。朝聖要走不少路。對女人可能太吃力。」

我咧開嘴露出假笑。我想起〈成功小朝步驟指南〉，那是謝赫的女兒蘇麥雅和朋友為這群朝聖者所寫的《小朝課程手冊》（*Umrah Course Handbook*）裡的一章，從頭到尾反覆強調耐心：「如果有人惹惱你——戰勝你的情緒。」[1]

身為非穆斯林，我不能進到麥加，但我希望能跟著團體至少到麥地那。謝赫和其他學者也將在麥地那進行佈道。有一個月的時間，我以為自己很有希望獲准入境——沙烏地阿拉伯大使館的簽證官起初一副樂觀其成的樣子。直到後來發現，我們團的飯店位在麥地那只開放穆斯林進出的神聖特區。更何況，要我先生安東尼（Antony）陪同擔任男性監護人，在金錢、家庭調度和意識形態上絕對會是個煎熬。

即便如此，當謝赫的學生雅祖拖著一只粉紅行李箱抵達，我目不轉睛地盯著她護照上的小朝簽證，心中好生羨慕。「我上次去，官員不小心把另一個女人的照片，釘到我的簽證上。」她大笑說。但她還是成功入境沙國，我聽了感到不可置信。小朝簽證裡凝視遠方的陰沉面孔，一點也不像活潑耀眼的雅祖。這次，為了順利得到護照上的神奇戳章，她和她姐姐（妹妹）一起幫叔叔（伯伯）出部分機票錢，好讓他同意擔任她們的男性監護人。雅祖很幸運；她的朋友梅如也想去，但她的男性親戚全都太忙。「我超氣的，」梅如後來說，「我甚至懶得問他們理由；我只要聽到『沒辦法』就夠了。」她本來還考慮以參加專業研討會或諮商活動為由，設法入境沙國，然後偷偷溜進謝赫的朝聖團。還有朋友建議她佯裝朝聖團當中有人是她的「叔叔（伯伯）」——這是女人愚弄沙國男性監護人規定頗為常見的詭計。梅如無法說服自己靠謊言踏上朝聖之旅，因為這違背了朝聖高尚的道德宗旨，於是她退團，留在家裡專心準備碩士課業。

朝聖者輕裝簡便，至少去程是如此。很多人會計畫從麥加著名的滲滲泉（Zamzam spring）帶水回家；十公升的水桶就占掉一半的行李限重。滲滲泉水普遍被認為是受祝福的，因此朝聖者常帶很多瓶水回國當禮物送朋友、當解藥送給生病的人，或留待特殊禮拜時用來沐浴。蘇麥雅深信泉水的營養價值，以及它清除青春痘的能力。上一次小朝，她從麥加帶了一瓶滲滲泉水回家，每天朝臉潑灑，然後發現膚色變得更亮麗了。

當我站在朝聖團裡，迎面走來一名穿戴面紗的女子，原來是蘇麥雅。我從面紗的縫隙看見她眼睛下方的黑眼圈；她是這趟旅行的主辦人，已經兩天沒睡覺了。安排簽證和住宿就花了好幾個月，小朝指南肯定也是熬夜數日的成果。誠如喬叟（Chaucer）所熟知，一趟朝聖之旅是後勤和性靈的神祕組合。蘇麥雅的指南反映了這點，結合務實小提示和中世紀神學家高尚的名言錦句。書裡的建議包山包海，上至對麥加廁所衛生心懷感激，下至控制自己步調的重要性：「如果在前幾天揮霍精力，會威脅到之後停留在福地的日子；身心疲倦會降低你對神的敬仰（ibada）。」

蘇麥雅甚至納入情感指導方針，譬如初次看見卡巴聖殿可能的反應：「在那美妙珍貴的時刻，讓你的淚水模糊這撫慰心靈的莊嚴之地。」

我好奇信徒初次瞥見麥加的感覺，於是問謝赫嚴肅又漂亮的十八歲女兒瑪爾嫣，第一次看到卡巴聖殿有什麼想法。「我以為它會更大一點。」她說。

就像世俗主義者看到泰姬瑪哈陵或白宮吧，我想。它肯定不如想像中宏偉。任何人們自孩提時代夢想見到的建築物，都不可能比得上它在幻想國度的規模。

謝赫的小女兒阿伊夏在一旁蹦蹦跳跳。儘管才九歲，她已是資深的小朝朝聖者。她告訴我，上一次她甚至摸到了卡巴聖殿！不過清真寺裡的群眾推擠也有點可怕。某次朝聖時，她和姐姐被擠散了。她說，走散那一刻，「我開始大哭。」

我邊聽邊看著團裡一名婦女晃動襁褓中的嬰孩。

「阿拉（*Allah*）*。」她唸道，嘴巴慢慢地開合。

「咿啊。」嬰孩哭嚎。

「阿—拉。」

「咿—啊。」

「阿—拉———。」

「咿—啊。」

這位母親名叫娜迪雅（Nadia），數個禮拜前開始，每天都和蘇麥雅通電，商量帶小嬰兒進行小朝的額外挑戰。「我真心以為蘇麥雅會被逼到崩潰邊緣，或說出『放過我吧』之類的話，」娜迪雅說，「但她總是撥出時間和我討論，而且始終充滿耐心，態度親切——即便我從電話這端聽見她的寶寶在哭。」

她承認，其實她對頂著阿拉伯半島七月的酷熱天氣，帶孩子加入擁擠朝聖隊伍，一直感到焦慮不安。但她跟自己說，世上有哪個地方比麥加更受真主的保護？「參加朝聖旅行不就是為了更靠近創造主，」娜迪雅說，「我在心中想：『我要把我的寶寶交給我的創造主。祂造了她；祂會看顧她。』」

蘇麥雅也擔心阿席姆受不了沙烏地阿拉伯的酷熱。他上禮拜才生病，嚴重脫水，還得到醫院打點滴——「在牛津就那樣了，」蘇麥雅說，「不知道他到沙烏地阿拉伯會怎樣？」她的行李箱塞滿防曬乳、嬰兒用阿斯匹靈，還有補水飲料沖泡粉，但蘇麥雅保護兒子的主要防護措施是相信真主。

小朝將帶領兩位母親前往《古蘭經》中偉大女主角之一哈嘉爾（Hajar）將孩子託付給真主

＊編注：「阿拉」為阿拉伯語中「真主」一字之音譯，和基督教的「上帝」、「神」同義，為讓「Allah」一字意義更為明確，本書多意譯為「真主」。

的同一個地方。當莎拉（Sarah）無法懷上易卜拉欣的孩子，她將女奴哈嘉爾獻給易卜拉欣，希望他們的結合能夠受孕。哈嘉爾生下男嬰伊斯瑪儀勒（Ismail），但當真主要求易卜拉欣將這對母子拋棄在靠近麥加的一座山谷時，易卜拉欣不敢違背，將一袋水和一包椰棗[2]留給在樹下的他們，隨後離去。兩天過去，哈嘉爾眼見糧食愈來愈少，嬰兒情緒不佳，於是在薩法（Safa）和麥爾瓦（Marwah）兩個小丘間奔走，乞求真主的幫助。她總共在兩丘之間來回了七趟，尋求一線希望。

很快的，希望化作泉水，奇蹟似地從沙底湧出。哈嘉爾和伊斯瑪儀勒大口飲用，成為麥加著名水井滲滲泉最早的受惠者。「將孩子留在酷暑之中，」蘇麥雅談論哈嘉爾的信念，「赤腳在布滿岩石的沙漠行走。一個人對真主愈有信心，得到的幫助就愈多。」

謝赫坐在英國航空報到櫃臺旁的長椅，對眾人發表簡短的行前致辭。團體有半數成員首次參加小朝，因此他的開場白著重叮嚀告誡。他警告，朝聖需要耐心。水果和優格等輕食，比難消化的高熱量飲食適合炎熱氣候。沒有人想在禮拜時昏昏欲睡。控制你的沮喪。若在朝聖期間遭遇試驗，除了向真主傾訴，不要對任何人抱怨。不要說人壞話。待人要和善。

不過，謝赫很快轉換成全新口氣，引導聽眾暫時忘卻和旅行相關的各種壓力。他背誦南亞哲學家及詩人穆罕默德·伊各巴勒（Muhammad Iqbal）關於朝聖之美的幾段詩句，然後興高采烈地談論一趟旅程的益處：「旅行使生命愈來愈純淨，」阿卡蘭告訴朝聖者們，「生命因移動和遊歷而獲注新血。」

謝赫演講結束後，團員開始報到。我從遠方看著他們朝G登機門走去，背後拖著滾輪手提行李，漸漸消失在航廈光亮的照明之中。目送他們離開令我眼眶微濕，其中一個重要原因是羨慕。我不喜歡這種站在碼頭揮手送他人離去的感覺。我想要當離開的那個人，那個被注入「新血」的人。

我獨自在機場，握著墨西哥烤肉捲，等待玻璃電梯把我載送到地鐵站。對謝赫而言，希斯洛機場的第五航廈和這個星球上的任何角落都一樣。他對這世界的看法，很像許多人對機場的看法：在抵達最終目的地前必須忍受的中途站。一個你必須拿出看家本領穿越的地方，應付重重隊伍和官僚行政，朝目的地啟程。「我們確是真主所有的，我們必定只歸依祂。」

朝聖旅途的種種考驗

在這個讓信徒更靠近創造主的旅途中，小朝聖時時刻刻提醒凡人皆有一死。蘇麥雅的手冊建議，在前往麥加的「真主法庭」之前，為你所有的罪懺悔。「你會不會完成小朝，還是將在前往的途中死去？」手冊問道，「抑或在回程身亡？只有真主知道。」

蘇麥雅的分解步驟指南，讀來像是反對旅行的宣傳品，顛覆豪華假期指南的所有常規。它不僅不保證快樂，反而保證一路充滿試煉。手冊中名為〈旅途〉的段落，開頭引用聖訓指出，「旅遊是懲罰的一部分」。這十天的旅程是一次敬神的機會，不該浪費一分一秒追求其他愛好。不要花時間注視麥加塔的著名大鐘（世上最大的時鐘，沙國紀念品指南驕傲地宣稱）。避開麥加的購物中心，忽視清真寺裡的裝飾：它們的作用不過是使人無法專注於禮拜和《古蘭經》。有鑑於卡巴聖殿和先知的清真寺近在咫尺，提供人們精神獎勵，窩在飯店裡看電視「將成為恥辱和懊悔的泉源」。旅客應該對昂揚的心情抱持懷疑態度：「表面的歡欣鼓舞不等於更加虔誠，」蘇麥雅寫道，「信仰層次提升，將使你益發正直，遠離罪惡。」

手冊呼籲小朝成員待人以禮，可是小朝的嚴酷挑戰，以及即將達成畢生目標導致神經緊繃的激動狀態，意味著其他朝聖者通常不太禮貌。迎接朝聖者的眾多試煉有：

> 人們會推擠你，擠到你前面，從背後戳你，沒有人會乖乖排隊——無論在商店裡、麥加禁寺（Masjid Al-Haram）的廁所裡，或飯店接待櫃檯前……麥加禁寺的警衛可能對你咆哮，人們可能在你面前吐口水，把垃圾丟到你旁邊。即便在麥加禁寺內，即便在繞行聖殿（tawaf，指環繞卡巴聖殿七圈的儀式）時，人們仍會不斷地對你大吼。人們會用你聽不懂（或聽得懂）的語言高聲嚷嚷和吵架。你身邊的人會散發異味，而且會把廁所與麥加禁寺弄得髒兮兮的。商店主人找錢時會用丟的（這很常見），而且東西往往不值你付的價錢。

遇到這些惱人的事，該怎麼辦？「做好面對上述一切的心理準備，然後不要發脾氣，」手冊勸告，「只要說萬贊歸主（*alhamdulillah*），感謝真主邀請你到這塊聖地，然後發揮十足的耐心。」施展耐心的機會，就是獲得死後獎勵的機會。

耐心的修練

朝聖團停留沙國期間，氣溫偶爾飆到攝氏四十二度左右。謝赫十八歲的女兒瑪爾嫣認為，酷熱是小朝最大的挑戰。「我們視之為磨練耐心的方法，」她說，「酷熱使體驗更難忘，而且更刺激。」為保持清涼鎮靜，眾人不停地飲用清真寺周邊米白色水桶裡的滲滲泉水。

「我們提醒他們要很有耐心。」蘇麥雅的先生法罕（Farhan）說。他是個健壯且笑口常開的男人，當時還是醫學系學生，出發前才剛考完試。他幫忙組織這趟旅程，穿著「祝二〇一三小朝平安」的T恤到希斯洛機場，協助朝聖者搬行李和填寫表格。他害羞地說，不過，「全心全意投入」籌劃小朝之旅的人，是他太太。

旅客需要拿出全身上下所有的耐心。下飛機後，他們得耐心地在吉達機場（Jiddah airport）的入境區等待六個小時，然後再耐心地搭五小時巴士穿越沙漠前往麥地那。終於抵達麥地那，他們當中好多人卻發現自己沒房間可住，他們的訂房紀錄神奇地消失了。打越洋電話回英國，再打給警察，又過了幾個小時後，飯店方面稱某創業家，應該是沙國這邊的旅遊代理，少訂了一天房間，把那晚的房費據為己有。「飯店的人一直勸我有點耐心，」法罕說，「保持耐心幾個小時後，我說：『我是和你們做生意。我們向這些人收了飯店的錢，就必須提供房間給他們。』」耐心不適用於拙劣的生意行為——或詐欺。

當我聽謝赫的女兒們詳述這趟小朝時，不僅驚嘆阿拉伯半島的酷熱與沙塵對生理的嚴酷挑戰，也驚嘆阻絕世俗心態所需的強壯心理素質。他們告訴我，有些人甚至不到大清真寺禮拜，選擇留在飯店享受冷氣製造的涼爽。還有人將此行當作到麥加幾間又大又新的購物中心血拚的機會。手冊專為朝聖時動念購物的人收錄了一則聖訓：「真主最鍾愛的地方是各個清真寺，真主最討厭的地方是各個市集。」

在麥地那，參觀「勞達」（Rawdah）是必遊行程。勞達是介於先知墳墓和佈道壇之間的一長條綠色地毯，某種人間天堂，先知在一則聖訓中說：「在我的家和我的佈道壇之間，有一座來自天堂庭園的庭園。」

瑪爾嫣遺傳父親的冷靜，當她在女性入口處排隊時，差點被群眾推擠吞沒。沙漠炙熱難耐，警衛對群眾高喊的行進方向令人困惑。朝聖者在等待期間被分成不同國家的幾群人，但瑪爾嫣和英國相距甚遠，被擠在巴基斯坦人當中。她因為聽得懂烏爾都語，索性留下來，半個屁股卡在左右兩名陌生人的大腿上，夾在巴基斯坦團體和一群土耳其人之間。「扎扎實實的滿出來，我兩腳蹬直地坐著。」她說。大門打開時，有些女人開始對警衛吼叫：「巴基斯坦女士們全都迫不及待地想進門，」她說，「工作人員一定被煩死了。」

等到人群終於開始向前推進，瑪爾嫣沒有跟著推擠前進。保持耐心。「有個女人用很奇怪的眼神看我，像是說『妳也太看得開了吧？』但那不是先知對世人的教誨。」在墳墓上演的人群混戰，違背了《古蘭經》有關如何對先知說話的勸告：「在真主的使者面前低聲說話的人們，真主確已為敬畏而試驗他們的心，他們將蒙赦宥和重大的報酬。」[3]

許多朝聖者在先知的墳前哭泣。瑪爾嫣沒有哭，她擔心淚水可能「有以物配主（*shirk*）之嫌」。崇拜真主之外的一切——亦即以物配主——是伊斯蘭最重的罪，因此主流的遜尼派不贊同拜訪死去之人的墳墓，以示對宗教的虔誠。對謝赫這類經院主義穆斯林而言，為參訪一座逝者之墳而遠遊，即便墓主是先知，亦不可取。為墳墓和聖殿踏上朝聖之旅，是不識字的鄉下穆斯林或蘇非密契主義者才有的迷信行為。先知的墓是例外：信徒可以參觀，對它說「祝願平安」，但前提是，你剛好人在麥地那。

在沙國，瓦哈比主義對宣揚偶像崇拜的擔憂，導致許多早期伊斯蘭教的歷史遺跡遭到破壞。當邵德部族（al-Saud）在一九二〇年代進到麥加，他們搗毀安葬重要穆斯林歷史人物的多座墓園。更近期，沙國為容納人數不斷成長的朝聖者所做的建設，嚴重破壞了早期穆斯林的歷史遺跡。大清真寺的擴建將穆罕默德愛妻哈蒂嘉的家變成了一排公廁[4]；阿布—巴克爾（Abu Bakr）的故居遺址，如今矗立著希爾頓飯店，阿布—伯克爾是先知之妻阿伊夏的父親，也是伊斯蘭的第一代哈里發。儘管嚴格的瓦哈比主義者譴責觀光，但謝赫帶團員爬光明山（Jabal al-Nour），這座山是穆罕默德用來靜思的避世處。「爬到山頂要整整四十五分鐘，」法罕回憶說，「我不過二十幾歲，就爬得很辛苦了，我不敢相信先知穆罕默德四十歲時還能爬上去！」

麥加比麥地那需要更多耐心。為進到城裡，朝聖者得進入受戒狀態（*ihram*），也就是大小朝聖所需的淨化狀態。女人穿普通衣服，禁止遮蔽面容，蘇麥雅覺得這項禁令「有點怪」，因為這意味著她得脫下面紗。男人身裹兩條未經縫製的白布。

「為什麼不能縫製？」我問蘇麥雅。

「我們不該花心思追究原因，」她回應道，「這裡頭有些事，邏輯上講不通，但背後都有它們的道理，可我們絕不能提出質疑。」

她說，一個好的穆斯林不會用邏輯檢視先知傳統。我們相信真主，無須透過科學或理性索討證據。譬如，伊斯蘭禁食豬肉的命令，後來受到旋毛蟲研究的支持，還有研究發現齋戒其實對身體很健康——這些都不重要。信徒不吃豬肉和齋戒，因為那是真正的順從。真主的規範不需要科學證實。這些規範屬於真主，因此等同於真理。「科學家也許明天改變立場，說齋戒不再被視為有益健康，儘管如此，我們應繼續實行齋戒，」蘇麥雅說，「我們應該齋戒，因為齋戒一直都是先知的傳統。」

穿著戒衣使前往麥加更令人焦慮。「穿不習慣的服裝拖著行李東奔西跑，很累人。」蘇麥雅表示。誠如在麥地那，麥加的住宿也出問題。朝聖者付了五星級飯店的價錢，抵達後卻被告知他們預訂的飯店沒有電力，因為那裡即將被夷為平地，另蓋全新飯店。這可能是實情：市區當時正力行大規模現代化，麥加天際線宛如一座鷹架森林。但朝聖團前往華美達酒店（Ramada Inn）途中，恰巧經過該飯店，眾人眼睜睜看著其他旅客準備登記入住。燈光似乎運作正常，於是他們推斷，沒電的藉口大概是旅行社代辦替換他們飯店訂房的詭計。

蘇麥雅在旅遊指南有關耐心的段落，引用了一則聖訓：「每當信徒受盡折磨……甚至遭荊棘扎刺，真主總會以祂的耐心赦宥他的罪。」

從華美達酒店步行至麥加禁寺——即大清真寺（Grand Mosque）——僅幾分鐘。謝赫的太太法哈娜到麥加時，非休息時間幾乎都待在禁寺，做環繞卡巴聖殿七圈的繞行儀式。蘇麥雅推測母親大概做了七遍繞行聖殿——總共環繞四十九圈——不過無從確認。法哈娜永遠不會告訴她，因為一個好的穆斯林絕不該耽溺於「炫耀」（*riyaa*），絕不炫耀她在小朝聖的虔誠舉動。無論她到底繞行聖殿幾遍，可以確定的是「她持續不停」，蘇麥雅說。「每次我們納悶：『她去哪了？』她總是在清真寺。」

蘇麥雅在氣溫下降至約三十度、人潮散去的清晨三、四點繞行聖殿，避開白天的酷熱。即便如此，蘇麥雅覺得和上次還沒當媽媽的小朝相比，這回做各項儀式都吃力許多。她抱著扭來扭去的阿席姆環繞卡巴聖殿，而且經常得停下來，讓他喝點滲滲泉水。有一次，他穿著外婆為他做的全套白布衣，獨自搖搖晃晃地繞了聖殿一圈。法哈娜用了針線，她認為，雖然成人的戒衣不能縫製，但稍微縫製十個月大嬰兒的戒衣，應該沒問題。瑪爾嫣在臉書發布一張謝赫把孫子抱在膝頭的可愛照片，祖孫倆都穿白色裝束。蘇麥雅在手冊警告朝聖團員，可能會有人對他們咆哮──果不其然。阿卡蘭的女兒們，分別和兩個捍衛沙國對女人在朝聖現場之規範的人發生衝突。當謝赫和阿伊夏一起繞行聖殿時，謝赫將阿伊夏抱起來，讓她摸黑石。「有個男人於是對著我們大吼，」阿伊夏說，「他抓住我的手腕。他說女人不准碰黑石。」

「我也碰到一樣的事，」十四歲的法蒂瑪說，「有個男人聽到我對先知說『祝願平安』，就開始破口大罵。他說，我站在女人不准站的位置。他說，我不該從那個位置說『祝願平安』。」她露出笑容，「我爸說可以。」

她搖搖頭，「都是因為文化。」

找到自己的朝聖空間

薩法和麥爾瓦兩座山丘，屬於大清真寺的一部分：過去哈嘉爾來回奔走的飛沙走礫，如今搖身變成鋪有涼爽大理石地板、規劃成多個朝聖道的空調長廊。「像座機場。」瑪爾嫣解釋。長廊裡的綠燈顯示哈嘉爾在瘋狂尋找水源時，視線無法觸及兒子的範圍。男性朝聖者──很奇怪，竟不是女性朝聖者──在綠燈之間奔走，象徵性地追溯她的路線。這項儀式促使朝聖者思索哈嘉爾面對困難時展現的信念——以及自己面對困境的表現。當蘇麥雅的先生法罕在綠燈之間折返，他想到哈嘉爾個性中的堅強——然後祈禱他能通過醫學院考試。

朝聖很大一部分，似乎是關於比較自己和生活周遭之人的經驗。今天的朝聖者必須在人群中爭取自己的空間，並找到讓自己的小朝，與數百萬其他朝聖者互不衝突的方法。二〇〇三年，謝赫和他的雙親一同朝聖，此舉使朝聖變得更具挑戰性。某個午後，他花了幾個小時，才在米娜平原（plain of Mina）一片白色帳篷海找到自家帳篷。當朝三根柱子投擲石頭的驅魔儀式到來那天，謝赫擔心起雙親的安危。這個儀式基本上就是一群人一起丟石頭，因此經常傳出傷亡。謝赫決定他們一家應傍晚再去，並對此決定感到欣慰：他後來聽說那天共有十九個人死亡。

不難想像，耐心既是安全考量，也是精神修煉。即使處變不驚如謝赫，都曾在麥加的人潮中失去耐心。第二次小朝聖時，他和一名友人去參觀先知穆罕默德從麥加逃往麥地那途中躲藏了三天的紹爾洞穴（Cave of Thawr）。洞穴的大小僅能容納三個人，但等著參觀洞穴的隊伍一路排到了山腳下。阿卡蘭和友人若要參觀，便來不及趕回麥加參加晌禮。「隊伍有夠長，」阿卡蘭的朋友說，從平原看向山上，「這得花一整天排。」

「不要說話，」謝赫說，「跟我來。」他們偷偷繞到山的背面，從另一個方向接近洞穴，然後踏進洞穴——「直接插到最前面。」阿卡蘭難為情地說。他趕緊補充，倘若那是正式的朝聖儀式，而非觀光行程，他絕不會插隊。「朝聖不能傷害他人或爭先恐後，」他說，「但那座山不屬於朝聖範圍，所以我沒有遵照朝聖的思維。」

繞行聖殿七圈是謝赫最喜歡的朝聖時刻。他說，站在那裡，如此靠近真主的聖殿，就好像青少年墜入愛河，在愛人的門外流連忘返。

某個晚上，瑪爾嫣凌晨一點半離開飯店，在破曉進行晨禮之前額外多做幾次禮拜，她也感受到類似的恩典。儘管沙國大驚小怪地規定女人必須有男性保護人，事實證明，在麥加獨自外出，即便凌晨一點半，也是非常安全的。商店燈火通明，人們仍散步街頭。瑪爾嫣和她的室友們走到大清真寺，一起禮拜，然後坐在光滑的大理石庭院喝冷飲。他們用滲滲泉水洗臉，輕聲交談直至晨禮。

靈魂和世界的互動

雖然我沒機會親眼目睹精神性靈與後勤管理在麥加如何神奇地結合，但幾個禮拜後，我參加了一場在劍橋的集會。穆斯林齋戒月進入尾聲之際，我拎著裝有半磅櫻桃和《古蘭經》的過夜行李搭上火車，留安東尼在家照顧妮可和朱莉亞。我準備到一間清真寺過夜，參加「靈修」（*itikaf*），人們通常在齋戒月最後十天從事這項儀式。謝赫在劍橋的清真寺和其他七十位穆斯林一同靈修，講授和朗讀《古蘭經》。

我帶了一件頭巾、一根牙刷和一個睡袋。櫻桃是對齋戒月飲食之道的避險手段：齋戒月每天約有十八個小時不能進食和喝水，而且晚上幾乎都要做禮拜。穆斯林聖月的命令是從日出至日落必須禁食。若阿拉伯沙漠的高溫使這些紀律變得更艱難，英國夏季漫長的白日也不遑多讓。我去劍橋那天，英國穆斯林從清晨三點半禁食直到晚上九點。我不是穆斯林，所以沒禁食，但在清真寺的時候，我想尊重其他人。

謝赫請瑪爾嫣照顧我，但我對靈修期間的與世隔絕感到焦慮。很多靈修的穆斯林，整整十天都不離開清真寺。他們鑽進地板上的睡袋把握僅有的休息時間；他們用水龍頭，盡可能潔淨身體。晚上做禮拜有時一站就是一小時半。謝赫勸大家不要聊天，而且避免討論世俗話題。「睡少一點，吃少一點，說少一點，交際少一點。」他在劍橋靈修儀式開始時，引用一名蘇非謝赫的古老格言，勉勵參加者。

嚴格來說，我沒什麼好緊張的。我不過是以旁觀者的身分參加一天一夜的靈修。工作截稿日讓我得以從清真寺抽身，到附近的咖啡館寫作。可是即便擁有帕尼尼三明治時間，而且可以偷偷打電話回家關心妮可的感冒和朱莉亞的科學作業，我的心情仍舊如臨大敵。見證靈修的心靈訓練是什麼感覺？我會不會心浮氣躁？其他人會不會看不慣我的靈修觀光？我會不會不小心搞砸，我會不會打擾他們的靈修？

那天空氣潮濕，我的包包有點重，通往女性靈修區的階梯很陡。在寬敞的三角牆空間裡，女人們各自坐在鋪蓋上背誦《古蘭經》，多虧一位好心的陌生人幫忙，我才在牆面找到能掛包包的空位。這名約四十多歲、笑容燦爛的美貌女子，是女性靈修區的非正式指派訓導。她幫背誦《古蘭經》的青少女矯正阿拉伯語發音，而且很有耐心地向我解釋宵禮的運作機制。她向我保證，能替我服務是她的榮幸：靈修期間行善可加乘七十倍，他們會在來世獲得額外的報酬。

或許因為有這樣的誘因，房裡的人無時無刻不禮貌：每當結束一天的禁食，相互遞餐盤時，每個人都嘟噥著「願真主獎勵你」。一旦用餐完畢，大家幾乎是扭打著決定由誰清理掉在地板的飯粒。

距離三角牆面最遠的另一端有一臺平面電視，謝赫阿卡蘭每天出現在螢幕兩次，發表他的演說。看著他，很難相信他正忍受著齋戒月的考驗：他滔滔不休地連續演講了三個小時。他對聽眾的耐心彷彿無窮無盡。他們提問的主題大至真主的天使，小至一個好的穆斯林是否能向販售酒精的餐廳點外帶食物；酒精是伊斯蘭教的違禁品。演講結束，謝赫親自來找我時，我從近距離觀察，發現他的眼睛透露一絲疲憊，但我從他的聲音完全聽不出來。

戴天青色頭巾耀眼動人的瑪爾嫣，躬身閱讀《古蘭經》，喃喃低語地屏氣唸經。不是每個人都像她一樣專注。雖然靈修有意和世界保持距離，世界卻自己找上劍橋清真寺裡的靈修。女性區塊後方的幾名青少女唧唧喳喳，活力充沛地滑著手機檢查訊息。一群男孩子用**iPad**玩神廟逃亡（**Temple Run**）遊戲。我根本不用為了許下緘默的誓言憂心忡忡，到處都有人在聊天。有位年輕作家在禮拜前女人潔淨身體的水龍頭旁盛讚《哈利波特》。吃晚餐時，一位剛畢業的理科大學生，告訴我生醫工程的領域正不斷擴張。宵禮前，我和一位智庫策略分析師，談論薩塞克斯濱海城鎮古怪的與世隔絕特質。

宵禮開始之前，陸續有更多人從劍橋附近湧進清真寺。「把地板填滿！寸土尺地都別浪費！」擴音器傳來快活的命令聲。穿金色莎爾瓦卡米茲的小女孩，在兩排禮拜的女人之間，將一顆綠色氣球拍向半空。嬰孩在汽車座椅裡發出咯咯聲響。上年紀的女士因膝蓋不好無法俯臥，於是坐在椅子上禮拜。靈修期間，擔心關節不舒服的可不只她們：由於禮拜幾乎持續整晚，就連二十幾歲的女人都要吃止痛藥舒緩大腿疼痛。

人潮在午夜後散去，我找到一處空地，在等待下一次禮拜的其他女人的談笑耳語聲中入眠。我連續睡過兩次禮拜——而且還有人聽到我打鼾——等到凌晨兩點半醒來時，發現已經是早餐時間。鋪在地板的油布擺滿咖哩和米飯、烤肉串和蛋糕。眾人繞著食物圍成一圈，輕聲細語地交談，互傳紙餐盤。「這畫面好像《最後的晚餐》。」一名女子一邊強打起精神，為眾人遞送玫瑰水奶昔，一邊充滿睏意地說。

我開動，對在半夜享用羊肉咖哩的違和感感到一愣一愣的。「這是齋戒月早餐的傳統食物嗎？」我問瑪爾嫣，將餐盤堆滿香料水果沙拉和甜米飯。

她聳聳肩。「在家裡，我們通常只吃穀片。」

吃完飯，我又小憩了一會兒，當我第二次醒來，一幅全新畫面映入眼簾：斑駁陽光灑在由沉睡女人們覆蓋的地板。除了少數做夢的人呢喃低語，還有尼龍睡袋摩擦的沙沙聲，清真寺大廳一片寂靜。我用水潑臉，掏出我的iPad，從大門逃出，走進劍橋的週六早晨。在戶外，陽光和水泥似乎不太和諧。路程一分鐘外的巴黎咖啡館（Café de Paris）播放著喬治・蓋希文（George Gershwin）的樂曲。有位老先生看著小報，高聲對昨晚的電視實境秀發表意見。一對年輕情侶享用早晨的卡布奇諾，大眼瞪小眼。我充滿罪惡感地大口喝著我的咖啡。在清真寺裡，晚上九點之前，唯有小孩敢放任自己稍微啜飲幾口水。我感覺咖啡因進到血流，打開iPad，準備搭建文字橋梁，試圖用筆墨形容對街的那個世界。

劍橋的靈修並未徹底封印日常生活，而是凸顯了日常的每一天。就像喬叟筆下前往坎特伯里的朝聖者，有些靈修參與者似乎將它視為交際活動不下靈修活動。（後來，我聽到有些出席者批評這次靈修的氣氛太隨興了，主張應該少點閒聊、少點餅乾，或許能產生更具宗教靈性的氣氛。）但無論朝聖或靈修，宗教經驗和日常生活之間的相互滲透，正是穆斯林生活的一種特色，也是它的優點。伊斯蘭有無限的宗教精神性空間，但它也為社會提供指引。它不僅對每個獨一無二的靈魂感興趣，並且在意這些靈魂和世界的互動。

第十二章

耶穌、瑪利亞和《古蘭經》

某個週日早上，我參加生平第一場耶穌基督佈道。那個早晨，我和全球數百萬人一樣，聽著穿白袍的傳道者告訴我，我的人生需要耶穌。禮拜會眾坐在通風不佳的備用白色房間，聽傳道者諄諄告誡，有太多人已忘記這個宗教的真義。他們把信仰的精髓拋在腦後，淪為行禮如儀之人。太多時候，他們把敬神的重點放在尋找歸屬勝過堅定信念，炫耀虔誠勝過實踐虔誠。若想走向通往救贖的道路，必須遵循先知們的教誨，佈道者說著，他說得眉飛色舞、彷彿頭頂有光。為忠於信仰，人們必須追隨耶穌、瑪利亞和施洗者約翰的故事。

他手邊有一本聖典，收錄了關於亞當和夏娃、耶穌和瑪利亞、摩西和諾亞、亞伯拉罕和他的兒子的許多故事。在這本聖典裡，有句經文命令信徒：

你們說：「我們確信神，確信我們所受的啟示，與亞伯拉罕、以實瑪利、以撒、雅各和各支派所受的啟示，與摩西、耶穌和眾先知所受賜於他們的主的經典。」（三章：八十四節）

《古蘭經》如是說，謝赫阿卡蘭在劍橋清真寺對滿座信徒宣講耶穌佈道時，也引用了這段經文。純白簡約的忠誠清真寺（Masjid al-Ikhlas），給人的感覺更像英格蘭公理會教堂，勝過清真寺。但它確實是一間清真寺，而且它的網站強調清真寺的功能之一，是提供不同信仰相互交流的場所。先知及友伴們在麥地那建造的第一座伊斯蘭清真寺，是一棟沙地裡的泥磚屋，屋頂由棕櫚葉搭成，下大雨時會漏水。當一群基督徒從葉門來見先知穆罕默德，他們住在清真寺裡。忠誠清真寺秉持這個精神，對穆斯林與非穆斯林宣傳謝赫的演講。橘色海報——「伊斯蘭教裡的耶穌基督：靈性的化身和人類救世主」——甚至吸引了幾個我認為是基督徒的聽眾。他們仔細聆聽謝赫對其先知耶穌的看法。

穆罕默德之前的先知

西元七世紀麥加的阿拉伯異教徒，也就是《古蘭經》最早的受眾，大概有比我更扎實的《聖經》故事底子。[1]麥加是一座多信仰之城，由於宗教傳統在那時候絕大多數都是靠口傳，許多阿拉伯人很可能從基督徒和猶太人口中，聽過大略的《新約聖經》和《妥拉》故事。[2]一名新的先知從多信仰亂局中誕生，他帶來新的啟示，但認定聽眾們有一定程度的《聖經》知識。整體來說，《古蘭經》的訊息和亞伯拉罕帶給世人的訊息大致相同：真主是獨一的。穆斯林信眾認為，穆罕默德延續《聖經》傳統，是最早可追溯至亞當的一神信仰先知譜系的最後一人。「真主想給每個人公平的機會，」謝赫解釋，「祂派出許多信使，但他們之間真正的差別，只是語言、文化和歷史的不同。訊息宗旨是一樣的：相信真主。」

《古蘭經》刻意區分前伊斯蘭時代的阿拉伯人和有經書的子民，前者為多神信仰異教徒，在聖殿崇拜各個偶像，後者則是《妥拉》和《聖經》的所有者。「對於猶太人和基督徒，我們抱持尊敬，因為他們的聖典，」阿卡蘭曾肯定地對我說，「他們不屬於同一個群體[3]，但那不是問題。」

阿卡蘭相信，若要為信仰注入新的活力，穆斯林不能只是注重穆罕默德，還要開始關注在他之前的先知們。穆斯林往往忽略《古蘭經》裡的先知故事。「這麼做大錯特錯。」他說，透過鏡片凝望在座聽眾。五大先知——努赫（Nuh，諾亞）、易卜拉欣（亞伯拉罕）、穆薩（Musa，摩西）、以薩（Isa，耶穌）和穆罕默德——「在人生的每個階段，都是信徒們的典範。若我們對瑪爾嫣（瑪利亞）或以薩一無所知，我們是失職的信徒！」*

《古蘭經》裡總共有二十五位重要先知。謝赫說，真主派送上千個信使給人類；有些傳統伊斯蘭史料說，信使總計有十二萬四千個。《古蘭經》樂於表揚其他先知：

> 你們說：「我們確信真主，確信我們所受的啟示，與亞伯拉罕、以實瑪利、以撒、雅各和各支派所受的啟示，與摩西和耶穌受賜的經典，與眾先知受主所賜的經典；我們對他們中任何一個，都不加以歧視，我們只順真主。」（二章：一百三十六節）

謝赫來到英國後，才開始深究這些在穆罕默德之前的先知。在納德瓦，他的教授們忽略這些先知，選擇傳授更主流的伊斯蘭課程，像是伊斯蘭法學和阿拉伯語法。可是幾年前，阿卡蘭開始研究關於易卜拉欣、也就是亞伯拉罕的《古蘭經》篇章，然後發現他的故事尤其深刻。

穆斯林和猶太人都將易卜拉欣視為他們的老祖宗：他的其中一個兒子伊斯瑪儀勒（以實瑪利），被認為是穆罕默德所屬古萊須族最早的祖先；另一個兒子易斯哈格（Ishaq，以撒），則是希伯來人的祖先。《古蘭經》記載，易卜拉欣是個哈尼夫（hanif），意思是不認為自己屬於任何宗教社群，只是個殷切的一神論者：「亞伯拉罕不是猶太人，也不是基督徒，但他是堅定的虔誠信徒，而且不是多神信仰的信徒。」[4]

《古蘭經》說麥加的卡巴聖殿，是易卜拉欣和他的兒子伊斯瑪儀勒蓋的。「即便先知穆罕默德，也被要求向易卜拉欣看齊。」阿卡蘭說。當我問謝赫如此仰慕易卜拉欣的原因，他回答：「他讓人看見放下世間萬物歸從真主的必要性……萬事萬物，包括你的家人！」

當易卜拉欣的父親拒絕背棄他的諸神，不願歸順唯一真主，易卜拉欣拋下了他的父親。當真主命令易卜拉欣獻祭其子，他的兒子答應了。阿卡蘭告訴我：「他對他父親說：『我的父親啊！你將發現我是堅忍的。』」《古蘭經》在最後一刻傳來呼喚，令易卜拉欣罷手，因為「這確是明顯的考驗」。

在我們的私人課程中，謝赫經常提到易卜拉欣，深深佩服他對真主的堅忍奉獻。「他全然地

＊編注：此段提及的人名譯名為阿拉伯文音譯，括號內為阿拉伯文拼音及基督教常用中文音譯名，為作者所做之對照。

歸順，」他語帶敬畏地說，「他所做的不僅是崇拜真主，而是背棄一切，為真主犧牲到底。」

「讓我想起，一九六〇年代，一位知名美式足球教練有關贏家的發言，」他補充說，「他說：『成功的人和其他人的差別，不是後者缺乏力量或知識，而是缺乏意志力。』」

「這教練是誰，謝赫？」我問，沒料到職業美式足球名人會出現在我們的討論中。

「我忘記名字了……很有名的教練，一九七〇年過世……」

「文斯．隆巴迪（Vince Lombardi）？」我說出童年記憶尚存的唯一美式足球教練。

「文斯．隆巴迪，」謝赫點頭，「就是他。」

不為歸屬的信仰

有鑑於我父母不是很在意宗教，我的《聖經》佈道初體驗來自一名印度穆斯林，也沒什麼好意外的。誠如不住在原生地的許多人，向後退一步，保持觀看的距離，經常最能幫助我全心投入美國文化。「那些只瞭解英國的人，又能瞭解英國幾分呢？」吉卜林問道。沒幾分。對我而言，距離總是促使人投入，甚至過度投入。和西方文化相距甚遠，就是我最關心西方文化的時候。我不曾真正欣賞巴哈的音樂，直到我在喀布爾發現他的長笛協奏曲黑膠。這張唱片是我雙親用外交郵袋小心翼翼寄送至喀布爾的。狄更斯《遠大前程》裡皮普（Pip）、艾絲泰娜（Estella）和郝薇香小姐（Miss Havisham）遭遇的困境，在土耳其公車上讀來，遠比在密蘇里家鄉更急迫。同樣原則也適用我對伊斯蘭的興趣；當我們一家住在穆斯林國家時，我對伊斯蘭的關注不深。我的好奇心直到就讀新英格蘭一所公理會大學才逐漸增強。

身為不折不扣的世俗主義者，小時候我學習《聖經》知識的牧師是貝里尼（Bellini）和拉斐爾（Raphael）等文藝復興時代畫家。天主教學校的女學生，被教導應追隨聖母瑪利亞的虔誠與自制。她對這些女學生而言，就像一份時尚宣言。在博物館裡，我解析聖母形象，就像其他人看著光鮮雜誌對模特兒品頭論足：我觀察她的穿著，以及她穿著的方式。我和聖母形象的連結，不是透過信仰，而是透過藝術，我的情感反應和上帝無關，而是關於自己。

小時候，我最愛的聖母形象是提香（Titian）的《聖母進祭祀殿堂》（*Presentation of Mary in the Temple*），是我所知以小女孩形象呈現聖母的唯一畫作。儘管光腳赤足，她綁著亞麻色的粗辮子，穿著亮眼的藍色連衣裙，最棒的是，一盞神聖聚光燈打在她的身上。金色光束繚繞，眾人目光的焦點。我不知道這一切是什麼意思，但我想要當她。

那天在劍橋的清真寺，我終於聽到提香《聖母進祭祀殿堂》畫作背後的故事——或者該說是它的《古蘭經》版故事。第三章〈儀姆蘭的家屬〉（The Family of Imran），說的是儀姆蘭的女兒瑪爾嫣，也就是瑪利亞，為何僅是小女孩卻被選進聖殿服事真主。阿卡蘭解釋，儀姆蘭的妻子曾發誓要將頭一胎奉獻給聖殿。「當她說：『我確已生了一個女孩！我該怎麼辦？我該如何侍奉祢？』真主自有解答。」瑪爾嫣被送進殿堂，沒有人懷疑她的獨特——因此她是唯一在《古蘭經》章名占一席之地的女性。她不僅是達吾德（Daoud，大衛）的後代，和亞俄固卜（Yacub，雅各）有血緣關係，「這是地球上最純淨的宗族譜系，」阿卡蘭對我們說，「而且真主使她健全的生長。她有不可思議的思想！不可思議的靈魂！不可思議的智慧！」

阿卡蘭接著說，眾天使到她面前，告訴她：「真主確已揀選妳，使妳純潔，使妳超越全世界的婦女。」他們告訴她，她將懷胎產子。阿卡蘭聲音愈來愈興奮地說，這就是瑪爾嫣成為順服典範的原因。「有的信徒為真主奉獻性命，有的奉獻財產，」他激動地說，「人在真主之道上可能喪命。但犧牲自己的榮譽？誰做得到？對純潔女子而言，榮譽比什麼都重要。對純潔的人而言，被控訴犯下婚外性行為（*zina*）之罪是無法想像的。這個可憐的女人即將被指控為罪人！」

你們想想，他敦促道，黑眼珠盯著鴉雀無聲的聽眾，想想在那樣的社會，被指控為墮落的女人將遭遇多大的磨難。「這是任何人都無從想像的，」他說，「就拿在沒人戴頭罩的社會裡穿頭巾來比擬好了！人們侮辱你，人們嘲笑你。那可不好過。」在一個遺棄未婚懷孕者的社會，和懷上眾人都認為是私生子的孩子相比，穿戴頭巾簡直是微不足道的麻煩。但瑪爾嫣做到了，「為了真主」。

小學的耶穌誕生話劇，以及托斯卡納畫派（Tuscan）的繪畫，替我描繪了懷孕瑪利亞的形象。我想像她是一個漂亮女人，肚子微凸，騎在驢子上或正端莊地讀著書。相反的，《古蘭經》鉅細靡遺地闡述生產的疼痛。瑪爾嫣退避到「一個僻遠的地方」，獨自一人：「接著分娩痛驅使她緊貼椰棗樹幹。她說：『但願我以前死了，而且已被人遺忘。』」

有個天使告訴她，別擔心。她的腳下出現一道水流。「妳向著妳的方向搖撼椰棗樹，就有新鮮的、成熟的椰棗紛紛落在妳的面前。妳吃吧，妳喝吧，妳享用吧！」[5]

《古蘭經》將耶穌的誕生描繪成汗淚交織的肉體苦難，是把耶穌當作有血有肉之人談論，而非真主之子。穆斯林拒絕基督教的三位一體概念：聖父—聖子—聖靈的概念，構成以物配主的重罪。「基督徒被弄糊塗了，」阿卡蘭說，「他們把耶穌基督當作神，把耶穌的母親也當作神。但真主不是孩子的父親，耶穌也不是真主的兒子。若真主想要創造一個兒子，為什麼不讓他出現在創世之初呢？」

阿卡蘭繼續說，不，耶穌不是真主之子，因為真主絕對沒有伴侶。「《古蘭經》立場堅定：除了真主，不得崇拜其他人。真主可以赦宥任何的罪，就是不能赦宥以物配主。這點沒得商量：永不被赦宥的唯一一種人，就是以物配主的人。」

阿卡蘭認為，耶穌是「沒有父親的男人」，他非凡的一生是為提醒背棄宗教的信徒，不要忘記真主的力量：「真主讓耶穌生命中的一切皆違反常態。他來到世上的方式——違反常態。」他的流亡也是。他並未如《聖經》所言死在十字架上，而是活著升天。阿卡蘭接著解釋，試圖謀殺基督的人「感到困惑」。《古蘭經》的語言比較正式：「他們沒有殺死他，也沒有把他釘死在十字架上，雖然表面上看來如此。」[6]

阿卡蘭說，先知的責任是提醒人類相信真主。當真主的子民對宗教變得墨守成規，以為身為特定宗派的一分子等同於成為信徒，真正重要的先知便會來到世上。「每當信仰淪為習慣，真主的解決之道就是打破常態，」他說，「看看易卜拉欣。他在不能生育、垂垂老矣時得子，是要提醒世人，真主不是常態之奴，而是創造常態者。札卡里亞（Zakariah）*無後；妻子不孕。但他還是得到一個兒子，違反常態誕生的雅赫亞（Yahya，施洗者約翰）。」

透過耶穌，或稱以薩，「真主想要傳達更重要的論點，」阿卡蘭說，「祂要世人接受指引，因此創造了一個沒有父親的男人。」

相信耶穌「沒有父親」，也是對在意身分認同多過信仰的猶太人的指責。「真主的意思是，『我要創造一個先知，但他沒有家人。』」阿卡蘭說，「這是為了提醒他們，家族譜系的關係並不重要，重要的是信仰和行動。」

耶穌除了出現在《古蘭經》，閱讀先知傳記也能見到他的身影。根據穆罕默德早期傳記作者表示，天使加百利用神獸布拉克（Buraq）將穆罕默德迅速從麥加移動到耶路撒冷。布拉克是有翅膀的生物，身軀介於馬騾之間，「每跨一步便前進直至視線所及最遠處」[7]。在耶路撒冷，穆罕默德見到亞伯拉罕、摩西、耶穌和其他先知們，並和他們一起禮拜。是夜稍晚，在登霄之際，穆罕默德再次拜訪先知們，每個先知分別在七重天的不同層。在回阿拉伯半島的路途中，他向友伴們栩栩如生地形容他見到的先知。穆罕默德形容易卜拉欣，「我不曾見過比他更像我的人。」

高瘦、捲髮、鷹鉤鼻的摩西，向最新的一神信仰先知提供建議。穆罕默德聽完真主指示、回到人間之前，摩西問他，真主要求信徒每天禮拜幾次。「當我告訴他五十次，（穆薩）說：『禮拜是沉重負擔，穆斯林承受不了，你得回去請求真主減少禮拜的次數。』」[8]於是穆罕默德又回七重天找真主，真主答應減少十次。當他下降至人間，再次經過穆薩時，年紀較長的先知又問了相同問題，並二度建議向真主請求減少次數。「我一直請求直到日夜加起來只需做五次禮拜。」穆罕默德說。此時，穆罕默德告訴穆薩，他「沒有臉」再和真主討價還價了。每日禮拜五次的協議，沿用至今。

穆罕默德見到耶穌時，第一個念頭是，這個男人「英俊得無人能比」，謝赫不在意地說，好像粉絲目睹偶像似的。中等身高，皮膚紅潤——「像來自敘利亞或黎巴嫩的人」——耶穌有光澤動人的及肩長髮，甩動時「水珠滑落，彷彿才剛沐浴」，謝赫說。

阿卡蘭反覆重申的，不是耶穌的教誨，而是他作為先知，對今日穆斯林的重要性。當代穆斯林必須留意耶穌基督傳達的訊息，因為今天有太多穆斯林都迷失了，就像受羅馬帝國統治的猶太人：「宗教最初是有本有末的，」謝赫解釋，「但經過代代相傳，禮節和禮貌在宗教裡的重要性日增，這意味著宗教精神的消失。」他說，這就是猶太人遇到的問題，當耶穌開始傳道，他們忘

＊譯注：希伯來《聖經》裡的撒迦利亞（Zechariah）。

記亞伯拉罕和真主之間的約定。漸漸的，他們的宗教淪為一套習慣。他論稱，他們開始把猶太教視為對一個民族的歸屬感，而不是對一個真主的信奉。這也是今日許多穆斯林的通病：「耶穌出現之後，猶太人想被當作信道者，但卻沒有信道者應有的作為，」他說，「我們穆斯林，在當前這一刻，想被當作信道者，但卻沒有信道者應有的作為。」

當今的穆斯林經常只是緊抓信仰的外在表現：「人們忙著擔心他們的鬍子，或她們的頭巾，」他評論道，「於是信仰淪為他們的身分認同。每個文化、每個宗教都有這個問題。外部表象愈來愈重要，內在的靈魂則被遺忘。」他稍事停頓，搖起頭來，以哀傷的眼神凝視在座聽眾。「到最後，人們變成行屍走肉，沒有靈魂。」

「我們穆斯林為什麼到哪都受盡苦難？」他提問。「我們是伊斯蘭的行屍走肉！我們不順服。我們擁有律法，但這律法背後沒有智慧（*hikma*）支撐。宗教不是為了給人身分認同而存在！宗教的用途不是為了讓你能說出：『我們屬於這群人。』可是，在當前這一刻，百分之九十九的穆斯林把宗教當作身分認同！而真主不喜歡身分認同。祂不要世人因其歸屬而自豪。祂要的是信仰，是實踐。」

回歸《古蘭經》的脈絡

聽到阿卡蘭討論猶太人、基督徒、穆斯林，及其先知們之間的關聯，我並不意外。我熟知謝赫對差異的寬容：從我穿迷你短裙跳著進到我們的共同辦公室那天起，我就知道了。我看過他彬彬有禮地，對到處穿環、留雷鬼辮頭的嬉皮說話。還有，就在幾年前，當我終於鼓起勇氣告訴他，我的母親是猶太人，他點頭微笑，溫暖熱情如往常。他曾寫道，差異不只是對寬容的考驗，而且是真主的精心設計：「若真主覺得好，祂大可把所有人造得一樣，可是真主賦予人類思考和忍耐的潛力，於是產生各式各樣的信仰、思想和性格。」

但這些信仰的不同有沒有極限呢？某天謝赫和我用手機通話時，訊號不佳，我們正在討論下次上課的日期，然後我鼓起勇氣問他，基督徒和猶太人是否會得救？

「謝赫，掛電話之前——我還有一個問題。關於基督徒和猶太人。是這樣的，我知道穆斯林對早期先知們抱持歡迎的態度，」我這樣起頭，「但對那些崇拜早期先知的人呢，穆斯林怎麼看？假設一個基督徒或猶太人恪守教規，而且順服真主，算是真正的信道者嗎？」

手機通話夾帶雜訊，但謝赫的答案毫不含糊。《古蘭經》尊敬猶太人和基督徒的先知們——相對的，猶太人和基督徒必須相信先知穆罕默德傳達的訊息：「任何先知都不容否認。他們有自己的先知，就和我們一樣，但他們不能否認穆罕默德以及他所傳遞的訊息。否則，他們只是守著祖先的宗教不放。」

《古蘭經》斷言，盲目地死守先民的信仰是傲慢。諾亞九百五十年的警告，沒能說服異教徒放棄他們崇拜的偶像，於是他們被洪水淹沒。摩西警告法老及其密友們，但他們充耳不聞：審判日那天，他們將下地獄。謝赫說，恪遵祖傳信仰，無視真主發送給世人的新的跡象，等同背棄真主。想要得到救贖的猶太人和基督徒，必須承認穆罕默德是先知。

我掛上電話，灰心喪志。他的答案遠不及穆斯林進步人士的觀點鼓舞人心，後者指出伊斯蘭承認，真主允許世人用各種方法崇拜祂：

> 我已為你們中每一個民族制定一種教律和法程。如果真主意欲，祂必使你們變成一個民族。但祂把你們分成許多民族，以便祂考驗你們能不能遵守他所賜予你們的教律和法程。故你們當爭先為善。（五章：四十八節）

在我看來，這是《古蘭經》最撫慰人心的詩句之一，強力背書我所持的信念：多元化和行善。以不同的方式接近真主，不僅是被容許的，而且是真主神聖計畫的一部分。宗教差異充滿力量，隨著信徒透過善意和虔誠，相互對照、比較並爭逐著取悅真主，使真理愈辯愈明。就像某種獲神聖許可的信仰的自由市場。「我在每個民族中，確已派遣一個使者。」《古蘭經》如是說。竭力追隨這些信使之人，無須擔憂任何事。

歐米德．薩菲（Omid Safi）是伊斯蘭研究的教授，著有《關於穆罕默德》（*Memories of*

Muhammad），他指出《古蘭經》強調「沒有哪一群人——包括穆斯林——獨享救贖」[9]。確實，《古蘭經》對任何宣稱唯有他們以正確方式敬神的宗教群體，毫不留情：

> 他們說：「除猶太教徒和基督教徒外，別的人絕不得入樂園。」這是他們的妄想。你說：「如果你們是誠實的，那麼，你們拿出證據來吧！」（二章：一百一十一節）

《古蘭經》不贊同任何群體宣稱找到通往天堂的唯一路徑。除了反覆叮嚀唯有真主知道某人的終極命運，我們似乎還有其他依據，相信救贖不單單屬於穆斯林。

但謝赫並不是這樣對我說的。我期待在細微差別中得到慰藉，於是在牛津烤肉屋（Oxford Kebab House）喝茶之際，從另一個角度拐彎抹角地切入議題。我的緊張心情，因為在喝茶的只有我一個而更加惡化。誰教那天是週四。謝赫仿效先知穆罕默德在週一與週四禁食，除非上健身房從事劇烈運動，否則不會破例。

「謝赫，《古蘭經》說得很清楚，它帶來的訊息不是前所未聞的，對吧？」我說，「真主過去也曾向世人揭露啟示，首先給猶太人，然後給基督徒。我想問的是，如果實質訊息不變，為什麼要給世人新的啟示，但更動些許細節？」

「那是對人的去條件化，」他說，「新的信使對信奉此教並把它變成文化與身分認同的人去條件化。因此，每當信使帶來新的細節，宗教煥然一新，就像一潭死水得到新的水源供給。」他說，一旦新的信使到來，世人務必聽信他所傳遞的訊息。

喔。

我不習慣聽到謝赫這麼斬釘截鐵。所以後來我又問了一次，在一場公開演講的問答時間，我舉手，等待麥克風，接著發問，關於從不同道路通往救贖一事，《古蘭經》的立場是否有任何轉圜空間。舉例來說，猶太人和基督徒能否得救。

「老實說，基本上，當一名新的信使出現，認識他的人都必須接受他，而且必須追隨他。就像穆薩（摩西）所說，一旦他來到，你們務必相信這位新的信使。」更重要的是，穆斯林有責任嘗試讓其他宗教的信徒接觸這個新訊息，扮演宣教者（*dai*，號召世人走上正道者），走出自己的圈子。

不過，總不忘尋思最圓融回答的謝赫，體貼地提供一絲希望。「我在想……或許，在世上的某個角落，有個人相信一個真神，全心奉獻，但沒有其他指引……不認識穆罕默德，不認識伊斯蘭，也不知道世上有《古蘭經》，最終以虔誠信道者之姿離世，倘若如此，他有希望得到原諒。沒有成為穆斯林的信道者，或許能得救。端看真主的決定。」

換句話說，在非穆斯林當中，唯獨隱士有機會得到救贖。在謝赫看來，只要聽說過先知穆罕默德的訊息，然後轉身置之不理，即便投向另一個信仰，亦不是真正的信道者。

謝赫說，即便如此，就連穆斯林都有不少人對穆罕默德的教誨置若罔聞。關注最新出現的先知純粹是人性：「猶太人認為穆薩比易卜拉欣的宗教更重要，」他指出，「過去，基督徒忽略早期先知，如今穆斯林選擇忽略其他先知的教誨，追隨穆罕默德。」

謝赫說，因此，若不承認穆罕默德，猶太人和基督徒無法進天堂。這不是我想聽的答案，但我知道他相信宗教自由。在這方面，他和《古蘭經》一樣堅定：「對於宗教，絕無強迫。」別聽信片面之詞，他總是勸我：「如果你不同意我的詮釋，去請教其他人。」我聽進去了。我向我的書櫃求救，發現幾位研究伊斯蘭和多元主義的穆斯林作家。在《古蘭經》第二十九章的第四十六小節，我找到一個簡潔描述，敘說穆斯林、基督徒和猶太人之間的開明共生，這三個宗教群體，在神學上確實各有特色，但卻相信同一個真理：

> 除依較好的方式外，你們不要與信奉天經的人辯論，除非他們中不義的人。你們應當說：「我們確信降示我們的經典，和降示你們的經典；我們所崇拜的和你們所崇拜的是同一個神，我們是歸順祂的。」（二十九章：四十六節）

幸好。

《萬物非主，唯有真主》（*No god but God*）給我更多安慰，雷薩．阿斯蘭在書中形容穆罕默德對有經書的子民的看法。阿斯蘭寫道，在最早的麥地那時期，基督徒和猶太人是「和穆斯林社群崇拜同一個真主的宗教表親，不同於阿拉伯半島上的異教徒與多神信仰者，他們讀相同的經書，並且擁有相同的道德標準。」[10]阿斯蘭甚至提出一個理論，儘管它們在神學上各不相同，最初在穆罕默德的麥地那城邦誕生時，全都屬於同一個由一神論者組成的社群，過著多元的生活。阿斯蘭說，直到後來，法學家倡導一個保守的世界觀，誠如他們在女權上的作為。將猶太人和基督徒從多元的信仰社群中剔除，視之為「不信真主者」的不是穆罕默德，而是這些中世紀學者。誠如早期基督徒竭力將自己和猶太人區分開來，中世紀穆斯林也強調他們的年輕信仰和其他一神教之間的差異。

原來，認同政治也有悠久的歷史，棲居在更寬闊的宗教史之中。我在某個晚宴上，認識了一位最近從特拉維夫（Tel Aviv）搬回倫敦的劇作家。她時髦、聰明——聽到我說反猶主義不是伊斯蘭的本質，而是源自某些現代極端主義者時，覺得難以接受。「妳之後會發現，」她說，緩緩把烏黑長髮往後撥，使銀手環發出相互碰撞的聲音，「妳選擇拒絕相信妳不願相信的。《古蘭經》罵猶太人，是猴子，是豬。」她說，反猶主義的穆斯林多得驚人，而且他們的聖典對此姑息縱容。她曾在一間英國小商店經歷接觸穆斯林的可怕遭遇。店員看到她的黑髮和橄欖膚色，以為她是穆斯林，對她調情。她不予回應，結果情況一發不可收拾。當他大聲咆哮反猶言論之際，她心想，搬去以色列的時機到了。

「太可怕了。」我發自內心地說。不過，我也對以個人小故事討論文明的方法感到絕望。那感覺，彷彿永無止境的乒乓球賽：「你說說你認識的穆斯林，我再跟你說我認識的。」或是，「你說說你認為具煽動意味的《古蘭經》詩句，我會拿出呼籲和平的詩句反擊。」這樣的討論沒完沒了，是用例子攻擊彼此，而不是探索彼此。

隔天，我打電話給謝赫，想聊聊有關猴子和豬的經文。「那不是所有的猶太人，」他說，「是專指住在名叫艾拉特（Eilat）漁村的部分猶太人。他們想在安息日捕魚，於是事先將漁網撒下。他們想用小聰明鑽真主律法的漏洞，因此破壞了安息日。漁村裡其他遵守安息日的猶太人，他們很好！」

要不是我們在講電話——而且這麼做非常不得體——我好想給他一個擁抱。一如往常，他還原經文脈絡，包括伊斯蘭歷史的脈絡，以及關於主題的脈絡，傳達更重要的《古蘭經》訊息。掛上電話，我思忖著（那年的第無數次），任何人都能以魯莽草率的解讀在《古蘭經》裡找到他們想要的素材。無論是《古蘭經》或成書較早的《聖經》和《妥拉》，只要有心，找到煽動性言語不是難事。真正的挑戰始終是向後退，不要斷章取義。但這樣的學習宛若奢侈品，超越許多穆斯林和非穆斯林所能負擔。有太多穆斯林根本沒得選擇，只能向未受訓練的鄉村伊斯蘭法專家學習，或僅在「謝赫谷歌」（Sheikh Google）的指引下穿梭險惡的網路世界。對《古蘭經》的基督徒和猶太人讀者而言，正確的學習需要時間和努力，而且不能讓當代事件干擾他們對文本的詮釋。任憑當代加薩走廊的穆斯林和猶太人的對立，或埃及的穆斯林和基督徒的對立，滲透到對《古蘭經》的解讀，易如反掌。可是這麼做，等於是以自我為中心來閱讀《古蘭經》，而非潛心聆聽真神的話語。謝赫早已讓我知道，那從來行不通。

第十三章

超越政治

謝赫的幽默屬於晦澀型。對伍迪・艾倫（Woody Allen）和「週六夜現場」（Saturday Night Live）耳濡目染的人而言，他的笑話幾乎難以察覺。比較像是對人類愚行的委婉寓言故事，稱不上笑話。結尾不是笑點，而是一些好記的句子。我和謝赫談論不同讀者別有用心地接近文本的那天，他說了這則笑話：男孩和父親去動物園。一看到動物，男孩請求父親讓他帶一隻回家。

「我們怎麼飼養牠？」煩躁的父親問，「你知道我不能再多養一張嘴了。」

「沒事的，這些動物不用飼養，」兒子回，「你看圍欄上的公告：『不用餵食的』（No feeding）＊。」

謝赫停下來，等我抓到笑點。

「啊！」我回，盼望能客套了事，無須放聲狂笑。

「妳聽得懂嗎？」他問，「男孩不知道公告要從參觀者的角度來看！它不是對動物的描述，而是寫給參觀者看的描述！」

瞭解。一則拜文法混淆所賜的笑話。「feeding」可以做形容詞用嗎？像男孩說的那樣，用來描述動物？抑或這是一道指令，告訴動物園參觀者該怎麼做？

我想起另一個嚴肅得多的文法歧義例子，意思的分歧取決於單單一個字母。這例子在《古蘭經》屢見不鮮，繞著Islam（伊斯蘭）裡的字母i打轉。若Islam首字母大寫，指的是這個宗教本身，首字母小寫，只是意味著「順服」真主或「歸順」真主。大小寫的分歧是，前者指特定宗教團體，後者的意思更有彈性。大小寫之間的落差，說明《古蘭經》作為重申早期亞伯拉罕一神教諸教信仰的聖典，和建立起一個不同於他們的宗派的聖典，兩者之間存在具有創造性的對立。謝赫以及其他學者對《古蘭經》提及islam之處，多作小寫i解讀。「在《古蘭經》式的世界觀裡，『伊斯蘭』與其說是一個新宗教傳統的名諱，不如說是形容將自己全心奉獻給真主之舉。」伊斯蘭研究的教授薩菲在《關於穆罕默德》中寫道。「絕大多數時候，《古蘭經》裡的『伊斯蘭』是動詞，而非名詞。」[1]

同樣的，「穆斯林」一詞的意思是「順服者」或「和平者」。但Muslim（穆斯林）首字大寫（一個信仰團體）和小寫（順服真主的一神論者）的意思，天差地遠。端看你把它解讀為形容某人身分的專有名詞，或當作描述其舉動的動詞。當我查找賓拉登一九九六年對美軍發布的聖戰宣言英譯時，線上翻譯軟體把他引用的經文翻成：「信士們啊！你們當敬畏應受敬畏的真主，你們必須成為穆斯林後才能死亡。」[†][2]

可是我翻開手邊的克里利譯本，卻發現最後一句被翻成比較不特定的，「你們切莫死去，除非你們是順從者。」聽到我指出《古蘭經》的訊息似乎多以小寫m的穆斯林為對象，也就是任

---

* 譯注：正確的意思是請勿餵食。

† 譯注：此為馬仲剛譯本。

何順服真主的人，謝赫開心地說：「沒錯！就是這樣！《古蘭經》裡好多muslim，不是指被稱為『穆斯林』的一群人。而是小寫的m，形容順服真主的那些人！」

不過，向來都是大寫M的穆斯林得到新聞曝光，或成為政府辯論與嚴苛社論批評的主角。大寫M的穆斯林，餵養了整個「文明衝突」的迷思，聲稱伊斯蘭和西方是兩個密閉體系。持此概念者，認為兩者互不相干；對雙方陣營的極端分子而言，「伊斯蘭世界」和「西方」正竭盡全力地消滅對方。瑞士公民對宣禮塔豎立阿爾卑斯山地景的威脅憂心忡忡，令他們擔心的不是一個信仰，而是一個身分認同團體。聖戰分子在清真寺大談不信真主者的邪惡，亦不遑多讓；還有恐伊斯蘭國會議員，意圖保護正派、勤勞的美國人不受伊斯蘭法律傷害。

新聞記者也買大寫M穆斯林的帳。小寫m的穆斯林沒有故事，說穿了，只因他們不會創造衝突。霸凌者和煽動者深知讓兩個團體槓上，將產生立即且持久的後果。衝突是會不斷增值的禮物，使各身分認同團體愈來愈凝聚，為日後更多的衝突打下基礎。賓拉登口中的信徒和美國十字軍。伊斯蘭和西方。缺乏支撐場面的故事架構，充斥零星事件，小寫i的伊斯蘭根本沒有勝算。

麝香本芬芳

阿卡蘭拒絕聆聽製造分歧的故事，也拒絕講述製造分歧的故事。

這樣的故事他聽過不下數百遍了，有時從他的學生那聽說，有時是恰巧看到英國報紙的頭條標題。近幾年，一小群過激的年輕人，想回到世界被分成伊斯蘭之地（*Dar al-Islam*）和戰爭之地（*Dar al-Harb*）的時代。他們認為，一切有違伊斯蘭精神的都屬於戰爭之地。謝赫指出，那只在過去穆斯林統治社會強盛的時候才適用。如今根本行不通。「那是因為過去穆斯林有自己的帝國，」他說，「現在，整個世界都是勸從伊斯蘭之地（*Dar al-Dawa*）。」

當學生們對恐伊斯蘭媒體報導、或他們眼中歧視穆斯林的西方世界法律表達內心的恐懼時，謝赫總是警惕他們，莫將群體政治當作宗教虔誠。「伊斯蘭不是一份財產，」阿卡蘭在某次研討課上這樣說，「它也不是你的身分。有人嘲笑你，不代表你需要為自己辯護。我們總是在意捍衛自己的歸屬、自己的身分，勝過在意先知。別去想身分認同！專心向善！」

一位英籍印度裔小說家出版詆毀先知穆罕默德的故事，怎麼辦？別理它。別頒布不利於他的教令，別在市中心焚毀書籍，別策劃抗議遊行。轉身揮別這個世界，面向真主。禱告。想辦法勸人歸從伊斯蘭。「若有人出書反對你的先知，解決問題的辦法不只一個。最棒的辦法是為這些人禱告。自己也動筆寫作。」丹麥有個漫畫家畫了一些侮辱先知的醜陋圖畫，怎麼辦？看開點；不如向真主傾訴。「某人畫了漫畫，然後我們抗議。我們上街遊行抗議，而且我們覺得自己在做對的事！」錯了。「真主什麼時候要我們『抗議』了？《古蘭經》或先知的傳統裡，有關於『抗議』的記載嗎？」

阿卡蘭敦促學生們向先知及其友伴們看齊。面對愚蠢無知的塗鴉或出言不遜的小說，他們會選擇抗議示威嗎？「我們認真想一想，」他鼓勵大家，「無論反對者怎麼辱罵先知，他抗議嗎？他燒毀他們的房子嗎？他傷害他們嗎？沒有！他想辦法勸人歸從伊斯蘭。當他試圖說服麥加的居民皈依為穆斯林，他可為此登門拜訪七十次！他展現耐心！」

即便如此，每次上課，學生們總是問穆斯林該如何保護伊斯蘭不受詆毀。「麝香本芬芳，」阿卡蘭以一句波斯諺語為眾人指點迷津，「你不需要香水販為你描述它的芬芳。」

伊斯蘭不用誰的保護，但信徒應當試著傳播它的教誨。英國為它的穆斯林付出太多了。「我們是受人好意的一方，」他說，「我們來到這個國家，我們取用他們的富裕，我們取用他們的科技。我們擁有的一切都來自他們。」和英國人分享他們最珍貴的禮物，也就是他們的信仰，是他們起碼能做的。他們起碼能試著拯救英國人不入火獄。「英國人之所以討厭我們，是因為他們以為，我們到這個國家是為了滿足自己的需求，」他說，「我們必須付出。」

和異己共處

謝赫提醒，勸從伊斯蘭的行為絕不能挑釁。你的目標不是贏得辯論。你的目標不是爭取更多信徒以便壯大社群，像個基督教傳教士似的。相較於抗議，謝赫寧願穆斯林花時間在某些《古蘭經》英譯本所謂的「美麗宣教」（beautiful preaching）上。謝赫說，想想先知穆罕默德，還有他力行《古蘭經》教誨的方式，使伊斯蘭顯得更具人性溫度。《古蘭經》令人生畏時，穆罕默德透過呈現其人道的一面，把《古蘭經》的教誨變得更溫和。他向世人展示真主訊息在真實世界的運作。

世上第一個穆斯林社群，生長在多信仰的環境裡。除了穆斯林，麥地那還住著異教徒、追求真理者，以及三支猶太部族。事實上，穆罕默德成為先知的頭幾年，他強調他帶來的訊息不光是針對猶太人和基督徒，也是帶給異教徒的。穆罕默德逃離麥加、甫抵麥地那綠洲之初所說的話，為第一個穆斯林社群，立下基本規範：「散播和平，救饑，履行親族關係，在世人入睡時禮拜，必將平靜進到天堂。」[3]

阿斯蘭在《萬物非主，唯有真主》裡指出，在麥地那時代早期，穆罕默德強調他的訊息是給全部的經書子民，因此他花心思倡導能促進穆斯林和猶太社群相親相愛的作為。在麥地那的第一個穆斯林政權，先知穆罕默德確保穆斯林和其他族群互不侵犯，這些族群包括猶太人、基督徒和異教宗族。「欺負猶太人或基督徒的人，」穆罕默德說，「將在審判日受我指控。」[4]穆斯林得在猶太贖罪日（Yom Kippur）那天齋戒。穆斯林被要求像猶太人一樣面朝耶路撒冷禮拜。穆罕默德挑選週五作集體禮拜日（聚禮），是為了和猶太人的安息日步調一致（而不相衝突）。

隨著穆斯林在麥地那扎根日深，猶太人和穆斯林的差別也加深。城裡部分猶太人開始到清真寺嘲弄穆斯林社群，對某些故事的《古蘭經》版不同於《妥拉》版嗤之以鼻。到麥地那一年半之後，先知接獲一則啟示，要求穆斯林更改他們的禮拜方向，從面向耶路撒冷，改成面向麥加。作家凱倫·阿姆斯壯（Karen Armstrong）指出，面朝卡巴聖殿的轉變，是日後「自豪的新穆斯林認同」[5]出現的徵兆。

接下來幾世紀，最成功的穆斯林政權，無論是蒙兀兒或鄂圖曼帝國，還是穆斯林西班牙，都展現對其他信仰的宗教寬容。對阿卡蘭來說，命令他的學生們散播伊斯蘭的真理，有助於忽視宗教分歧，把注意力集中在彼此共通的人性。他曾解釋，想像自己是精明的生意人：「我經營一間商店，我想要得到每個潛在顧客！」他說，「我不會對人們說：『不，你不能來我的店，因為你是基督徒，或猶太人，或瓦哈比主義者，或伯萊維派（Barelvi）。』做生意賺錢時，你會這樣想。」勸從伊斯蘭時，也該運用相同原則：「對待任何人，要和善。把他當一個人對待，而不是一個猶太人！」

商店的比喻在我腦中迴盪——但不僅是因為阿卡蘭鮮少援引像商業這麼鄙俗的例子。市集符合我自己奉行的原則之一：歡迎多樣性和多元主義。

阿卡蘭在另一次劍橋演講中警告，勸從伊斯蘭或許需要成功生意人的寬大和坦率，但此舉絕不可流於推銷的宣傳用語。信徒不得美化伊斯蘭的訊息。為說明箇中道理，他引用《時代》雜誌裡的「編輯的信」。謝赫朗讀，編輯的信告知讀者，「我們將讀者謹記在心，挑選令他們感興趣的故事。」

（這很正常啊，我心想。否則雜誌要給誰看？）

「銷售人員不在意你的福祉，」阿卡蘭頗為嚴厲地說，「他們只想讓你掏錢包購買。」

他承認，凸顯「伊斯蘭的好，讓世人喜歡我們」確實令人難以抗拒，「但（伊斯蘭的）訊息本身足以自給。它有屬於自己的智慧。」

話雖如此，知己知彼，百戰百勝。「認識人們的背景，」阿卡蘭建議，「信使總是有絕佳個人特質。建立自己的個人特質有所幫助，人們將看見你的特質。他們透過你認識先知。若你寬宏大度，他們會知道你的先知是寬宏大度的。」

他強調，和你所處的地方建立連結。沒錯，「人只是活在這個世界的過客」，吾輩當知真正重要的事情發生在死後。不過，這並不意味著，穆斯林應該在自己居住的社會裡過得像浮萍、切斷人際網絡。住在西方的穆斯林，經常把日子消磨在幻想有一天能「落葉歸根」，回到那個雙親幾十年前離開的旁遮普村莊，或是幻想有一個全境實施伊斯蘭法律的伊斯蘭主義烏托邦。

莫蹉跎，謝赫建議。若你住在英國，擁抱英國。做個好公民。對社會有所貢獻——不只是穆斯林社會。幫助英國政府，如果他們需要你的幫助！促進經濟發展！樂善好施——無論對象是基督徒、猶太人、穆斯林或印度教徒！

謝赫的演說一如往常地自信。藉由敦促學生們走出去，和非穆斯林做朋友，謝赫挑戰了「非友即敵」（*al-wala wa al-bara*）的極端主義概念，這概念主張穆斯林若不到情非得已，不該與非穆斯林交朋友。

勸人不要和猶太人或基督徒做朋友的穆斯林，通常會援引經文第五章〈筵席〉（The Table）的第五十一小節，因為它像是毫不掩飾地警告信徒，別和其他一神論者往來：「你們不要以猶太教徒和基督教徒為盟友。」我最愛的《古蘭經》英譯者克里利，僅將五章五十一節當作反對把「猶太人和基督徒當保護者，因為他們互為保護者」的警告。無論是「保護者」或是「盟友」，這句話似乎鼓勵穆斯林和其他宗教的信徒保持距離。不友善的狂熱分子——穆斯林和非穆斯林都一樣——喜歡把五章五十一節的句子，當作「我們」應該遠離「他們」的證據。我看過聲稱掌握了「某亂七八糟宗教的政治不正確真相」[6]的不入流恐伊斯蘭網站引用五章五十一節。我還在網路上看到它被一名強硬派穆斯林謝赫援引。在回應一名年輕人對於穆斯林能不能和非穆斯林「打籃球」或「一起玩」的疑問時，他發布編號五九八七九的教令：「真主禁止信道者和（不信真主者）做朋友。」[7]

我拿這段經文請教謝赫時，他警告說，五章五十一節不是一個概括聲明。相反的，它是針對麥地那時代某特定時刻的一個非常明確的非穆斯林團體。當時有幾個猶太部族和異教的古萊須族聯手對抗年輕的穆斯林社群。「這段經文在他們交戰時降世，」他解釋，「經文之所以這麼說，是因為儘管不信真主者勢力強大，卻仍處處抵制穆斯林，迫害他們，不給他們自由。」

謝赫鼓勵學生們，多認識其他宗教的信徒。邀請你的非穆斯林鄰居參加女兒的婚禮！（他已身體力行，好在「我們的鄰居本來就非常和藹可親」。）如果你的鄰居生病了，幫助他們！給他們送上一盤印度咖哩餃！「刀劍可不是讓人親近伊斯蘭的方法，」他笑道，「有時候，食物比刀劍更有力量。請他們到家裡享用美味的印度香飯。」或中東烤肉。這些都是「與人交流，與人互動」的方法。世人不是你的敵人！如果有道藩籬擋在你和他們之間，打破藩籬！如果人們只聞到你煮印度香飯傳出的味道，他們會討厭你！如果你把印度香飯和他們分享，他們會愛上你！

以印度香飯勸從伊斯蘭的畫面，令我發笑，現場其他聽眾也在笑。他對他的聽眾瞭若指掌：多數都有南亞的血緣背景。每當他提起賈漢國王（Shah Jahan）*的統治，或背誦烏爾都對句，或講有關印度教徒和穆斯林的笑話，都是在提醒聽眾，他的精神支柱不只有伊斯蘭，還有印度次大陸。謝赫將他對拉克瑙的愛、他對巴基斯坦詩人伊各巴勒詩作的熱情，還有傳統宗教學者的教養全帶來英國，因而能對這個新國家保持靈活、開放的觀點。恰恰是沉浸在自己的信仰和文化之中，使他能夠平靜地在異國生活。

研究全球伊斯蘭運動的法國學者奧利維耶·羅伊（Olivier Roy）寫道，大規模穆斯林遷徙經常將宗教從文化中「去連結」（delinked）[8]。有幸在喀拉蚩（Karachi）過比較好生活的鄉村之子，或拿到美國綠卡的喀拉蚩青年，通常會覺得和自己祖先的文化沒有聯繫。有些人會透過全球

*編注：印度蒙兀兒帝國的君主，於一六二八至一六五八年在位。

化形式的伊斯蘭去填補那個洞，導致產生一個脆弱的伊斯蘭身分認同，一個從自己的過去硬生生摘下的身分認同。羅伊指出，這個沒有根基、去脈絡化的伊斯蘭類型，反映出它被生產的過程：全球化。這些人的祖先沉浸在某地方穆斯林文化之中，擁有共同的記憶、歷史人物和習俗，而這個「去連結」的伊斯蘭卻像是手機ＳＩＭ卡：一個便於攜帶、可被取代的信仰，沒有屬於自己的根基和文化。

一九九〇年代中期，很多美國穆斯林公開宣稱，他們很高興能脫去雙親移民時帶來的地方習俗。他們穿T恤參加青年大會，上面印著宣稱多樣性蘊含力量的《古蘭經》詩句：

> 眾人啊！我確已從一男一女創造你們，我使你們成為許多民族和宗族，以便你們互相認識。在真主看來，你們中最尊貴者，是你們中最敬畏者。（四十九章：十三節）

我和這些美國青年見面時，他們經常向我保證，他們不會再被雙親從巴基斯坦或敘利亞帶來的狹隘、本土化伊斯蘭束縛。他們的伊斯蘭將是純淨的，絕對虔誠的伊斯蘭，而不是混雜習俗的伊斯蘭。「全新的開始，全新的疆界！」東岸某學院的一位穆斯林領袖充滿熱情地說，「我們可以擺脫所有的中東文化包袱，創造全新的文化，遠離穆斯林世界的紛擾和混亂。」

我記得當初有點感慨地思忖橫掃全美的揮別過去狂潮。這些新世界的拓荒者，真的要倉促地剷除先民立下的文化嗎？文化跛腳的伊斯蘭能夠維持多久？我也思忖著，他們多久之後才會建立起屬於自己的文化和傳統。這些大談新的開始和純淨出身的年輕美國人，是擁抱《大亨小傳》故事末了之美夢的最新移民。這些新穆斯林移民的言談議論，像是期待信仰更加純淨，遠離獨裁者、戰爭和打壓，在我看來，和費茲傑羅描述歐洲人發現美洲新大陸，第一眼看到「一片清新、翠綠的新世界」，以及希望這世界保持清新、翠綠和新鮮的短暫期待，有許多相似之處。

短暫的政治與永恆的後世

謝赫又講了一個笑話，這次是關於傳統埃及丑角朱哈（Joha）。某天他晃蕩到河邊，看見一群人，他們滿心期待地在對岸等待著。

「你們在等什麼？」他大吼。

「一艘船，」他們呼喊回答，「到對岸！」

「為什麼？」朱哈放聲說，『你們就在對岸。」

謝赫說，太多時候，穆斯林表現得就像河邊的朱哈：「我們未曾試圖從其他人的潛在角度檢視問題。」

「我以為你們穆斯林總說那是美國人的毛病，」我挖苦道，「沒有能力從他人的觀點看事情。」

「我是認真的！就像我聽穆斯林抱怨美國人總是支持以色列。他們認為那和美國對民主與人權的支持不相符。但美國的態度是一貫的，因為他們支持的是自身利益。若用這個角度來看，美國是非常始終如一的。」

這是我生平第一次聽到阿卡蘭提起以巴糾紛。我總認為這件事對穆斯林而言是重要議題，但阿卡蘭除外。一如喀什米爾、敘利亞、阿富汗境內的鬥爭，他把這個中東衝突也留給大寫M的穆斯林去煩惱。對阿卡蘭來說，為一點土地大打出手，重要性遠不及探索地獄或天堂的邊界。若真的投身政治工作，在國會為穆斯林遊說是可以的，但前提是不能在過程中犧牲了虔信精神。政治斬獲是短暫的，但後世是永恆的。對阿卡蘭來說，穆斯林的真正獎勵不在前一九六七年的巴勒斯坦邊界，也不在任何穆斯林國家裡。事實上，獎勵不在這個物理世界，而是在真主賜給敬慕祂的人的永恆世界。

第十四章

法老和他的妻子

「如果是對抗不公的統治者呢?」年輕女人問謝赫。莫娜(Mona)才二十六歲,但給人的感覺更成熟。她表情莊重,卡其色頭巾包得密不透風。她是劍橋神經科學的博士候選人,提問傾向鎖定神學範疇或更精確的阿拉伯文法疑義——接受系統分析訓練的學生會提出的問題。但她今天的問題似乎多了幾分迫切性?她追問,面對暴政,我們該怎麼回應?

「敬神的空間有時會被奪走,」謝赫同意,「即便如此,人們仍應繼續盡力而為。」他呼籲,想想先知優素夫,「在那個女人的家裡」,在大牢裡。他說,敬畏真主的人,在任何地方都能崇拜他。

謝赫在劍橋一間寧靜的教室裡如是說。那個夏天稍早,莫娜家鄉開羅的街頭,被憤怒的埃及人癱瘓,最後屍橫遍野。她說,那是「我人生最艱難的時候」。那個夏天,埃及軍隊罷黜國內第一個經民主選舉誕生的總統,穆斯林兄弟會的穆罕默德・穆爾西(Mohamed Morsi)。

莫娜心愛的親兄弟哈利德(Khaled)曾是穆爾西的頭號顧問,在他執政時擔任外交部祕書。謝赫建議莫娜向獄中先知優素夫看齊後,又過幾個禮拜,軍隊把哈利德送進大牢,同樣被監禁的還有其他幾名總統顧問和穆爾西本人。莫娜和她的家人好幾個禮拜沒有哈利德的下落。儘管再過六個月就能完成博士學位,莫娜通知劍橋校方將暫停學業。她自願擔任穆斯林兄弟會的英國發言人,為哈利德的釋放遊說。當時,西方政治評論家稱軍隊的行動是「干預」,但莫娜上英國電視節目,稱穆爾西的免職是「軍事政變」。她後來說,此舉意味著她在無限期的未來都無法回到埃及。

她願意做那樣的犧牲。早在十多年前，還是青少女時，她就對不公不義有感。她在由私立國際學校與昂貴商店構成的開羅「小眾環境」成長，與在底層求生的埃及平民徹底隔絕。可是，特權並未阻止她看見埃及在穆巴拉克（Hosni Mubarak）的統治下，存在巨大不平等和腐敗。特權也無法保護她的家庭不受國安局騷擾。莫娜告訴我，她父親是某私立學校校長，因為沒按照規定在學校掛穆巴拉克肖像，被警察找麻煩。他甚至得付一筆費用為政府派密告者駐校監看。「十足的老大哥舉措。」她表示。

五個兄弟姐妹中，她和哈利德最親。在齋戒月晨禮前起床讀《古蘭經》的〈懺悔章〉，是他們的最愛，她說，這章的主題「是勝利」。儘管還是青少女，莫娜追隨哈利德加入穆斯林兄弟會，他們認定穆兄會是埃及唯一認真對抗穆巴拉克統治的勢力。這對手足迅速崛起：莫娜是天賦異稟的演說家，哈利德是能幹的組織者。在穆巴拉克的統治下，莫娜相信，她的行動主義拖累了她的事業。她以第一名的成績從大學畢業，卻眼睜睜看著自己想要的教職被別人拿走。當她獲得三份到劍橋唸書的獎學金，政府官員答應放行，但也不忘提醒她，倘若他們有心，隨時能中止她的學業。「好像我欠他們什麼一樣。」她不屑地說。

為表達對解放廣場（Tahrir Square）抗爭的支持，莫娜在英格蘭參加阿拉伯之春的遊行。儘管對埃及正在甩掉她忍受了一輩子的政治麻木感到歡欣鼓舞，但家鄉傳來令人膽戰心驚的消息。國家警察毆打她的叔叔（伯伯）和表親，她的好朋友被催淚瓦斯攻擊。一枚子彈差點射中她的親兄弟。穆巴拉克垮臺時，莫娜滿心歡喜，對國家終於能得到民主和正義充滿期待。後來穆斯林兄弟會贏得選舉，莫娜相信她的政黨能為埃及人贏得裡子和面子。一年後，她卻看著軍隊和穆兄會支持者在埃及街頭交戰。若說埃及的阿拉伯之春當初伴隨民主希望而生，如今它又倒退回獨裁專制。幾個月過去，她僅收到關於哈利德的片段消息。她得知他被單獨監禁，她的嫂嫂（弟媳）正竭力替他的牢房爭取一條毯子。

我問莫娜當初受到什麼啟發而參與政治，她告訴我，她的刺激來自二〇〇〇年第二次巴勒斯坦大起義（second Palestinian intifada）期間看見的不義。巴勒斯坦人發動的示威在全國各地爆發，導致人員在與以色列軍隊的衝突中傷亡。她當時僅十四歲，看到了著名的新聞影像：在加薩街頭，十二歲的穆罕默德·杜拉（Mohammed al-Durrah）畏縮身體，抓著父親，試圖在槍林彈雨中尋找庇護。[1]受到這影像的衝擊，她決定為打擊不公義貢獻己力，從致力改變在家鄉埃及所見的貧窮和貪腐做起。「伊斯蘭講求正義，」她提出自己的理由，「我想當個好穆斯林，所以我必須阻止世界上的不公義。」

誠如莫娜，一直以來，我被告知正義乃伊斯蘭美德的基石，其地位宛若愛之於基督教。眾先知被派到世間，就是為了透過他們的訊息，讓世人享有正義。多妻的男人被勸告要公平對待妻子們，商人在集市做生意要公道。「正義的領袖」，據說先知穆罕默德曾說，將成為「真主的最愛」[2]，而真主「最痛惡」的絕對是暴君。伊斯蘭蘇非密契主義者或許重視愛，但二十世紀穆斯林改革派論述中的主旨，絕對是正義，通常還交織著對擺脫當地獨裁者和外來帝國主義的高聲疾呼。何梅尼高喊正義和反抗伊朗國王之暴政；伊斯蘭女性主義者專注於在《古蘭經》裡尋找性別正義。「正義」是喀什米爾和巴勒斯坦的口號，也是伊拉克和關塔那摩灣請願的訴求。

我打電話給謝赫，請教正義的事。「這是伊斯蘭的基本信條，對嗎？」我問。

他猶豫了一下。他說正義當然存在，但不必然在這輩子實現。真主將於來世伸張正義。在伊斯蘭政治圈裡，正義引發太多不同的見解，他說，導致穆斯林受到傷害。「就拿巴勒斯坦來說吧，」他舉例，「我們不會懷疑巴勒斯坦人受到猶太人的欺負。可是我們必須思考怎麼幫助實際上非常弱小的社群。伸張正義沒有幫助。」

「沒有嗎？」

「沒有。若緊抓正義不放，那麼這弱小的社群會變得更弱小，因為掌權者不會退讓。他們只會更痛恨這個社群。」

「可是，不追求正義，穆斯林還能怎麼做？」我問。

妥協，謝赫說。妥協會帶來和平，如此一來，受打壓的社群將換得療傷的時間和空間。

「弱小的人，若不承認弱小，只會給自己帶來愈來愈多的傷害，」他指出，「有人說，『求和等於接受不公義。』我認為，求和等於爭取時間。」

他提醒我，《古蘭經》說「和解是更善的」。

更何況，為正義打鬥不會得到和平，他說：「巴勒斯坦和喀什米爾的人就是證據。他們需要時間和空間想辦法，動手建設。他們需要教育。如果他們繼續為了正義而戰，他們會失去更多——而且甚至不會爭取到正義。」

當初看起來是弱點的東西，最終可能被證明充滿力量。拿胡代比亞和約（Treaty of Hudaybiyah）來說好了，他舉例。衝突發生在西元六二八年，當時先知和追隨者以麥地那為基地，和麥加的古萊須族還是處於交戰狀態。儘管掌權的古萊須人依舊掌控卡巴聖殿，穆罕默德宣布，他要到麥加進行小朝。一千四百名追隨者決定與他同行，即便他表示將不會攜帶武器。這是個勇敢的決定，畢竟古萊須人過去六年不斷試圖謀殺先知。就在距麥加城幾公里之外，一處名為胡代比亞的地方，穆罕默德的駱駝屈膝跪坐不願再站起來。

朝聖者坐在沙漠裡，等待古萊須人派使者來協商進城事宜。他們最終同意，但提出了穆罕默德多名友伴都認為他應該拒絕的一項條件。乍看之下，協商的條件非常羞辱人：穆罕默德必須回到麥地那，不得進行小朝，一年之後才能回來。不過，這意味著麥加和麥地那將簽下十年的和平條約——只要穆罕默德把未經古萊須族許可便跟隨他徙志的所有麥加人都送還。然而，這條件不適用於古萊須族這一方，他們可以留下倒戈的所有穆斯林。儘管條件不公平，穆罕默德同意停戰。

當他簽下和約，他的友伴、未來的哈里發歐瑪爾（Caliph Umar）走向先知。

「你是一位先知，不是嗎？」他問。

先知回答是。

「難道我們不是在正道？他們不是在歧路？」

沒錯，先知平靜地回覆。

歐瑪爾表示懷疑，認為此舉是向麥加人投降。

為證明穆斯林接受這份和約，先知要求友伴宰殺他們的駱駝並將頭髮剃光。這兩個舉動是象徵性的認輸，表示他們失去了小朝所需的純淨狀態，因而必須放棄進麥加城的計畫。沒有人動手宰殺他們的牲畜，也沒有人剃頭。穆罕默德再次要求——總共三次。但他們只是盯著他看，茫然而困惑。

大失所望，先知走進妻子烏姆—撒拉瑪的帳篷。她告訴他，穆斯林很生氣。「出去，不要多說什麼。宰殺你的牛，剃掉你的頭髮。」她如此建議。先知照做，於是先知的友伴們趕緊跟著做，滿腔熱血地替彼此剃頭，烏姆—撒拉瑪還擔心會出可怕的剃頭意外。[3]

翌年，這群人按照和約規定前來朝聖。朝聖者執行儀式時的穩重自持，令麥加居民印象深刻，於是決定不再支持戰爭，放棄對付這群他們當初聽說是宗教極端分子的人。一年後，先知穆罕默德和友伴們凱旋進入麥加。這座城市毫不抵抗地屈服了。

謝赫解釋，為聚集力量，先知穆罕默德必須先表現得弱小。「《古蘭經》視胡代比亞和約為一次勝利，」阿卡蘭說，「雖然和約不利於先知，可是他爭取到時間。他可以聯繫其他的阿拉伯人。和解給了他絕佳的機會。」

不幸的是，他說，今天的穆斯林領袖往往不夠強壯、靈活，以至於無法妥協。「若巴勒斯坦人和解，他們可以重整旗鼓。他們的孩童能夠受教育。這麼多年，無盡的爭吵打鬥。這麼多年輕人被殺害。」

政治不是伊斯蘭的核心

「他是激進派嗎？」每當非穆斯林聽我談起謝赫，經常這麼問。「完全不是，」我總是這樣回，假設我們都是以後九一一時代的語言符碼交談，「絕對不是。」

我是說真的。他不是激進派。起碼不是他們所謂的激進派。

他的激進主義完全是另一個境界。他是極端分子、寂靜主義者，號召穆斯林遠離政治，把近幾百年伊斯蘭主義者普及化的思想架構拋諸腦後。阿卡蘭想要一個非政治的伊斯蘭，除去一整個世代的穆斯林所受的薰陶。這些穆斯林成長過程中，讀阿布—阿拉·毛杜迪（Abu l'Ala Maududi）和賽義德·古特卜（Sayyid Qutb），以及在他們之前的十九世紀先驅的作品長大。這些理論家的目標是讓不適應現代性的穆斯林，在遭遇社會政治困境時能求助於伊斯蘭。他們的作品啟發了革命、政變和憲法。儘管這些思想家將信仰與政治行動畫上等號，謝赫認為政治是微不足道的。他深信我們只是地球的過客，對土地或權力的庸俗追求不是伊斯蘭的重點。比起為世俗地盤爭執不下的人，阿卡蘭的立場更加堅定：放棄追尋民族國家或國會席次，心向真主。「真主不要人們對其他人抱怨，」他說，「人們不該對真主以外的任何人抱怨。」

那些花在嚴厲譴責、組織籌劃、抗議遊行的時間？何不保留給禮拜。不公義的政府掌管世界又如何？隨他們去。而且他們並沒有掌管世界。世界是由真主掌管，況且真正的信道者需要擔心的是後世。沙烏地阿拉伯規定女人要穿戴頭巾又如何？就穿吧。法國政府不讓女人穿戴頭巾上學又如何？在家穿就好了。一國之律法只要不妨礙你崇拜的能力，都應受到尊重。最終，你該服從的不是沙國政權、法國政府，甚或自己的慾望，而是真主：「你是一名奴僕。真主的奴僕。祂是你的主。」

在敘利亞內部戰火肆虐、以及阿拉伯之春的後果使埃及陷入動盪之際，表達這樣的政治寂靜主義立場需要勇氣。其他宗教學者同僚覺得不得不在週五聚禮的佈道中，傳達更強硬立場，挑起對西方的憤慨情緒，呼籲嚴格執行伊斯蘭法律。謝赫感嘆，而那正是這年頭許多年輕穆斯林想聽見的論述。

他並非想要宣揚徹底的政治冷漠，或要求世人全面迴避政治。還在印度的時候，每當穆斯林問他應該投票給誰，他總是聳聳肩，要他們勾選任何他們認為有心建設國家的政黨。對印度好，就是對印度的穆斯林好；投票給鎖定穆斯林選票的政黨，只會挑起不同教派之間的對立。阿卡蘭說，伊斯蘭主義者最大的問題，在於傾向把伊斯蘭的重點放在政治鬥爭，而不夠注重宗教虔誠。他說，著名的二十世紀思想家，像是埃及的古特卜和巴基斯坦的毛杜迪，把政治變成伊斯蘭議題的焦點。「政治事務是伊斯蘭的一部分，但伊斯蘭不等於政治事務，」他解釋，「誠如馬克思讓萬事萬物都和錢脫不了關係，毛杜迪和古特卜把政治事務變成伊斯蘭的核心。沒有人否認錢的重要性，但錢不是萬事萬物的核心。同理，政治事務不過是伊斯蘭的一小部分。」

從阿卡蘭的虔誠角度反觀，伊斯蘭主義的政治事務瑣碎而偏執。實施伊斯蘭法的熱烈討論，主張重新採用哈里發制度（caliphate，伊斯蘭早期的領袖體系）的海報，放火燒毀領導人的模擬肖像，為登上ＢＢＣ新聞高舉以英文書寫的口號旗幟，這一切都只是政治如常（politics as usual）。*

無人能控制敬主之心

謝赫發表「伊斯蘭法、伊斯蘭國家和聖戰」演講那天，演講廳的男性座位區徹底爆滿。倫敦大學的皇后瑪麗學院（Queen Mary’s College）禮堂充斥年輕男性，有些甚至被擠到女性座位區。謝赫聽小道消息指出，聽眾裡有許多強硬團體伊斯蘭解放黨（Hizb-ut-Tahrir）的成員，迫不及待想挑戰他的政治寂靜主義。（該團體後來駁斥了這些謠言。）謝赫做好以穆斯林教養消除任何年輕狂熱分子敵意的萬全準備。他說，講到他對伊斯蘭運動的分析時，他希望他們記住一段烏爾都韻文：「在庭園裡，」他翻譯，「當我顯得有點挑釁，或是無禮冒犯，或是對你造成傷害，請接受並容忍我，因為毒藥有時也是解藥。」

「有時候，你靠吃藥痊癒，」謝赫警告眾人，「有時候則是靠毒藥。這種毒藥總有一天會出現，若真主意欲，所以請別擔心。」

現場哄堂大笑，就連後排穿皮夾克雙腿開開的後梳油頭老兄都很捧場。謝赫穿淡粉色襯衫配灰色V領毛衣，溫柔地為聽眾注射他的「毒藥」。他表示，把政治力量當作目標，等於沒有追隨先知的步伐，而是步上與先知為敵的君臣統治菁英的後塵。追求伊斯蘭法是不切實際的：實施伊斯蘭法削弱虔誠，而不是累積虔誠。他主張，經國家批准實施伊斯蘭法，「不過是把人變成聽話的動物。真正的虔誠源自於個人的堅定信仰。如果信仰深植於心，國家和有權有勢者無法奪走。」他說。引進國家強制加諸的伊斯蘭，等於「招來虛假的虔誠」。

那天下來，我感覺聽眾愈來愈放鬆。到了茶點休息時間，相較於稍早的緊張對立，現場已明顯散發卸下心防的氛圍。我的預感正確：演講結束後，不少男性聽眾走向阿卡蘭，小聲地承認這堂研討課極富啟發性。「他們說早上的時候，他們本來和我有很不一樣的想法，」阿卡蘭說，滿意地點頭，「但經過合乎邏輯的適當說明，我改變了他們的看法。」

＊譯注：大致指依循現狀和既定方式的政治運作，亦翻作公式政治。

但也有學生成功抵禦謝赫的說服力。在一次演講中，有個學生站起來，大談實施伊斯蘭法的必要。「我們得忘掉伊斯蘭法，」謝赫簡潔地回覆，並把注意力放在適切的崇敬。後來，男子對研討課的籌辦者抱怨，說謝赫太過「親政府」。有一次，謝赫說把精力浪費在抗議英國政府，不如專心禮拜，一名年輕女子舉起手，以強有力的語調稱他是個「失敗主義者」。

他似乎不在意被批評。某次回印度，謝赫拜訪母校納德瓦，並發表演說談論伊斯蘭和西方。「我不認為他們喜歡我的演講。」他愉快地告訴我。

「你怎麼知道？」

「我能感受聽眾的心情，」他說，「我猜他們想要我批評美國和沙烏地阿拉伯。」

「所以你說了些什麼？」我問。

「我告訴他們，批評西方，是把他們想像成一支軍隊，是想要在軍事上擊敗他們，」他說，「但西方不等於軍隊。西方也是思想，是文化，是歷史。包含所有面向。」在當今這個時代，試圖圍起一個純淨的伊斯蘭世界，不受全球文化的吹拂，是有勇無謀的行為。

他嘆了口氣。「要是我有多點時間，我就可以帶他們認識我的思路。」

納德瓦聽眾席至少有一個學生懂他。有個大學部學生寫信感謝謝赫的「寬容和遼闊觀點」。他「厭倦聆聽宗教學者對西方的偏執觀點」，年輕人寫道，「特別是對猶太人和美國人」。謝赫「為思想狹隘的環境注入新鮮空氣」。

有時，就連我也渴望阿卡蘭能多將《古蘭經》和先知的傳統與世俗事件做連結。我不怕承認：我是世俗的人，我想要他說明，他的教誨在現實世界怎麼運作，而不是局限在看不見的靈魂世界。我發現，每當研討課有人提出政治性問題，我總是精神為之一振。我列印謝赫的演講傳單，主題是「英國國防聯盟在麥加？」（English Defence League in Makkah?）簡介指出先知在麥加受古萊須人迫害，和英國國防聯盟（恐伊斯蘭的右翼政黨）崛起之間的相似處。但在演講上，謝赫幾乎沒談到英國國防聯盟。他語重心長地說，他們根本不值一提。好穆斯林不應放任自己心有旁騖。他的思緒和真主力量同在，不捲入俗世的紛爭。

謝赫的觀點鍛造自印度和英國相對自由的環境，缺乏莫娜的埃及血統行動主義的迫切性。他認為穆斯林涉足政治場域的時機尚未成熟，但莫娜和其他穆斯林兄弟會成員不同意。「對抗不公是人的責任，」莫娜告訴我，「在心裡譴責是不夠的。」在枝葉扶疏、天下太平的牛津，讓靈魂接受虔信精神的訓練和生活在獨裁政權之下，完全不能相提並論：「在埃及，你不能做好人，因為埃及的環境不允許，」她說，「我瞭解他認為政治是個腐敗的環境。但如果我們放任政治腐敗，就擺脫不掉腐敗的政治人物。」

出生在南亞分割之後，謝赫成長時，社會對該區域追求民族自決的奮鬥記憶猶新。對穆斯林專屬的烏托邦寄予厚望？為爭取屬於自己的國家拋頭顱灑熱血？這一切只給穆斯林帶來巴基斯坦問題。在邁向南亞獨立之前，「到處都是反對英國的言論，人人都想要自己的國家，印度教徒想要一個國家，穆斯林想要一個國家，」他說，「如果英國是真正的問題，印度教徒和穆斯林為什麼想來英國？為脫離英國殖民獨立而戰的那些人，他們的子孫都跑來這裡！全都來英國定居！」

為爭取空間的奮鬥——爭取國家，如巴基斯坦，或爭取一個夢，如新的哈里發制度——讓穆斯林岔離真實目的：實踐虔信精神。謝赫會說，記得優素夫在主人家工作，抵抗主人之妻的誘惑嗎？在他自己的空間——他的腦，他的心——他盡力保持虔敬。「今天穆斯林擔心更廣闊的空間，」他若有所思地說，「但我們的個人空間，沒有誰控制我們。在我心裡，如果我愛真主，世上沒有任何力量能阻止我。若穆斯林沒妥善運用這個空間——亦即心的空間——就沒有權利批評另一個更大的空間。」

法老和他的妻子

莫娜在馬亞迪（Maadi）長大，和我跟家人在開羅時住的是同一個市郊。我們在一九七八年匆匆離開喀布爾，因為政變後，新的馬克思主義政府顯然不需要美國法律教授的服務了。父親接受開羅大學（Cairo University）的教職，於是我們舉家搬到馬亞迪，那裡有豪華別墅、尼羅河畔咖啡館和國際學校，提供東方的類西方郊區生活。當時我十二歲，著迷於在交通不繁忙的街道騎腳踏車。我會騎車到九號街（Road 9）的商店區，買肯德基吃，到當地精品店看喇叭褲。我到美國學校唸書，參加啦啦隊和游泳隊。在我的中學迪斯可舞會上，唐娜．桑默（Donna Summer）

〈最後一支舞〉（Last Dance）的節奏，顫動茉莉花香瀰漫的夜晚。

我的馬亞迪生活虛幻不實。受到沙達特（Anwar Sadat）促進西方和波斯灣國家投資的「開放」政策影響，埃及民眾被社會和經濟壓力消耗殆盡。在我們搬來的前一年，埃及國內爆發「麵包暴動」（Bread Riots），導火線是沙達特取消政府對油和麵粉的補助，導致糧食價格劇增。令虔誠穆斯林不滿的是，他淡化埃及的伊斯蘭認同，改轅易轍，著重起國家的法老歷史，到美國宣傳圖坦卡門王的寶藏，以期促進觀光、增進與華府關係。

沙達特掌權的埃及展現的炫耀性消費，引發社會向篤信伊斯蘭尋求回應之道。許多中產階級埃及人求助於信仰的力量，有時是作為精神寄託，有時是作為承受現代化日新月異的方法，有時兩者皆是。多數篤信宗教的行動主義，和莫娜從事的行動主義類似：以和平手段，透過慈善工作或法律遊說，嘗試改變社會。不過，有一小撮人認為，伊斯蘭復興主義比和平抗議更有意義。從我練習騎腳踏車和享受週五晚間迪斯可的馬亞迪跨越鐵軌，將進到另一個非常不一樣的馬亞迪，屬於「當地人」區。[4]艾曼・扎瓦希里（Ayman al-Zawahiri）的診所在此營業；他是傑出的年輕醫生，也是伊斯蘭團（Jama'at al-Islamiya）行動分子，以及未來的蓋達組織領袖。

身為美國人，住在沙達特主政期間的開羅，很容易以為整個埃及都是自己的地盤。我的美國學校在金字塔前舉辦高中部畢業典禮，請到埃及第一夫人潔罕・沙達特（Jehan Sadat）作畢業致詞。埃及準備成為第二大美援國，這是對沙達特和梅納赫姆・貝京（Menachem Begin）簽署《大衛營協議》（Camp David Peace Accords）的獎勵。我記得尼羅河附近的擁擠人潮，我和弟弟擠破頭爭睹被美國人稱為和平推手的兩個總統的車隊：吉米・卡特和沙達特。「卡特看起來糟透了，」母親在一封家書中寫道，「他和沙達特，還有兩位第一夫人，坐敞篷車穿梭開羅街頭。好可怕，我覺得很不必要。要是有巴勒斯坦解放組織的人在場，就玩完了。」*按照阿拉伯獨裁者的偉大傳統，沙達特無所不在；他光亮的禿頭和莊嚴的軍人姿勢，盤旋在廣告看板和咖啡店裡高掛的照片。他甚至在我的臥房，從高處俯視我。我在市集買了一張便宜海報，上面印著沙達特的頭，兩側圍繞幾隻嘴裡銜著橄欖枝的白鴿。海報比總統先生經得起歲月考驗，總統死後，海報繼續在我的牆上日漸泛黃。

沙達特在一九八一年遭伊斯蘭團的分支團體刺殺身亡。年輕激進分子哈立德・伊斯蘭布利（Khaled al-Islambuli）是名為「伊斯蘭聖戰」（Islamic Jihad）的密謀團體成員之一，在沙達特總統閱兵之際將他槍殺。「我殺死了法老。」他高呼。

對埃及伊斯蘭主義者而言，法老具有強烈的壓迫意味，從國家歷史和暴君壓迫摩西及其族人的《古蘭經》故事可見一斑。[5]伊朗伊斯蘭革命也曾利用法老形象，在宣傳海報上將國王描繪成《古蘭經》故事的暴君——然後把何梅尼描繪成摩西。

阿卡蘭帶我讀經的那年，民眾湧入埃及街頭，再次與被視為法老的埃及領袖為敵。抗議者高舉的招牌上，是頭戴圖坦卡門王金藍條紋皇冠的埃及總統。誰當總統都一樣：無論伊斯蘭主義者、世俗主義者或民族主義者，只要統治埃及，總有一天會被貼上法老的標籤。

阿卡蘭對法老的政治意象，以及對抗法老爭取正義，皆不甚感興趣：倒是對《古蘭經》裡法老之妻的故事很熱衷。一而再，再而三，他略過法老不談，召喚他妻子的故事。被《古蘭經》封為「信道之人的模範」，法老之妻選擇相信真主，而不是相信她丈夫崇拜的偶像和巫師。她請求真主：「求祢在樂園裡為我建造一所接近祢的房子；求祢拯救我脫離法老及其惡行，求祢拯救我脫離不義的民眾。」[6]

「她擁有一切，」阿卡蘭讚嘆地說，「房子、珠寶、僕從、權力。可是她拋下一切，拒絕她的丈夫，順從她的真主。」

強調法老暴政者和忽略其暴政者（如阿卡蘭）的分野，正說明了當代穆斯林思想家之間的本質差異：伊斯蘭應該被當作一個政治工具，或單純扮演道德的指引？從聖戰分子到女性主義者的各路改革派穆斯林，皆主張伊斯蘭信仰——至少伊斯蘭符號——應用來促進政治變革。傳統遜尼派學者如阿卡蘭，則認為自己扮演的角色是道德園丁，對統治者循循善誘，但不直接治理人民。

---

* 編注：一九七八年，埃及總統沙達特和以色列總理貝京簽署《大衛營協議》，並由美國總統卡特見證。《大衛營協議》包括埃以和平條約，結束了埃及和以色列自一九四八年以阿戰爭以來的對立狀態，埃及取回西奈半島領地。埃及因此被視為第一個承認以色列的阿拉伯國家，引發巴勒斯坦憤怒，並被阿拉伯聯盟（League of Arab States）除名。

我想了想法老和他的妻子，他們似乎完全符合中東故事裡常見的角色：對公眾生活行鐵腕統治的強人，和內向專注於家、家庭、信仰的虔誠女人。這兩個原型似乎見諸我為美國雜誌所寫的每篇故事，是描繪伊斯蘭世界的西方敘事不可或缺的紋理。總的來說，伊斯蘭國家的主流故事，是由掌權的家父長講述，並以掌權家父長為主角——像是毛拉或世俗獨夫，如伊朗國王、海珊等。這些法老往往如龐然大物，阻擋我們看見社會中的百姓，遮蔽沒有能力購買大量軍火或到西方世界首都參加高峰會的一般人。

謝赫反對任何極端，而且質疑任何宣稱無所不包的體系，無論是西方或伊斯蘭的體系。伊斯蘭主義思想家如古特卜和毛杜迪想要伊斯蘭為現代社會提供一切解答，是誤入歧途。在謝赫看來，尤其諷刺的是，這些偉大的伊斯蘭捍衛者其實是受西方影響的穆斯林，而非傳統穆斯林。提出「系統」說，並呼籲「先鋒」[7]創造伊斯蘭國家，古特卜活脫就像二十世紀的西方革命分子。研究伊斯蘭運動的學者馬利茲．魯思文（Malise Ruthven）指出，古特卜的先鋒概念具有歐洲血統，最早可追溯至雅各賓黨人（Jacobins），然後由布爾什維克（Bolshevik）和更晚近的馬克思主義游擊隊如德國巴德爾—邁恩霍夫幫（Baader-Meinhof gang）持續發揚光大。[8]

阿卡蘭直白地說：把伊斯蘭當作從刑法至銀行實務等萬事萬物終極解答的年輕人，不過是想要一個帶伊斯蘭氣息的西式國家。全面「伊斯蘭化」，源自對西方權力和地緣政治優勢的深層嫉妒。「他們想要的，」他說，「是一切西方擁有的。」

穆斯林背離虔信，西方崇拜慾望

一九四八年，現代極端主義教父賽義德．古特卜，從家鄉埃及搭乘蒸汽船前往紐約港。航行期間，有位「和他同房的高挑美麗半裸女子」[9]對他求歡，日後古特卜把這個遭遇，描述為對其穆斯林道德操守的重大試煉。後續見聞每況愈下。他把紐約比喻為一個「巨大工廠」，車流「疾駛彷彿道路前方就是審判日」，市民們眼裡「充滿貪婪、慾望和色慾」。他的美國經驗，以及在美國所見的種族歧視、心靈空虛和縱情聲色，成為他批評西方世界的素材，而他的批評將啟發無數激進分子，包括沙達特的刺客和蓋達組織的扎瓦希里。

阿卡蘭也曾站在曼哈頓的陸地邊緣眺望紐約港。二〇〇六年，紐約大學的伊斯蘭學會（Islamic Society）邀請他發表演說，他下榻在離世貿雙子星大樓遺址不遠處。透過飯店窗戶，他觀看群眾從渡輪湧向陸地，瞇眼遠望露手臂的女子高舉火炬。參觀世貿遺址時，他看到的是一個被警察和旗幟團團包圍的街頭坑洞。操縱飛機撞向雙子星大樓的人，重創了美國，但也重創了世上的穆斯林。低頭向下看，他的腦中閃過世貿中心的炸彈客，閃過以反恐戰爭還擊的美國政治人物。雙方都執迷於外部威脅，就像相互對稱的雙子星大樓。聖戰分子把穆斯林世界的問題推到西方頭上，美國鷹派則過分誇大聖戰分子的威脅。阿卡蘭認為，雙方都不願意正視其社會病灶。以穆斯林的情況而言，病灶是錯誤地背離真實的虔誠，轉而追求認同政治。以美國的情況而言，病灶是道德衰敗，以及對「暴飲暴食、金錢、性愛等」難以抑制的慾望，阿卡蘭說。

他說，有太多美國人誤解了港口持火炬女士雕像的意義。「人們口中的自由，像是盡情購物、恣意打扮、飲酒作樂等等，對人是不好的，」他後來對我說，「真實的自由，意味著不受慾望束縛。真實的自由，意味著思想自由。若你的思緒聽從慾望指使——如何賺得更多，吃得更多，喝得更多，擁有更多物品——簡直比被奴役更糟。」

他補充說，美國人並非向來都是這個樣子。「起初，當美國人還在爭取他們的自由，當他們想建立屬於自己的國家，他們願意為理想而犧牲。但如今，太多人成為慾望的奴隸，這對人不是好事。比起蓋達組織，比起大樓恐攻，這些慾望更可能致美國人於死。若國民有正確的思想，則國家刀槍不入。」

不如無所作為

「任誰都可以把任何事情變得無所不包，」某天他在牛津烤肉屋裡告訴我，「毛杜迪想要這麼做。可是他遇上穆斯林失勢的大環境。年輕人想要透過伊斯蘭得到類似權力的東西，因為每當西方人談論權力，他們便感到自卑。」

他把身體湊上前，彷彿要分享祕密一樣。「妳知道這些伊斯蘭改革運動到底在幹嘛嗎？」

「幹嘛？」我笑問。

「它們是為了受西式教育的穆斯林而生，是為了說服這些人，伊斯蘭也能提供西方擁有的一切。是在對他們說：『你被他們嘲笑是嗎？你也有嘲笑他們的能力。』但伊斯蘭不是這樣的宗教。」

「這些伊斯蘭運動，他們以為能在俗世得到獎勵，」他嘆息道，「若國家和權力如此重要，先知們有什麼重要性可言？他們當中百分之九十九和權力沾不上邊。易卜拉欣沒有國家。耶穌基督也沒有！」

至於熱衷政治的穆斯林呢，他們喜歡把麥地那講成第一個伊斯蘭國家，並將《麥地那憲章》視為完美的當代政治基礎？在他看來，也是誤入歧途。先知並不想離開麥加；他是被迫出走，因為他不能實踐自己的信仰。當他來到日後成為麥地那的地方，是為找尋宗教崇拜的自由，而非權力。他被託付權力。「他並不特別想管理一個國家，」謝赫解釋，「但來到麥地那之後，他必須做些相關的安排。」

某網站指《麥地那憲章》為「人類史上第一部憲法」[10]，並宣稱它奠定了「民主的實際基礎」。謝赫認為，這些平行對照，暗示一種深層的不安全感。「很多穆斯林受到西方國家概念的影響之後，想在自己的歷史裡找到相同概念，」他邊說邊搖頭，「他們想證明『你們西方人現在在做的，我們早就做過了』。」

伊斯蘭主義者的計畫，以及蔚然成風的「伊斯蘭化」一切事物，上至戰爭，下至選舉，全都充斥對西方權力與財富赤裸裸的嫉妒。伊斯蘭領袖十之八九會買帳，畢竟政治和戰爭談話，往往比心靈沉思更容易吸引信徒上清真寺。「妳知道嗎，卡拉，有個沙烏地阿拉伯的傳道者，名氣響亮。他一直勸信徒在敘利亞發動聖戰。但他自己卻坐在倫敦！簡直一派胡言。如果真有聖戰的必要，你也該參加！」

他話還沒說完。「喔！而且他也為人父母！有人問他為什麼不派自己的兒子們參加，他說，他們正在做更重要的事。其他人的兒子也在做更重要的事好嗎！」

遇到戰爭，先知穆罕默德不曾要求友伴們做任何自己不會做的事，謝赫說。

他用手掌蓋住臉，露出倦容。「一切都是為了哈里發制度、伊斯蘭法和聖戰，」他感嘆道，「把這個世界的權力讓給美國人吧！到頭來，世界不是由美國人統治，而是由真主統治。」

我們笑出聲，他用手拍了大腿。可是他不是在說笑。「妳知道嗎，卡拉，如果穆斯林能停下來，什麼都不做，伊斯蘭可能會更有吸引力。更多人會受到吸引。」

我笑著學馬嘶鳴。

「我說真的！妳可以引用我這句話！如果我們什麼都不做會更好。這些爭鬥、聖戰、伊斯蘭法，如果穆斯林能停下來，什麼都不做，事情會更好。別工作。別祈禱。什麼都別做。如果什麼都不做，情況就會好轉。」

他主張，每個披著伊斯蘭披風上演的現代政治鬥爭都不成功。他說，伊斯蘭主義的政治計畫都很負面，專注取得權力的程度勝過有效治理。一旦成功取得職位，他們的統治經常一場糊塗：「就好像有人說『我廚藝很棒』，然後他們為你下廚，但結果……」他雙手朝天，表情扭曲。「譬如穆斯林兄弟會，」他說，「埃及現在有比革命之前好嗎？」

在那當下，情況似乎比革命前糟糕許多。

他聳肩。「如果什麼都不做，情況會更好。」

唯有信念長久

距離第一次訪問幾個月後，我在劍橋某咖啡館用Skype，透過電腦螢幕和莫娜聊天。她瘦了，看起來既平靜又有活力，充滿某種新的力量。我們聊天的那晚，距離她的兄弟被逮捕已經一百九十五天。他被捕後幾個月，警察在凌晨破門闖進她雙親在開羅的公寓。她說，「他們把家裡弄得亂七八糟」，而且也逮捕了她的父親。然後他們凍結這家人的銀行帳戶。面對重重考驗，莫娜逆來順受，甚至心懷感激。她相信，這些困難提供「一個真主賜予的機會，讓我更認識自己。我愈來愈清楚自己的能耐。」現在手頭拮据，而且返家希望渺茫，她學會「如何全心信靠真主」。回到劍橋後，她試著完成博士學位，真主給她支撐下去的力量。她告訴我，人的精神支柱，「不是家庭，不是金錢，不是某個地方。是真主。」

不過，仍有那麼一些時候，我看得出就連莫娜也動搖了，覺得謝赫對堅忍不拔的信念超乎自己所能負荷。「我該怎麼辦？」她曾問他，「站在那裡，讓我的兄弟接受絞刑？」謝赫溫柔地微笑，說生活是一個試煉。政治行動從來不應取代穆斯林真正的工作，也就是實踐虔信精神。與其煽動改變，人應該在面對改變時，平靜而堅定不移。總統和世界強權崛起後必當衰落，信念卻將天長地久。

第十五章

戰爭故事

每場戰爭都有無數起點，數不盡的片刻都有可能發射第一顆子彈、第一次心跳暫停。對許多美國人而言，伊斯蘭和西方的現代衝突，要從天降厄運至曼哈頓的某個九月天說起。某蓋達組織成員可能將起點往前推至一九九一年，當美軍在海珊入侵科威特後，如洪水般湧向沙烏地阿拉伯的土地。某伊朗政府職員可能指向一九五三年，當一次中情局支持的政變，推翻了經民主選舉而生的總理，並任命國王就職。某巴基斯坦聖戰分子，可能把衝突之源訂在一九四七年，那個夏天，一名倫敦律師*創造了印度和巴基斯坦，把印度次大陸當週日烤肉（Sunday roast）†一刀切開。另外還有人可能會提出一九三三年，當沙烏地阿拉伯人售予某加州石油公司特許權。歷史就是這麼回事，起點不勝枚舉，最遠可回溯至十七世紀，當伊莉莎白女王頒發皇家特許狀給東印度公司。

對我而言，偉大的二十一世紀地緣政治鬥爭，始於一九七八年某個週六午後，在少棒聯盟練習開始兩小時後。眼神鎖定清澈藍天，手套高舉，我完全靠運氣接住了人生第一顆高飛球。離開紐曼球場（Newman Field）時，我們仍舊沉浸在美國隊勝利的喜悅中，接著迎面遇上一支坦克車隊。履帶在路面留下的卡其色痕跡，直朝總統府前進。

「媽，是政變嗎？」我問。十一歲的我，還沒學會將心照不宣的恐懼留在心裡。

自從抵達阿富汗，我不斷聽人談起政變，政變似乎是這個地區換政府的標準程序。我們抵達的前一個月，巴基斯坦的開伯爾山口才發生一次政變。齊亞．哈克將軍（General Zia ul-Haq）

策劃一場軍事接管行動，推翻總理佐勒菲卡爾・阿里・布托（Zulfiqar Ali Bhutto）。在那次政變的四年前，喀布爾也發生政變，達烏德總統（President Daoud）從他的堂兄弟查希爾國王（King Zahir）手中奪權。每次發問，雙親都安慰我，那是「白色」政變——也就是和平不流血的政變。來到喀布爾之後，我一直擔心發生政變，特別是「紅色」政變。

「政變？天啊，不是，」母親說，裝出很肯定的聲音，「應該是某種遊行。他們大概正在為下個月的不結盟國家（Non-Aligned Nations）會談做準備。」她從車窗向外望。在我們後面的坦克車上，有位軍人掏出手槍，指向天，展現一種鮮少出現在遊行中的強烈使命感。

是日午後，在友人的圍牆宅邸裡，我們幾個小孩在庭院玩鬼抓人，直到大使館傳來一通電話，接著大人便把我們叫進屋裡。「我們今天下午在屋裡玩吧。」母親笑盈盈地提議。一架噴射機劃破天際，在碧藍天空留下一道白刮痕。我們從窗戶邊向後退，然後到沒有窗戶的後廳躺下。

父親試著鼓舞我們，學起上流英國腔，假裝自己是倫敦大轟炸（London Blitz）期間的BBC播音員。不到兩公里外的總統府方向，傳來巨大爆裂聲，像是球棒擊中球裂開的聲音。在

---

* 譯注：西里爾・雷德克里夫（Cyril John Radcliffe），為英國律師、上議院法官，因主持英帝國時期印度殖民地領土劃分而聞名。

† 譯注：一道英國傳統食物，因傳統上在星期日食用而得名。

當晚的喧囂之中，子彈殺死了達烏德總統和他的十九位家人。晚間八點整的時候，廣播宣布反抗已鎮壓完畢，新的阿富汗民主共和國正式成立。

隔天早上醒來，天靜靜的，藍得無瑕，和昨天早上如出一轍。我們回到家，得知警衛米爾・阿里（Mir Ali）整夜在院落裡巡邏。俄製砲彈將喀布爾的天空炸紅之際，他焦慮地在庭院來回走動，唯一武器是平日砍材用的斧頭——還有我弟的塑膠球棒。

假如政變來臨前有徵兆，我們肯定沒注意到。坦克大軍壓境的兩天前，喀布爾的美國中心才剛舉辦美蘇友誼之夜。據傳坦克進到喀布爾時，當地中情局站長正在觀眾席欣賞我們的少棒聯盟比賽，無論傳聞是真是假，政變顯然出乎眾人的意料，阿富汗人和外國人同樣驚訝。不出幾天，新政府表明奉行馬克思主義思想。停在十字路口的坦克車裝飾著紙花——「肯定是按照哪個革命手冊的對策。」父親寫道。廣播播送人民對達烏德腐敗政權被推翻的喜悅，並將光輝的四月革命（April Revolution）的敵人詆毀為「間諜」。在我家對街的肖像畫家，迅速把窗戶上的達烏德總統畫像，換成努爾・穆罕默德・塔拉基（Nur Mohammed Taraki），也就是革命委員會主席團主席*。新政權強調幫助婦女和勞工的決心。起初，我爸媽以謹慎的樂觀態度看待這些承諾。「也許，」母親說，「一點社會主義對阿富汗是好的。」

二十三年後，剛目睹雙子星大廈倒塌後的前幾個禮拜，正當美國準備對阿富汗發射飛彈，我不斷想起那個春天。使達烏德政權倒臺的一九七八年政變，將美國與阿富汗的歷史編織在一塊，起初是「援助」聖戰士團體對抗蘇聯的鬆散辮子，然後愈繫愈緊，最終變成理不出頭緒的正面衝突纏結。自那場政變起，到爆發九一一事件及其後反恐戰爭之前的演變，可參考其他著作。[1]對我而言，從二十一世紀回顧過去，那場政變標誌著父親熟悉的伊斯蘭世界的終結，也是我熟悉的伊斯蘭世界的起點。有鑑於俄羅斯入侵阿富汗，以及隔年發生在伊朗的革命，伊斯蘭再也不能被輕忽為老太太或鄉村老人的信仰。對我這一輩的人而言，伊斯蘭變成一具動力引擎，推動反抗舊政治秩序的起義，以及對抗支持舊政治秩序的西方強權。

一九七八政變過後二十年，我到一位巴基斯坦軍隊少將家中作客，聽他敘說阿富汗戰爭將他變成聖戰策劃者的來龍去脈。在軍隊菁英偏愛的拉合爾郊區，有幢寬敞的白屋子，屋主是位個頭不高的男子，穿著棋盤格花紋西裝外套，腳踩樂福鞋，灰白鬍鬚修得平整。挑高走廊掛著好幾幅他和其他功勳彪炳男子握手的照片。一九九八年，我替《新聞週刊》採訪他時，伊山．哈克（Ehsan ul-Haq）少將已從巴基斯坦軍隊退役，但仍未退出戰爭。每個月有十天，他負責管理一間紡織工廠，這份工作資助他從事真正的使命：在喀什米爾山區主持聖戰訓練營，提供對抗印度軍隊的游擊隊員。

他面無表情地領我進到他的沙龍。沙龍鋪有大理石地板，擺了幾張舒適的長沙發，還有幾盆

* 譯注：政變後主席等於國家元首。

插在雕花玻璃裡的鮮花。傭人倒茶，少將像先知一樣啜飲三口。

他說，一九六〇年代，他曾接受美國綠扁帽的訓練，和後來成為巴基斯坦總統的佩爾韋茲・穆沙拉夫（Pervez Musharraf）屬於同一個菁英部隊。「他是傑出的戰略家。」[2]他承認。但終究有破綻，因為它的戰術是以人為判斷為根據，未能超脫世俗。和他一起受訓的美國人也為世俗主義所羈絆：「當你為真主而戰，你相信的是無形的力量。」他告訴我，訓練最強戰士的祕密就是引進「真主法」，將綠扁帽的紀律和專業結合宗教虔誠。舉例來說，發射子彈後，應立刻對真主順服。「你要說：『真主，我藉著祢的力量開槍，請祢讓這顆子彈擊中敵人。』」少將解釋。

他說，對抗穆斯林壓迫者的命令來自《古蘭經》。他轉向面前桌上的大開本。「一切給人類的指示都在這裡。」他說。他翻至第四章，引用第七十六小節：「信道者，為主道而戰；不信道者，為魔道而戰；故你們當對惡魔的黨羽作戰；惡魔的計策，確是脆弱的。」[3]

「當對惡魔的黨羽作戰。」少將說。

環顧他的白色郊區宮殿，我納悶他的觀點從何而來。日積月累的挫折感嗎？上級挖苦的評語嗎？對喀什米爾衝突感到憤怒的人不可勝數；對西方強權介入穆斯林國家內政怒不可遏的人更是難以計數。但促使少將投入聖戰的原因是什麼呢？

回答這個問題時，他告訴我關於天使而非憤怒的故事。具體來說，當他還是一名年輕指揮官，和聖戰士在阿富汗前線並肩作戰時，曾受騎馬的白袍天使幫助。他率領一百二十五位弟兄，準備翻山越嶺，但得先經過一處滿布地雷的高原。他宣稱，有一千名效忠蘇聯的士兵正等著伏擊他們。他的部屬向前衝刺，頂著高射砲和長程迫擊砲的攻擊。他的部屬持突擊步槍在真主的助佑下，毫髮無傷地突圍。他宣稱，保護他們的是「一股強大戰鬥力，騎在馬上，穿白色衣衫」。他說在他參與的所有阿富汗戰事中，都有騎馬的天使指引並保護他們：「我見過無數身首異處的屍體，」他告訴我，手伸向他的茶杯，「那是天使做的，不是人。」

少將把一大捆聖戰訓練營的照片拿給我看。略過士兵手持步槍蹲伏在石頭背後的照片，它們看起來就像某威斯康辛州夏令營的宣傳照。廚師在食堂裡用大鍋煮飯。冷杉樹林。帳篷。年輕男性在光影交錯的林中空地健身。

他邀請我上樓見他的妻子和十幾歲的女兒，然後提議一起看部影片。他女兒正準備申請英國文學的碩士學程。在我們客套地討論莎士比亞時，她父親把燈光轉暗，然後將一捲VHS錄影帶推進播放機。

「波士尼亞。」少將邊說邊對著螢幕點頭。

影帶內容是哀嚎、傷殘的男子氣概的剪輯拼貼。屍體，兩眼發直。哭泣女人。堅強的鬥士又跑又跳。殞落的鬥士，躺在擔架上。真主至大，旁白吟詠道。

看完影片，少將陪我下樓。他說，等他完成喀什米爾的聖戰，他會帶著他的部屬到別的地方。也許他們會去印度，或許會到更遠的地方。只要有人需要他們的幫助，他們會繼續戰鬥，永不停止，直到穆斯林統治地球。「我們想把真主的訊息傳給全世界，」我站在門口聽他說，「這個星球屬於真主，祂的律法必須全面落實在這個星球。伊斯蘭擴張遭美國和歐洲阻撓之處，就是戰爭爆發之處。」

我離開後心神不寧。他的聖戰不僅受天使啟發，也是被外國勢力介入該區域所啟發。外國勢力指的其實就是美國。一九八〇年代接受華府訓練和軍備援助在阿富汗對抗蘇聯的人，幫助催生了日後的聖戰分子，這是眾所周知的事。即便在九一一事件發生之前，有個流傳已久的說法指出，全球聖戰分子乃阿富汗戰爭之「逆襲」，是祕密軍事行動的意外後果。少將就是逆襲的代言人。這代言人英文說得極溜，因曾受美國人訓練談吐優雅，令人加倍地不寒而慄。

自我的聖戰

以非常粗略的角度來看，少將和謝赫看似有相近的世界觀。兩人都是把《古蘭經》視為生活重心的經院派虔誠穆斯林。都是出類拔萃有教養的南亞人。都曾在聲譽崇隆的機構和西方菁英一起共事——上將屬於綠扁帽，謝赫在牛津任職。都對當代生活的心靈漂泊和物質主義感到絕望。都盼望有一天能見到強壯的伊斯蘭社會崛起。

自此以降，他們的想像徹底分道揚鑣。這兩個男人對理想社會的樣貌，以及如何成就理想社會，觀點大相逕庭。少將呼籲以武裝鬥爭對抗不信真主者，謝赫卻認為，社會需要的是個人虔誠與和平。少將受困在和阻撓伊斯蘭一切勢力的生死戰鬥中，阿卡蘭的虔信精神觀點則讓他不受束縛。以伊斯蘭古典傳統為依歸，阿卡蘭能超越定義現代性的種種靜態範疇。自從東印度公司在蘇拉特（Surat）成立，自從拿破崙踏上尼羅河岸，殖民經驗及其餘波的歷史，太常被以互相對立的範疇予以解釋。西方和伊斯蘭；現代和傳統；印度人和巴基斯坦人。儘管謝赫浸淫在一個截然不同的世界秩序裡，這類標籤鮮少能誤導他。他將注意力灌注到宗教文本的細節之上。少將把四章七十六節解讀為「對惡魔的黨羽作戰」的一般指令，謝赫卻指出這段經文是對伊斯蘭歷史上某特定時刻的記載，當時年輕的穆斯林社群，正和勢力強大的古萊須族及其盟友作戰。

對脈絡的考據，包括文本的和歷史的脈絡，經常被聖戰分子和恐伊斯蘭之人忽略。就拿「殺戮詩句」的例子來說：

當禁月逝去的時候，
你們在哪裡發現以物配主者，就在那裡殺戮他們，
俘虜他們，圍攻他們，
在各個要隘偵候他們。（九章：五節）

穆斯林帝國時期的法律專家，在伊斯蘭教令中引用此詩句，支持統治者出兵打仗。[4] 賓拉

登在對美國人發動聖戰的著名一九九六年伊斯蘭教令也引用這段經文。學者布魯斯．勞倫斯（Bruce Lawrence）形容殺戮詩句，是聖戰分子的「陳舊習俗、戰呼」[5]。

然而，聖戰分子傾向忽略這段經文的下半部：「如果他們悔過自新，謹守拜功，完納天課，你們就放走他們。真主確是至赦的，確是至慈的。」

這段經文出現的歷史時刻也是關鍵。麥加古萊須族破壞和穆斯林的約定，夥同他們的盟友，對穆斯林再三發動攻擊。阿卡蘭說，經文在先知「已盡一切可能對（統治的麥加部落）古萊須族（及其盟友）傳道後」降世。「他們開始和他爭執，然後處處刁難先知。」先前揭示的《古蘭經》內容懇求先知莫輕舉妄動，要有耐心，不要與人為敵。終於，就在僅數百人的穆斯林軍隊遭遇更強大、裝備更精良的古萊須族軍隊時，這段經文從天而降，「使他能夠強硬」對待穆斯林社群的敵人們，謝赫說道。即便如此，「他只殺了幾個人，然後便原諒了所有的反對者。」

謝赫說，當代的聖戰是世俗的，不具精神性。發動聖戰的人不是出於過分虔誠，反而是欠缺虔誠：「根本是把暴力伊斯蘭化，」他說，「人們以為能利用伊斯蘭爭取土地、榮譽、尊重或金錢。但他們不是虔信宗教之人。他們毋寧是遵循有違伊斯蘭精神的典範。」

從表面上來看，聖戰分子通常比謝赫及其宗教學者同僚更加西化。與一般看法相反，絕大多數聖戰極端分子沒受過穆斯林學校教育。他們往往接受世俗而技術性的教育，像是工程、電腦程式設計或醫學，而不是探究古典伊斯蘭思想的細微差別。一項具影響力的研究檢視四百名暴力極端分子的背景，發現當中僅百分之十三來自穆斯林學校或穆斯林寄宿學校。[6]

謝赫沒聽過這項研究，但他對數據資料顯示極端分子白天的身分是工程師和醫生，一點也不意外。他說，對西方積怨最深的是「受西式教育的人」，而非穆斯林學校的畢業生。「他們想要西方所擁有的一切，」他說，「他們想要權力。」

若說謝赫看不起聖戰分子的伊斯蘭資格，聖戰的理論家也同等地輕視穆斯林學校出身的學者。他們控訴，覬覦西方的人是宗教學者：伊斯蘭學者想要一個私有化且不占據全部生活的宗教，就像啟蒙運動以降的基督教。古特卜指控傳統伊斯蘭學者根本是「一群輸家」。「他們採用『宗教』的西方概念，把宗教變成形容『心的信念』的詞彙，和實際生活事務無關。」[7]在廣為流傳的書籍《里程碑》（*Milestones*）裡，他鼓吹幫助世界脫離前伊斯蘭教時代的孤絕與蒙昧（jahiliyya）狀態的運動。運動的目標是「在地球上建立真主的統治，消滅人類的統治，從篡奪權力的真主崇拜者手中拿回權力，交還給真主」。

過去幾百年來，傳統伊斯蘭學術研究枯萎，伊斯蘭學者的威望也隨之凋零。歐洲殖民者偏好以現代教育生產具西化觀點的能幹管理者，任憑穆斯林學校失去活力。伊斯蘭學者和不受歡迎政權過從甚密的普遍印象，更是雪上加霜；在許多穆斯林國家，學者受政府聘雇，削弱了伊斯蘭學者的傳統政治獨立性。

隨著現代性的到來，信徒紛紛停止向傳統學者請教意見。識字率提高，加上各種新科技，使一般穆斯林民眾能自行解讀文本。今天，只要有網路連線，任何人都能向被戲稱為「謝赫谷歌」的搜尋引擎請益，而無須求助於受專業訓練的學者。伊斯蘭知識民主化——但不包括其嚴苛紀律——使自封謝赫的現象蔚然成風。一個人可宣稱自己是權威，無須提供穆斯林學校的文憑。事實上，這些新興的權威專家，以輕視保守派為榮。賓拉登公開鄙視宗教學者，開始頒布自己的伊斯蘭教令。變成激進派傳道者的前夜店保鑣、土木工程師阿布—漢姆札．瑪斯里（Abu Hamza al-Masri），自認有資格解雇傳統宗教權威，並且自認有成為權威的資格。在中古時代，百姓必須依賴謝赫，但「今天，從書本和電腦都能取得資訊」，他在二〇〇二年時這樣說。「現代人只要能閱讀就夠了。甚至可以打電話請教學者的看法。我們現在擁有取得伊斯蘭資訊的直接管道。」[8]

傳統宗教權威遭遇的新挑戰，導致猖獗的文本趁火打劫，各路人馬對《古蘭經》發動地毯式搜索，找尋能以真主之名合理化暴力的經文。把聖戰變成伊斯蘭生活的重心，誠如許多極端分子所為，是對《古蘭經》內容的中傷，謝赫表示。

在西方，「*jihad*」（聖戰）這單詞——字面意思是努力或奮鬥——已經和少將參與的戰爭變成同義詞。但自我聖戰（*jihad al-nafs*），也就是個人對抗自己比較不好那面的奮鬥，意味著努力壓制負面衝動、朝虔誠生活邁進的心力。「聖戰」的雙重意義貫穿謝赫鍾愛的一則故事。有群聖戰士正準備上戰場，途中借宿伊斯蘭密契主義者（又稱蘇非行者）的集會所。翌日清晨，一名年輕的蘇非行者，受到戰士們的駿馬和寶劍的震懾，跑去找他的謝赫，說自己決定加入聖戰士的行列。他的謝赫警告，武裝聖戰是簡單的道路，保持終身順服真主的奮鬥要困難多了。「讓脖子被劃開一次很容易，」長者解釋，「日復一日、時時刻刻低著頭很困難。」

九一一事件不久後，我在英國布拉福親歷了這則故事的當代版。為採訪雜誌故事，我遇到在週五聚禮前消磨時間的兩個年輕男子，祖拜爾和穆罕默德（Zubair and Muhammad）。他們坐在車子前座，捲手捲香菸，看著車外雨水點點。他們把車窗拉下，方便我們聊天。祖拜爾有很重的約克郡口音，從小在布拉福長大，不過他告訴我，他自認是阿富汗普什圖人（Afghan Pathan），以及一名穆斯林。他們不是穆斯林之中的模範生：「我們抽些有的沒的，」祖拜爾說，「我們看不該看的女人。我們軟弱，差到不能再差。」事實上，和在阿富汗與伊拉克守護穆斯林理想的聖戰士相比，簡直微不足道。那些聖戰分子「才是貨真價實的穆斯林」。

不過，這對朋友透露得愈多，他們聽起來愈像阿卡蘭寓言故事裡的老蘇非聖者，而不是年輕狂熱分子。他們告訴我，在誘惑圍繞下努力保持虔誠很難熬。實際打鬥說不定還比較簡單：「在這樣的地方長大才是真正的聖戰，」祖拜爾說，「你想當個真男人，上真正的戰場嗎？在有赤裸女人、迷你短裙、賭場和槍的地方，試著當個好穆斯林吧。」[9]

教育與思考才能帶來和平

「正義的聖戰有哪些條件？」某日在牛津烤肉屋喝茶時，我問謝赫。

聖戰有非常明確的規範，他不苟言笑地說。不能傷害女人、小孩或其他非參戰者。不能破壞敵人的作物和田地：「一棵樹也不能傷害。」聖戰只能由光明磊落的合法伊斯蘭領袖發動，不能由暗地作業的自立游擊隊員發動。而且聖戰絕不能以穆斯林同胞為目標。「對我們干戈相向的人，」先知穆罕默德說，「和我們不同根。」今天，絕大多數死於聖戰的人都是穆斯林。

「所以使聖戰具備正當性的準備工作有哪些？」我問謝赫。

「首先，信道者必須發出號召（dawa）——勸人歸從伊斯蘭。一旦正確地號召，並且找到可以共同生活的地方……」

「然後他們就能……？」

「只要他們組成社群——不是國家，而是一個穆斯林社會，」他說，一如往常，百般不願地將現代政治術語嫁接到伊斯蘭概念上，「倘若擁有穆斯林社會，然後有人阻止你傳道，或阻止你敬神——如此，伊斯蘭才准許你還擊。」

如此，而且唯有如此：除非被阻止自由地敬神，否則不能發動聖戰。儘管古特卜及其意識形態徒子徒孫，將聖戰塑造為發動攻勢的戰爭，在謝赫眼中，聖戰純粹是自我防衛。

「除此之外，」他接著說，「還有兩項條件。」

第一，穆斯林需要從安全之地發動聖戰。第二，穆斯林必須有足夠的軍隊和武器，確保勝算。今天，穆斯林兩項皆欠缺：「穆斯林沒有安全的庇護，所以當他們發動聖戰，很多人因而喪命。」當代穆斯林欠缺武裝鬥爭的理念與條件。「做事若不按部就班，不可能成功，」謝赫說，「你會餵新生兒吃印度香飯嗎？不會！一定要先等他長牙齒嘛！」

前後脈絡。每次都是脈絡的問題。穆斯林必須瞭解經文詩句的脈絡，而唯有教育能養成掌握脈絡的習慣。九一一事件後，將穆斯林學校斥為罪魁禍首的論點廣為流傳。事實上，人們需要接受更多而不是更少的伊斯蘭教育。在《古蘭經》裡，學問（ilm）是僅次於「真主」、最頻繁出現的名詞。[10]伊斯蘭以「你應當宣讀」的命令開場。謝赫本人想傳達的訊息不是挺身戰鬥，而是懇求他的學生們：「思考！」

一位穆斯林母親的雙戰線

向謝赫求教期間，我經常想起在開羅見過的一名母親。我和一位《新聞週刊》的同事搭檔，採訪世貿炸彈客穆罕默德·阿塔（Mohammed Atta）成長的社區。阿塔一家早已離開，但接在他們之後搬來的家庭還住在那。我們坐在整齊的客廳喝茶。斑駁黃牆在一張阿爾卑斯山海報的點綴下生色不少。小桌子鋪著蕾絲裝飾。女主人安海爾·賽義德·穆爾希（Anhar Sayyad Mursi）有兩個二十多歲的兒子，出乎意料地健談。阿塔的故事——說的是一個男孩出國，然後誤入歧途——使安海爾對兩個兒子的管教變得空前嚴密。「九一一提高了我的警覺，」她說，「那對我作為一個母親是很好的教訓。」[11]她帶我們去參觀男孩們的臥房，也是阿塔寫土木工程作業的同一個房間。她說，即便現在，社區裡說不定還有極端分子，想誘惑她的兒子們去做傻事。「在這個家裡，我就像個顯微鏡，」她說，「我知道兒子們在想些什麼。我以我的真主信仰保護他們。」

她有兩個戰線，一個是對抗西式墮落，另一個是對抗伊斯蘭主義者。穆爾希承認，她打掃兒子們的房間時，有時候會「不小心」撕下麥可．傑克森或辣妹合唱團的海報。兒子們回家，她用鼻子檢查他們口氣中有沒有酒精味，然後直視他們的雙眼，確保瞳孔沒有因吸食大麻而擴張。不過她說，她對抗極端分子最重要的武器，是《古蘭經》和先知的傳統。「我試著灌輸他們，」她說，好讓他們的腦袋沒有多餘空間接受任何激進思想。當兒子們宣稱做完禮拜，她會檢查禮拜毯的餘溫，加以確認。

我經常想起穆爾希，沒收一張又一張辣妹合唱團海報，灌輸一句又一句經文，只為保護兒子們不要步上公寓前住戶的後塵。過去一個世代，數百萬母親肯定都做了類似的努力。不過，就像古老故事裡的智者所言，搭飛機或騎馬從事聖戰，遠比日復一日地順服容易得多。順服包含耐心還原個別詩句的脈絡，然後從和平以及為來世做準備的更宏大命題理解它們。

第十六章

最後一課

我不曾參加關於地獄之火的佈道，起碼沒親臨現場。我當然曾經從背景設定在清教新英格蘭或大蕭條時代奧沙克山脈（Ozarks）的電影裡，看過地獄之火佈道。由下往上的鏡頭，眉毛粗亂的男主角身體抵著佈道壇，口沫橫飛地敘說必然發生的事。當他們說起烈焰和審判日，音調和下巴因正直而顫動。我沒想過我的第一場地獄之火佈道，會在充滿英式優雅和英國國教式矜持的劍橋。但我第一次聽阿卡蘭描述後世確實在劍橋，在他的壯麗旅程研討課上，課程內容涵蓋《古蘭經》的最後兩個段落。

這八小時演講的強度——以及論及死亡的頻繁程度——將我從劍橋火車站出發的晨間散步變得惆悵傷感。除了形單影隻溜回家的學生，或擠在一起研究濕漉漉地圖的觀光客，街道總是空蕩蕩的。週六早晨穿越大學城，代表得踮著腳尖避開不少週五晚間遺留的垃圾，踢到被壓扁的漢堡和啤酒瓶，閃避零星的橘色嘔吐物。我會帶著一種出國的心情，儲備糧食，在走到康河之前，買好卡布奇諾和可頌麵包。安靜的早晨，無人的平底船停在岸邊，等待乘客。橋的兩側垂柳重重，標誌著我和阿卡蘭兩個世界的邊界。魯希迪曾在康河西岸的劍橋國王學院修習伊斯蘭歷史，後來他將所學用在《魔鬼詩篇》，造成天翻地覆的效果。跨越康橋到河的東岸參加「壯麗旅程」，就像逃離相對主義，踏進一個堅定不移的世界，享受討論《古蘭經》所謂「明確無疑的經文」的一天。

大學城似乎變得模糊。莊嚴的學院、時髦精品店、明亮的玻璃辦公室，劍橋高科技熱潮的證明，全都消失。當我沿無人道路穿越一處停車場，進到一棟低矮、現代的大學建築時，世界起火燃燒成灰燼。有好幾個小時，世界僅剩下一座空蕩蕩的禮堂和阿卡蘭發出的赤裸訊息：他說，和後世相比，此生不過是餘興節目。「你的生命由死亡主宰，」他說，「後世是我們的終點。這個世界僅供遊歷。」

那個秋天，我們不斷回頭談論等待眾生的未來：死亡。「不管我們喜不喜歡，每一刻，人朝著死亡前進，無論走著路或坐在原地，無論喜怒或哀樂。」謝赫說。

在這輩子，有些事人必須去做：「你需要溫飽，你需要一個家，你需要結婚。這些只是為了幫助你崇拜真主，不過它們都將隨死亡而逝。」他強調，過於依戀此生，就好比一個旅人決定在火車站蓋房子，而不是穿越火車站。

順服真主的人，有機會進到天堂——有機會但不保證。天堂是座花園，那裡涼爽的綠蔭，肯定令初次聽聞《古蘭經》的沙漠居民神魂顛倒。河流蜿蜒，樹林成蔭，果實低垂。信道者坐在長椅上，穿著絲綢衣裳，用閃亮的高腳杯喝薑味飲料。如果喝不夠，會有年輕男孩幫他們把杯子重新斟滿，男孩們個個「賞心悅目，你會以為他們臉上裝飾著珍珠！」阿卡蘭說。

然而，未遵從真主命令的人將前往另一個地方，〈治權章〉（Dominion）對此處有生動描述：

不信主的人們將受火獄的刑罰，那是個惡劣的歸宿：

當他們被投入火獄的時候，他們將聽見沸騰的火獄發出叫聲。火獄幾乎為憤怒而破碎。

（六十七章：七至八節）

阿卡蘭從句法分析描述火獄的阿拉伯文。阿拉伯文指出火獄的喧譁與憤怒。火獄就像林間的獅子一樣飢餓，他說：「當火獄接到人類，它非常飢餓，非常生氣，」他解釋，「它想盡快將他們吞噬。」

開放提問時，我舉起手，迫不及待想拿到麥克風。

「呃……關於火獄的部分。我們應該把它當作隱喻來讀嗎？這邊說的是真正的火焰，抑或只是暗示罪人會有不好的下場？」

「火獄就是火獄，」阿卡蘭回應，「它非常非常的真實。」他讀過哲學家羅素（Bertrand Russell）的著作，羅素把基督教對地獄之火的強調視為殘酷教義，稱它和這個信仰的核心訊息「憐憫」前後矛盾。自上個世紀開始，談論火獄的基督教傳道士愈來愈少，深怕讓信眾心理受創，他頗為不認同地說：「他們覺得那很嚇人。」

對地獄的威脅輕描淡寫是錯誤的，謝赫接著說。他想起一名基督徒帶著《聖經》按他家門鈴的那天。謝赫開了門，聽他推銷，然後問對方：「如果我不相信你，我會有什麼下場？」

男子不發一語，顯然不想嚇跑潛在皈依者。下地獄嗎？阿卡蘭問他。喔不，男子安慰他。《聖經》裡沒有任何關於火獄的記載。「我家有一本《聖經》，」謝赫說，「我都有做記號，於是我進家裡拿《聖經》，給他看。」這裡，這裡，還有這裡，他要傳教士看他做的記號，基督徒的聖典確實提到地獄之火。

「絕不要害羞談論地獄之火，」他告訴聽眾，「不管你相不相信，地獄之火都存在。」討論地獄是謝赫罕見選擇直譯經文的時候。其他穆斯林思想家主張，經文對後世的描述是寓言式的，主要原因是，誠如謝赫經常提醒我們的，《古蘭經》的語言很多都讓人想到超越人類理解的現實。但謝赫的恐懼非常真實，就像他相信烈焰是真實的那樣真實。

平凡的死亡

父親在我二十六歲那年過世。當時，我對他死後到哪去毫無概念。守喪期間，母親和我一起編了很扯的故事，我們幻想老爸以雲朵代步，身旁圍繞著比莉・哈樂黛（Billie Holiday）、田納西・威廉斯（Tennessee Williams），還有他生前一直想見的其他才子才女。我們安慰自己，他長存在我浪跡天涯的熱情，還有弟弟開車、談判的才華，以及對權威的懷疑之中。在相信和懷疑之間尋求折衷之道，我沉浸在幼稚舒心的幻想，假裝他只是去某個地方遠行。

我最後一次見到他，他確實正要去旅行，孰料發生意想不到的不幸轉折。他在倫敦某公車站對我揮手，出發去機場，準備回聖路易的家停留幾個禮拜，然後再去墨西哥。我們在聖米格爾德阿連德（San Miguel de Allende）有出租房子，他要去幫新房客張羅些事。在聖米格爾時，幾名認為他欠他們錢的男人找上他，然後毆打他。幾天後，他因傷而死。

我在日暮時分接到通知噩耗的電話，那是一九九三年十月的第一天。我一個人在倫敦的家裡。我記得公寓裡似有若無的霉味，電話擺在暖色系、表面粗糙的松木桌上。我記得我拿起話筒，聽到那句話。「爸爸過世了。」母親用為了報死訊刻意壓低的聲音說。

我六天前就接到通知壞消息的電話，但還沒有這麼壞。三名男子在聖彌額爾總領天使慶祝日（St. Michael Archangel）那天，闖進聖米格爾的房子。群眾把街道擠得水泄不通，音樂和混亂場面淹沒了父親的呼救聲，他們破門而入，用繩子綑綁父親、園丁和女傭。接著他們毆打他，稱他為律師，一再要求他「還錢」。父親不知道他們在說什麼，於是據實以告。結果招來更多的拳腳相向。一個禮拜後，父親因血塊流向肺臟而斷氣。

遭攻擊後，父親告訴母親不用飛來墨西哥。他說，不用擔心。他沒事。有點受驚，有點痠痛，但沒事。應該說，很幸運，沒有被傷得更重。兩天後，住在隔壁小屋的房客發現他倒在地上，無法站起來。她打電話叫救護車將他載到醫院，然後醫生發現肝臟內部有撕裂傷造成內出血，立即動手術。他躺在醫院病床之際，母親從聖路易搭機前往。她從墨西哥市（Mexico City）搭巴士抵達，發現他消瘦到「面頰像小天使一樣突出」，她說。「他很高興看到我來。」她讀

《紐約客》給他聽，然後那天晚上，他要她不要走。他看到她的開心，他毫不掩飾的依賴，最令我吃驚。我們家的人擅長旅行，除了多愁善感的旅行。我沒為祖父的喪禮從義大利回國，我也沒有從英國回來幫忙埋葬祖母。作為一家人，我們被訓練要堅強，不退縮，即便那不是我們的本性。這顯示父親當時有多害怕，才沒阻止母親搭機南下探望。

「他們穿高級的鞋子。」我們的女傭瑪麗雅．埃莉那（Maria Elena）對警察描述攻擊者，她個性溫馴，有張圓月臉。事發時，她從頭到尾不敢抬頭，所以只看到這些人的鞋子。這就是此事件為成功毒梟派人暴力討債的唯一線索。父親的死是搞錯對象的刑事案件：欠那些人錢的律師一定是某前房客，身分是美國人律師。當晚，我以卡通畫面填補了埃莉那敘述的空白。我把父親的兇手們想像成一幫土匪，留著扁塌的八字鬍，呲牙咧嘴，目露凶光，他們每踢一下，墨西哥帽的流蘇就跟著晃啊晃的。

隔天早上，我為回家奔喪之旅進辦公室，拿些書本和報告。辦公室除了謝赫，空無一人。當時，謝赫的家人還沒來牛津，沒有人等他回家，他經常工作到很晚離開，一早又進辦公室。他坐在我們和其他研究員共用的辦公室裡，埋頭研究一份烏爾都文獻。「我父親過世了。」我脫口而出。阿卡蘭起身，把手按在心上。「失去雙親是很沉重的打擊。」他說。

他直挺挺地站著，手扶塑膠椅背，然後以響亮的聲音背誦一首詩。儘管當時是週間，而且我們在上班場所，對他絲毫不構成影響。在牛津金黃秋色的背景襯托下，他沒有停頓、沒有尷尬地背誦著。我聽不懂內容亦無妨：在那短短一兩分鐘，小小的辦公室因烏爾都詩句和向晚陽光，熊熊燃燒。

他背誦完後，我問他那是什麼。阿卡蘭回答，巴基斯坦詩人伊各巴勒在母親過世時所寫下的輓歌。「他問：『以後還有誰會等我的信？』」他為我翻譯，「他問：『如今她走了，還有誰會迎接我回家？』」

後來，我去找了阿卡蘭背誦的輓歌的翻譯。伊各巴勒寫於母親死後的詩句，捕捉了子女在哀悼父母時的頓失依靠：

還有誰在我的家鄉焦慮地等著我？
還有誰因為我的家書沒送達而不安？
我會去您的墳頭這樣抱怨：
從今以後誰會在午夜的禱告裡想起我？[1]

謝赫和我當時還不熟。他所說，還有伊各巴勒所說，讓我第一次覺得我們的同事情誼有可能進階為友誼。父親過世後，在我所接到的全部弔詞中，謝赫的弔詞給我最大安慰。他不認識我父親；他對我認識不深。然而，謝赫的詩詞背誦之所以撫慰我，正是因為它的陌生。他的背誦提醒我，死亡是四海皆然的事，和生命本身一樣平凡。

走向麥加之路？

「你有看《麥加之路》（*The Road to Mecca*）啊，」我們在牛津烤肉屋，謝赫看著我把書袋裡的書放到桌上時說。

「對啊，你一直講穆罕默德．阿薩德（Muhammad Asad）的事，所以我就拿了一本。你每次說《古蘭經》鼓勵人們思考，往往會提到他。」

「我有嗎？」謝赫說，露出淺淺的滿意笑容。

他有。阿薩德是二十世紀最能說善道的伊斯蘭倡導者之一。他生於一九〇〇年，本名李歐帕．懷斯（Leopold Weiss），來自奧匈帝國的一個銀行家、律師和拉比之家。雙親在維也納撫養他，他們實踐猶太教信仰，就像「固守習慣之人呆板的行禮如儀」[2]，他日後寫道。他長大成為中東的駐外通訊記者，後來在威瑪時代的柏林還短暫當過劇作家，過著波希米亞的生活。他在伊斯蘭裡找到對抗戰間期歐洲「複雜、機械化、充滿幻影時代」的解藥。他先是搬到阿拉伯半島，後到印度，並在一九三〇年代的印度，和詩人哲學家伊各巴勒攜手合作，為日後的巴基斯坦建國打下知識基礎。他在聯合國代表巴基斯坦一段時間，接著才把重心轉向翻譯和寫作。他把部分作品獻給「思考的人」。

最令阿卡蘭佩服的是，阿薩德為伊斯蘭這個宗教所做的辯解，是基於理性，而不是盲目信仰。謝赫很喜歡與人分享某次阿薩德和一群耶穌會神父辯論的故事。二戰期間，阿薩德被當作「敵國外僑」關在印度的拘留營。[3]他的獄友包括一群德國耶穌會神父，他們很喜歡和這位才華洋溢的年輕穆斯林討論宗教。某天，他們當中一位貴族出身、博學多聞的巴伐利亞人，也是這群人的領袖，問阿薩德，一個生在奧匈帝國的猶太人，怎麼會選擇信奉伊斯蘭，而不是基督教呢？阿薩德說，只要耶穌會士能為他消除一個疑惑，他很願意皈依基督教。「成功的話，下個週日你可以帶我到教堂帳篷，幫我受洗。」阿薩德說。

沒問題，巴伐利亞人說。

阿薩德的疑惑是關於三位一體：如果上帝只有一個，又怎會有三位？

耶穌會士答，三位一體，乃一偉大又神祕的真理，「深不可測」。「只要你的信念堅定，」他向阿薩德保證，「你的心會幫助你理解。」

阿薩德對他說，這就是他選擇成為穆斯林的原因。「你告訴我，『信念堅定，疑惑將迎刃而解。』我的宗教告訴我，『理性思考，信念將隨之而來。』」

耶穌會士認輸。

阿薩德在兒子塔拉勒（Talal）成長過程中，時常叮囑他，和非穆斯林互動時應常保理性和寬容。「對於宗教，絕無強迫。」他引用《古蘭經》提醒兒子。[4]

我知道阿卡蘭亦有同感，所以我對我們的最後一堂課，只有些微緊張。有個問題，從他第一次告訴我火獄的事後，我忍著沒問直到現在：在他看來，像我這樣某種程度上相信有神存在，但還沒準備屈從於一個信仰，最終會是什麼下場？

上了一年的課，我知道他的世界觀寬闊，足以包含我的——事實上，寬闊到足以尊重我的世界觀。可是儘管他不曾說出口，我經常在想，阿卡蘭是不是秉著勸從伊斯蘭的精神，和我一同展開這趟教學之旅。我以朋友的身分，請他撥冗與我分享所學。但我同時也是個非穆斯林。對我而言，我的《古蘭經》課程著重聆聽；我想知道，他是否期待我在潛移默化中擁抱伊斯蘭。其他人曾提出或許我會皈依的念頭。我到機場為謝赫和朝聖團送行那天，一名男子轉頭，露出會意的燦笑說：「誰知道，說不定明年妳會去……？」

「你是不是有話沒對我說？」我問。

他只是微笑。

在前往牛津的公車上，我讀了阿薩德皈依伊斯蘭的心路歷程。年輕時在阿拉伯半島和阿富汗旅行，他深受這個信仰簡樸的自給自足吸引，但還沒準備好歸順伊斯蘭。成為穆斯林「就像抱著探勘的心情，走上一座跨越深淵連結兩個不同世界的橋梁：一座好長好長的橋，必須走到不能回頭之後，才看得見彼端的盡頭」[5]。

光是閱讀這段描述，我已頭暈目眩。我為連結阿卡蘭與我的世界觀所搭建的精神橋梁，根本沒那麼長。謝赫的世界觀絕大多數時候令我傾心。對於在真主面前眾生平等的真誠信仰。仁慈。我所看到的確定感。在靈修活動上，成排穆斯林肩靠著肩一起禮拜，是我有記憶以來，看過最情真意摯的萬眾一心。大教堂唱詩班、天主教彌撒、貴格會團契：全都不敵一屋子女人俯臥禮拜的簡單力量。可是，我無法放手一搏。我不斷帶著笑意地想起父親對信仰的看法：「我樂意信教。」他總是這麼說，然後張開雙臂，彷彿等待哪個神祇擁抱他。至於我，我依舊是伊斯蘭的仰慕者。有其父必有其女，我是伊斯蘭瑰寶的蒐藏家，在博物館盯著玻璃罩欣賞，而不是到清真寺俯臥禮拜。

最終驅使阿薩德走上這座漫長橋梁的，是戰間期柏林的道德淪喪。那是一九二六年，一個經濟活躍、浮華奢靡的時代。德國社會出現嚴重且不可忽視的不平等，而且墜入即將崩潰的瘋狂唯物主義。某天他在柏林地鐵掃視車廂，他觀察富裕的乘客們，觀察一個戴著光彩奪目鑽戒的男人，觀察一個嘴巴「保持僵硬笑容」的女人。對阿薩德而言，他們全都顯得悶悶不樂。他們「缺乏具約束力的任何真理，缺乏渴望提高自身『生活水準』以外的任何目標，缺乏得到更多物質設施、更多配件，或許還有更多權力以外的任何希望」[6]。

於是阿薩德回家，打開他的《古蘭經》，隨機翻到某一頁。有段經文令他眼睛為之一亮：

競賽富庶，已使你們疏忽

直到你們去遊墳地。

真的，你們將來就知道了！（一〇二章：一至三節）

阿薩德認為，這就是解答，它證明了「我手裡正握著的，確實是一本受真主啟發的書，無庸置疑」。

接納死亡

茶送來了，距離禮拜時間不到一小時，我決定把握當下。「謝赫，你覺得我死後會怎樣？你認為我可以當個善人，但不順服真主嗎？這樣我還是會下地獄嗎？」

以下是我聽過最溫柔體貼的地獄磨難。

「這樣說吧，」謝赫心平氣和地說，「根據《古蘭經》的描述，直到相信萬物非主、唯有真主之前，人不會得到救贖。一個不信真主的善人，可能會在這個世界得到一些獎勵，但那不是真正的救贖。」

仁慈的他，刻意不使用「妳」，也避免提到手銬腳鐐與烈焰。他微笑，然後說，接受自己走在歧途並不容易。「重點是，卡拉，誰都不想是錯的。可是若能及時糾正自己的錯誤，對人總是好的。即便在死前一小時改過向善，也沒問題。」他接著說，「相信真主——是一切善的起點。

從那之後，人會愈來愈好。全心相信只是入門。」

我們靜默不語片刻。

「你不曾有任何懷疑？」我貿然提問。

「有些時候，我真的非常害怕。」謝赫猶豫地說，「我為自己感到害怕。人死時是不是信道者，誰也說不準。也許有人認為自己是信道者，但他其實不是。一切取決於真主。世事無絕對。」

這個不確定感，對自己而非真主的不確定感，是如此熟悉。世俗主義者經常假設，信仰之人享有確定感的慰藉。但謝赫的謙遜不允許他相信自己的虔誠。每次禮拜，他總是多加一句禱詞，請求真主，讓他以信道者之姿離世。

我問他，如果世事無絕對，那「怎麼證明真主確實存在」？

「人不能證明真主存在，起碼不能百分之百，」阿卡蘭說，「就像人也不能百分之百證明真主不存在。」

對阿卡蘭而言，真主的跡象無所不在。我們之所以坐在這裡討論真主跡象，就是證據。夕陽和皮膚細胞、蚊蚋和尼加拉瓜瀑布，全都是證據。「真主已為一切論點創造夠多的跡象。」他說。信道者應該要做這些跡象的宣讀者：天使加百利對穆罕默德說的第一句話就是「你應當宣讀」。

「若真主想把所有人變成穆斯林，他早就做了，」謝赫解釋，「但他選擇提供指引。他想要人們思考。」

「我有在思考，」我說，「可是我覺得，相信終究需要放手一搏。」

「你知道，在英文裡，當人們說他們『相信』，意思是『我存疑』。譬如，假設我問妳會不會來探望我，妳回答：『喔，我相信我會的』，代表妳其實不確定。可是相信伊斯蘭不一樣。相信伊斯蘭，代表妳肯定它絕對是真的。」

「沒錯。就是放手一搏。」

謝赫說，與其說是放手一搏，其實更像確定感被開啟。「開始相信，有點像瞭解母愛的過程，」他說，「它會增長。她對你好，所以你有百分之五相信。然後隨著你愈長愈大，她持續不斷地展現她的愛。給你溫飽，給你教導，等等。所以確定感增加到百分之十，你愈是注意，愈是堅信不疑。」

「那你曾經有任何懷疑嗎？」我又問一次。

「我不記得曾有任何懷疑。我深信世界是由真主所創造。事實上，這是無須證明的。人們只是選擇不去相信罷了。」

兩名青少女談天說笑地進到餐廳。遠方響起救護車警報聲。重型機車呼嘯而過。謝赫專注力不減。

「我舉個例子。大家都知道人生在世難逃一死。既然如此，為什麼絕口不提？想想死亡又何妨！它確定會發生。可是人們不去想。因為一旦去想，他們就不能享受人生。假設今天醫生告訴我只剩十天可活，你覺得我還想花時間參加派對，享受人生嗎？」

「很多人認為正是因為難逃一死，所以要享受人生的美好。」我說。

謝赫說，可是把握今朝的態度否認現實。「這社會上，老人、病人，全被擺到一旁。人們只在乎年輕的臉孔、發光的臉孔。想想社會對電影明星的描繪。社會不在乎那些人年過三十的生活！我們只看到他們年輕時的樣子。」

他主張，西方文化不重視生命的完整弧線：「大家都說：『想要充分瞭解一件事，觀察它的所有面向，綜合全部心得，就是答案。』在西方，人只認識生命的一部分。」

「哪部分？」

「你們看到青春綻放光芒，但從不接納死亡。我瞭解，不見得人人都會相信審判日，可是起碼也要適當地談論死亡！人們不該對死亡視而不見：人們應該認識死亡的意義！老年，生病——都是社會的一部分！貧窮的人，他們也是社會的一部分！」

我點頭。「當一個文化能夠接納死亡，對人是種解脫。」

我告訴他，父親過世時，我跑到巴基斯坦待了幾個月。理論上，這趟旅行的目的是為了開啟我的記者生涯，但其實我是去療傷。我選擇巴基斯坦，因為我想去我們一家曾度過歡樂時光的世界角落哀悼他，而且我想去把死亡視為生命的一部分的地方，而不是當作倒楣或搶救無效。

美國每天有無數人在服喪，但在美國服喪往往是寂寞的。社會逼迫服喪者復原，回歸正常，繼續追求幸福。死亡硬生生被活埋，或只能在諮商師與神父面前談論。對住著自助者和自立者、傾向正向思考的生者國度而言，死亡太過無可挽回，太過無從修復。

在巴基斯坦，死亡可以走出櫃子。當時我刻意尋找它，所以到哪都看見它。在關於部族戰爭和名譽殺人的恐怖報紙頭條裡。在雞尾酒會，一位社交名媛告訴我，她的未婚夫出門抽根菸就一去不回，死於車禍。在拉合爾博物館，有尊佛祖石雕，瘦得好似雕刻家將整副骨架刻在皮肉之外。在夜晚，當我把父親的死告訴隨意邀約的晚餐對象——即便在說的當下，我知道聽一個才剛認識的人說起這類故事，就像在湯裡發現頭髮那樣的無關緊要、私密，而且倒人胃口。不過，我的約會對象很禮貌，他拿麵包沾優格，點頭，咀嚼，吞嚥：「我懂。我父親在我六歲時死於一場部族戰爭。幸好有叔叔（伯伯）把我養大。」然後他探頭尋找服務生，彷彿年幼失怙不過是有如餐點太過清淡那樣微不足道的麻煩。

當我追問謝赫是否期待我在讀經課程期間皈依，他的回答仍舊離不開死亡。他說，我做什麼決定，他都不干涉，但他想告訴我死後的光景。「當我面對審判日，被問到有沒有警告人類關於火獄的事，我想要能夠回答我有。我絕對該試著拯救我的朋友們，像妳就是。」畢竟，我也會為他做一樣的事，不是嗎？「如果在這國家有什麼會讓我坐牢的事，或令我感到痛苦的事，難道妳不會警告我嗎？」

在遠處哀悼

結束和謝赫的最後一堂課，過一個禮拜，我弟打電話告訴我母親過世了。父親死後的這二十年對她是極大考驗。父親死後三個禮拜，她經歷一次非常嚴重的心臟病發作，因此當病情好轉，醫生稱她是「一九九三最佳救援」（the Save of '93）。她活下來了，在那之後，她努力過著貌似正常但寂寞的生活。她在大學教女性主義研究，到埃及和義大利旅行，那是她和父親以前住過的地方，然後重回父親死去的墨西哥房子。有時候她彷彿變回年輕時的自己，一個曾和朋友結伴從德黑蘭展開公路旅行到赫拉特（Herat）的女子，幾乎不用偷瞄茱莉亞・柴爾德（Julia Child）食譜，就能端出五道式法國菜。但父親的死和她的憂鬱，將她消耗殆盡。「如何看待消失的事物。」她引用羅伯・佛斯特（Robert Frost）說。她生命的最後七年，在聖路易療養院與路易體病（Lewy body disease）*共度。一塊殘忍的鈣質住在她的大腦裡，導致她的自我意識如月亮盈虧圓缺。

母親在世時，對猶太教信仰不甚在乎。但人死後，儀式和歸屬能給生者安慰是眾所周知的道理。我從倫敦搭機時沉浸在《古蘭經》裡，但在聖路易下機後，我滿懷感激地接受母親友人們的擁抱，他們大多有猶太血統。「我愈來愈猶太人了！」我傳簡訊給先生。母親的朋友圈主要來自學校，因此辦在英文系大堂的喪禮，不乏引用莎士比亞和艾德麗安・里奇（Adrienne Rich）的致詞。儘管我們沒有請拉比主持，但母親的友人當中有位希伯來文教授，領著我們唸給逝者的猶太禱詞，神聖祈禱（kaddish）。我弟尼可拉斯（Nicholas）和我，在喪禮流程表上把kaddish誤拼成kadish，朗誦時，在場所有人都知道字拼錯了，唯獨我倆狀況外。即便如此，結巴地唸誦不熟悉的文字使我安定：「追求寧靜和自我認識，等於將我們的理解力投注到促進所遭遇之人的寧靜。」

從聖路易返家後，我打電話給謝赫，告訴他關於母親過世的消息。

「我不斷想起你在我父親過世時背誦的伊各巴勒詩句，就是『以後誰會為我等門？誰會等我的信？』那首。」

「卡拉，我真的非常遺憾，」他直白地說，「母親是世上最偉大的人。」

我知道那是他的肺腑之言。他總是援引母愛而非父愛，說明真主對宇宙的仁慈。我掛上電話，再次查看伊各巴勒的輓歌。我終於知道，阿卡蘭朗誦這首詩的那天，我為何深受感動。伊各巴勒不僅刻畫死亡帶來的不知所措，還捕捉到活著時分隔兩地的痛苦。所有移民都知道，遠距離噩耗的節奏自成一格。時差和物流賦予傷痛尖銳的新意。不過兩個禮拜前，我才在朱莉亞和妮可天真的注視下，於清晨打了長途電話。死亡經常令人感到不真實，可是對服喪的移民而言，死亡可謂加倍的不真實。當摯愛的人早已在日常生活中缺席，他們的存在就像個鬼魂。返鄉和電話可

---

* 譯注：失智症的一種。

以讓他們起死回生，不過也只是暫時。因此，掛上通知噩耗的電話，遠距離的哀悼者必須召喚記憶裡的愛人，然後再次失去摯愛。想像的齒輪在找到失去、失去找到之間痛苦地轉動。

共同經歷喪母之痛

在母親的追悼會上，一名友人憶起她生命的最後幾年，引用了莎士比亞：「當悲傷來臨的時候，不是單個來的，而是成群結隊的。」喪禮結束後幾天，謝赫的學生雅祖傳簡訊給我。當天早上，謝赫的母親突然過世。好像我們被什麼跨國的喪母流行病襲擊。

震驚的我傳簡訊致哀，不想這麼快打擾他。幾分鐘後，電話顯示有一通未接來電。致電者是謝赫。

我回撥。

「妳最後一次見到她，也是我最後一次見到她。」他靜靜地說。

「那是我的榮幸。」我說。我怎麼可能不知道最後一面的分量。重播最後那次驀然回首的記憶——或更不幸的，沒有驀然回首的最後記憶。曾經失去的人都有這樣的記憶，可是對阿卡蘭和我這樣的移民而言，這些記憶尤其歷歷在目。我本身有兩段反覆重播的記憶影片：我父親，背著黃色背包，搭上倫敦巴士，前往機場。我母親，坐在輪椅上，勇敢地揮手，囑咐我回到倫敦替她親親兩個孫女。

阿卡蘭上次回家，是他最後一次見到母親。我也在場，記得她坐在輕便床上的樣子。今晚，我是通往棧達罕的橋梁。

他在電話上很安靜，喃喃低語，沉默寡言。這是因為他生性拘謹，固然沒錯，不過他也是在遵守傳統：先知曾明言反對為死者嚎啕大哭。穆罕默德說過，安靜掉淚是可接受的，可是不能放聲哭喊，因為那樣做和前伊斯蘭時代阿拉伯半島上過分的服喪習俗太相似了。

這通電話不長，幸好，因為我自己正瀕臨陷入庸俗且有違伊斯蘭精神的悲痛邊緣。

「妳對我們非常重要。」謝赫在掛斷前說。

相同的悲慟

蘇麥雅告訴我，他們週日會開放致哀。誠如猶太教，穆斯林也有親友到家中弔祭死者、慰問喪家的傳統。還在聖路易的時候，友人和我都想知道，我弟和我會不會遵循葬禮後為期七天的猶太守喪期「坐七」（shiva）。我們沒有坐七。這項習俗對我們薄弱的猶太教認同，顯得太過正式。更何況，坐七不適合我們這種散居的家庭。由於我和弟弟分別借住友人家的客房，我們連在哪裡坐七都不知道。

回到英國後，我後悔當初沒選擇守喪。我到我的英國婆婆家作客一個週末。婆婆是老派英國人，不喜歡哀慟的混亂。她們那一輩，對自己毫不大驚小怪地度過戰爭歲月感到自豪。她無疑期待我會樂意聽她聊讀書會和字謎提示的話題，暫時忘卻死亡。結果我反而想拿毫不掩飾的痛苦填補每個談話空檔，並且把好意遞來的每個茶杯砸掉。

忍受整個週末的盎格魯薩克遜式克己復禮，謝赫家散發安定人心的熟悉感。我在徹夜未眠的哀傷跡象裡尋得解脫——前房未鋪整的棉被，謝赫紅腫睜不開的眼睛。失去至親至愛造成的混亂令人欣慰：煩躁坐不住的孩童，有一搭沒一搭的對話，移動時爭先恐後地搶座位。

謝赫申請簽證回印度的過程不太順利。他需要一份死亡證明書，才能讓印度領事館加速發簽，但他的母親在偏僻鄉村過世，根本沒拿到死亡證明書。謝赫已經錯過下葬儀式，根據穆斯林傳統，死者必須在三天內入土。在沒有電力的棧達罕，九月的酷熱意味著喪儀的步調得更快。阿卡蘭的母親在死後隔天下葬，由阿卡蘭的姐妹們依伊斯蘭習俗清洗大體，然後遵照習俗以五條白色裹屍布包覆。下葬隔天，他年紀最長的姐姐昏倒，被緊急送往醫院，因體力透支而得吊點滴。

我在下午登門致哀，謝赫不見人影。我被帶進客廳，和法哈娜與孩子們共處一室。她們告訴我，謝赫正在另一個房間接待幾位男性訪客。當客人們正要魚貫步出前門之際，我聽見他輕聲叮嚀將我們的房門關好，才不會看見他們離開，破壞了男女分隔制度。

接著謝赫走進來，一身白，穆斯林服喪者的顏色。「真的很謝謝妳來，卡拉，」他邊說邊低下頭，「我們本來要去布萊頓（Brighton）看妳，結果……」

「我們應該挑個中間點碰面的，」我開玩笑道，想像我倆把車暫停在英國高速公路的路肩，兩個不在英國出生的孤兒，為我們逝去的母親互表哀悼。他坐沒多久便先行離席；另一間房又有更多男人等著向他致哀。

我不確定該帶什麼禮物，最後決定帶鮮花。後來，我得知穆斯林慰問喪家，傳統上會帶食物。猶太教也是，習俗規定親友團應負責餵飽喪家。

「食物！」我高呼，心懷感激地將一盤香料馬鈴薯和菠菜狼吞虎嚥下肚。「給失親者送上食物！我們猶太人也有一模一樣的習俗！」

「我不懂有什麼好吵的，」蘇麥雅邊笑邊舀食物，「我們的相同之處這麼多。」

「妳父親能夠為奶奶唸禱詞嗎？」我問。

「習俗是盡可能聚集最多人在墳前唸禱詞，所以他算是錯過了。但我們在這裡每次禱告都會提到她。」

阿卡蘭的雙親過去總期待能夠參與兒子在英國的生活。「父親總是說他要把他們帶來，」蘇麥雅說，「但要準備的事情好多。我們得蓋個東方式廁所供他們使用。我們得找會說烏爾都語的人照顧他們。還有氣候也會是問題。住在棧達罕一輩子，就算夏天，他們也會覺得冷。」

阿卡蘭的虔誠將他與後世連結。他把對死亡的覺悟當車鑰匙一樣隨身攜帶。可是即便深知死亡日日逼近，他仍無法抑制悲慟。信仰的力量，或許可削弱困擾人類的次要情感，像是色慾或貪婪。但虔誠填不滿母親離世留下的洞。

結語
永恆回歸

當謝赫接到通知母親逝世的電話，他的第一反應，是穆斯林聽到死訊或遭遇困難都會說的話：「我們都是真主的，我們都將歸到祂那裡去。」這句話來自《古蘭經》第二章，它拿一個共同的命運，安撫說話者、聆聽者和死者。其力量來自其對稱性：我們的起源就是歸宿，我們的終點就是起點。

著名英國謝赫阿布杜哈各・布雷（Abdalhaqq Bewley）有則關於這句話改變他一生的故事。生為基督徒，他在擁抱伊斯蘭之前，曾沉溺於六〇年代搖擺倫敦的縱樂。[1] 皈依的念頭在摩洛哥旅行時出現，當時的他還很年輕。在非斯的某個傍晚，他和兩名同伴爬到一座俯瞰城市的山丘看夕陽。當時正巧是昏禮時間，喚拜聲在天空中交織成網，宣禮員（*muezzins*）從宣禮塔召集信徒。三個男子遇見一名牧者帶著畜群經過。他的其中一個同伴，阿拉伯語說得極好，向老人打招呼，順口問他要上哪去。「我們都是真主的，」牧者回答，「我們都將歸到祂那裡去。」

聽到這回答，布雷決定改宗，隔天便付諸實行。

力道十足的故事，以令人滿意的「讀者們，我選擇了祂」的概念收尾。男孩遇見真理。男孩擁抱真理。在我的想像裡，俯瞰非斯之丘那一幕簡直有夠《古蘭經》——或是好萊塢版《古蘭經》：古城之盆在男人的腳下延伸。陽光把灰褐色的樓房擦亮成橘色。牧者臉龐粗獷，平靜地望著他的山羊，在紅色碎石間戰戰兢兢地移動腳步。接著，《古蘭經》的話語穿透天際，許諾人類與創造主的團聚。

不同於成為謝赫布雷的男人，我沒有皈依。不過，和我的謝赫與《古蘭經》相處的這一年，有許多充滿恩典的時刻。想像著「天地與天地萬物的主，還有一切光照之處的主」，我從閱讀經文而生的謙卑得到慰藉。即便不是信道者，我將《古蘭經》課程視為逃離日常生活喧囂的寧靜水道。謝赫對一切俗世計算的漠視撫慰人心。他不在乎華爾街股市昨日收盤價，考試成績或衣服尺碼，甚至連幸福也不在意；和我們由真主創造且將回歸真主的事實相比，俗世的一切皆微不足道。時時刻刻提醒自己既渺小又無能為力，出奇地令人充滿活力。母親過世時，我記得我在想，穆斯林做任何計畫、任何承諾，無論事情大小，都要說「若真主意欲」，是多麼明智的舉動，畢竟唯有真主知道下週三的午餐約會是否會成真。在哀慟之際，和一群尊重這個世界不確定性的人共處，我感到自在。

牧者引用的《古蘭經》經文在我腦中揮之不去，其中一個原因是經文所描述的循環，使阿卡蘭的生活踏實且有意義。向阿卡蘭學習，等同於理解回歸真主的覺悟如何驅動他的人生。對謝赫而言，生命是一個終點、起點和之間每一點都有真主相伴的循環。他來自真主，他歸向真主。他講優素夫故事那天，在白板上畫的圓圈和直線，就是虔誠伊斯蘭生活的素描。圓圈：日復一日的循環，穆斯林不變的面向真主。線條：穆斯林棲身的空間。他說，身在何處不是你需要煩惱的事。面向真主才是：「以敬畏真主的心情，永遠遵守這個循環。」因此，對阿卡蘭而言，每次朝聖的高潮都是轉圈子：環繞卡巴聖殿的儀式。繞著黑石走七圈「向來是我的最愛」，他說。歲月不離真主。他每週禮拜三十五次——往往不止。站立，下跪，前額貼地，再站立，他將注意力回歸到一體兩面的起源和歸宿。狀況好的時候，他說禮拜就像回到「母親的懷抱，彷彿還是個孩子」。

儘管我仍不理解《古蘭經》的整體意義，我一直很羨慕他有那樣的感覺。我被很多句子打動，但沒有一個句子能讓我讀到潸然淚下。我得替我的老師說句公道話，《古蘭經》不能翻譯是眾所周知的事。我們多次被提醒，不能讀古典阿拉伯文原典的人，感受不到它的詩性和力量。剛開始讀經，我因看不懂原文感到遺憾。但這一年下來，我逐漸釋懷，雖說我現在比開始讀經之初，蒐集了更多不同版本的《古蘭經》。除了大學時期購入的皮克索爾平裝本，以及沙烏地阿拉伯贈送的精裝本，我又多了四個不同的譯本。純粹主義者或許認為每一次的重新詮釋，標誌著《古蘭經》的不可翻譯性，提醒世人唯一真理因翻譯而愈來愈模糊。但看待不可翻譯性還有另一個不同角度，一個符合我本身世俗人道主義信念的角度：每當有新譯者對理解《古蘭經》做嶄新嘗試，並非暗示著《古蘭經》的不可翻譯性，而是它的豐富性。

學習《古蘭經》之初，我以為，我會讀完一本書，學習書裡的知識。早在馬糧袋咖啡廳的第一堂課，我就看到假設不成立的第一個線索。「啊！妳說它是一本書嗎？」謝赫那時問道。我當時輕撫我的平裝本，一頭霧水。距離第一次和《古蘭經》相遇，把它變成玩偶手中的勃朗特小說，我已有長足的進展，但我還是不理解，它為什麼遠不只是備受尊敬的書籍。在這年裡，我逐漸瞭解《古蘭經》不單是夾在封面和封底之間的一疊紙張。稱它為一本書，也就是能從頭讀到尾的東西，就像用各種期待將它防腐保存。說到底，又是一個限縮它意義的方式：一個護身符，一部宣言，一份操作指南，一個政治工具。在阿卡蘭這樣的穆斯林的生活中，它的意義無遠弗屆。《古蘭經》對穆斯林社會的滲透亦然，它的話語從清真寺音響播放，從廣播和CD唱盤流瀉，被人掛在脖子或牆壁上。揣摩《古蘭經》的意義，我認為回歸的比喻最貼切。它是信徒再三回歸之處。

就像穆斯林對待禮拜。研究穆斯林禮拜姿勢的科學家發現，其禮拜姿勢使人平靜且具有彈性。[2]他們發現，雙腿打開直立的站姿強化肌肉組織。彎身鞠躬延展下背部和大腿後側肌群。拜倒後的坐姿保持關節靈活。阿卡蘭的禮拜還賦予他文化靈活性，以意想不到的方式伸展了他的人道觀念。回歸的動作——回到他的禮拜墊，回到他的《古蘭經》和古典文獻——往往能夠拓展他的世界觀，而不是限縮之。回歸聖訓研究的一手史料，讓他看見其他人未看見或是選擇忽視的模式。拼湊一段由數千名博學女子所構成的歷史，他找到有助於力爭開明社會的過去。有別於想將女人困在家中的男人所援引的傳統，他發現了能夠推進女性地位的陳年往事。

謝赫鍾愛的先知易卜拉欣曾提醒信徒，不要以特定方式敬神，只因那是先民的習俗。阿卡蘭對當代穆斯林的勸告，類似易卜拉欣對宗教僵化的警告：「當一個文化注重信仰的外在面向——像穿戴頭巾——他們的宗教便淪為身分認同，」阿卡蘭告誡，「到頭來，人將變成沒有靈魂的行屍走肉。」翻開史料文獻，回到你的禮拜墊上，把信仰變成屬於自己的，他如此建議。不要人云亦云。閱讀。思考。撣拂傳統日積月累的塵埃，將祖先的因循守舊一併掃除。真正的敬神必須無視蒙面罩袍、鬍鬚和伊斯蘭法，在絕大多數情況下，它們只是道具，而非虔誠的表現。真正的敬神是虔信精神，對回歸的覺悟。這不曾消失的回歸意念，賦予謝赫探索世界的優雅。他帶著這份優雅從棧達罕的村莊，移動到拉克瑙的城市，然後再到西方，沒有滿腹苦水，不覺得矛盾，不因噩耗喪志。

移民，尤其是穆斯林移民，通常被描述為人生因搬到西方而一分為二的一群人。在美國和歐洲，如何兼顧國家安全以及融合少數穆斯林群體的問題，意味著連字號，像是「穆斯林—美國人」或「英國籍—巴基斯坦人」裡的—符號，被當作切割的裂縫，而非銜接的橋梁。但移居可以把人切成半個，也能加倍成兩個。魯希迪稱移民是「被翻譯者」（translated men）[3]。絕大多數時候，一般咸信「翻譯過程中總有些什麼會失去」，魯希迪寫道，「我頑固地堅信，翻譯也可能帶來貢獻。」

阿卡蘭從印度被翻譯到英國的過程就帶來不少貢獻。他的移居意味著文化層積，而不是一刀兩斷。西方生活提供不受蒙蔽的視角，讓他能分辨信仰裡哪些成分屬於伊斯蘭，哪些純粹是代代相傳的傳統。阿卡蘭的牛津生活讓他有經濟能力回到棧達罕，為女孩蓋專屬的穆斯林學校。他回到納德瓦，發表伊斯蘭學者社群公認的大膽演說，因為他主張穆斯林的當代問題，有一部分是自己造成的。在英國，他或許像個被翻譯者。可是倘若退得夠遠，同時凝視印度和英國，你會看出，他並非被翻譯者，而是翻譯者。

作家穆斯塔法．阿克約爾（Mustafa Akyol）指出，穆斯林文化經常緊抓僵固、食古不化的準則不放，而且每當覺得受西方威脅便捏造傳統。誠如世上所有的文化，穆斯林社會曾在自信狀態下展現了不起的彈性。阿克約爾強調，強盛的鄂圖曼帝國，即便賦予猶太人和基督徒平等的公民權，廢除叛教法，不曾失去其伊斯蘭認同。[4]在一份二〇一一年針對美國穆斯林所做的皮尤民調（Pew survey）*中，也能察覺到類似的自信。[5]多數受訪者同意伊斯蘭學說並非只有一種正確的詮釋，而且其他宗教也能通往永生。每當我問謝赫該如何增進我的理解力，他的回答總是呼應穆罕默德聽見的命令：「你應當宣（閱）讀。」繼續讀《古蘭經》，他在我們的最後一堂課對我說。反覆讀它千百遍。回歸。

因為和阿卡蘭談話，我自己的基要主義信念三番兩次地崩解。我假定像謝赫這樣會按字面意義解讀經文的讀者，一定把科學視為他們信仰的大敵？我錯了。阿卡蘭不過把科學視為另一種理解真主傑作的方法。宇宙的寬闊足以容納兩種方法。（雅祖說：「我在牛津攻讀物理學的時候，他從來沒提議要我放棄物理。」情況正好相反。「他不斷叮嚀我一定要畢業。」）我深信虔誠的信徒不會有懷疑？毫無根據。在阿卡蘭坦言自己時常提心吊膽的那天徹底粉碎，他擔心自己當信徒的方式不對，擔心審判日到來時被認為不夠虔誠。

我的後啟蒙世界觀和謝赫穆斯林世界觀之間的工整對立？幾乎崩壞成碎石。自從拜讀了世俗人道主義思想家格雷林（A. C. Grayling）的作品，我對他的啟蒙價值清單產生共鳴：「多元主義，個體自主，民主，法治，寬容，科學，理性，世俗主義，平等，人道的道德準則，教育，以及人權和公民自由的提倡和保護。」[6]這些價值阿卡蘭絕大多數都認同——唯獨世俗主義除外。事實上，他盡心竭力把真主變成他所作所為的核心。政治、社會、藝術——全都納入崇拜真主之下。不過，對於謝赫的信仰竟然允許、甚至鼓勵我也有所共鳴的評論，每每令我感到驚奇。別的不說，這一年將永遠提醒我，阿卡蘭獨一無二的虔誠充滿無限可能，包括捍衛最基本的人權，強調個人良知勝過國家授權之律法，以及其和平共存的道德觀。

沒錯，當我們談起女性的家庭角色，或任何有關同志權利的話題，我總會碰撞謝赫的寬宏

---

* 譯注：皮尤研究中心（Pew Research Center）是美國獨立民調機構。

大度的極限。若真想找到和我完全契合的《古蘭經》解讀觀點，我得去找阿米娜・瓦杜德、阿絲瑪・巴爾拉斯（Asma Barlas）、阿斯加・阿里・英吉尼爾（Asghar Ali Engineer）之類的女性主義先驅——或是，正在累積實力的新一代部落客、作家和行動分子。倘若我想要和西方法律思維更一致的同性戀闡釋，我得引用像史考特・西拉吉・哈各・庫格爾（Scott Siraj al-Haqq Kugle）等學者的著作。庫格爾關於伊斯蘭恐同症的研究，不僅回歸《古蘭經》中先知魯特（Lut）的故事，並且提出了全新解釋。

每當謝赫和我意見相左，我們的衝突只是提醒了我，相較之下，主流西方觀點不久前才形成。我們上課時，恰巧遇到寬容和人權在歐洲、北美的進化。每過一個月就多幾個州和國家，擴大他們對正義內涵的定義。對家庭構成的定義。對伴侶的定義。對平等的定義。我出生時，同志在英國是罪犯。本書寫作期間，同志贏得了結婚的權利。和謝赫上課不僅凸顯當代穆斯林社會的活力，也讓我看見西方世界的活力。

界限的跨越

在優素夫演講後不久，阿卡蘭和我約在牛津的阿什莫林博物館（Ashmolean Museum）上課。我們大步穿越希臘羅馬展品，繞過文藝復興展品，朝伊斯蘭蒐藏徑直走去。我們經過兩名禿頭男子，正探頭欣賞藍白相間的伊茲尼克（Iznik）磁磚。一名肢體柔軟的年輕女子，穿牛仔褲，戴耳機，凝視大馬士革飾帶上的柏樹。前進的同時，某個東西吸引我的目光。「過來，」我對謝赫說，「你得看看這個！」

一面牆上掛著一組波斯磁磚，內容描繪蘇非詩人賈米（Jami）根據《古蘭經》優素夫故事創作的詩「優素夫和祖蕾哈」。青金石色和綠松色為底，點綴少許粉紅色，襯托冷色藍，十八世紀某伊朗藝術家筆下的（埃及）孟非斯（Memphis）女子們，懶洋洋地躺在地毯上休息，驚豔地看著俊美的優素夫。我對於在聽完優素夫演講不久後巧遇這個藝術品，而且還是跟謝赫一起看到，高興得不可思議。這組磁磚掛在距離他辦公室不遠處——這不是太巧了嗎？在古老的英國機構阿什莫林博物館，看見以〈優素夫章〉為依據的圖象創作，彷彿某種來自宇宙的認可。我們短暫佇足，我迫切想聽到他也這麼認為。對我這樣的世俗主義者而言，巧合能強化阿卡蘭的圓圈和線條教誨。禮拜之於他，正如藝術之於我。兩者都對人保證，無論身在何處，即便在這個破碎世界裡，宇宙的統一性一直都在。它們讓你知道你不孤單，也是對外連結的媒介。成長期間，我不斷嘗試銜接聖路易生活和我在喀布爾、開羅、德里的世界。為了讓世界顯得完整，我在密蘇里的克萊頓（Clayton）讀吉卜林，在前往坎達哈的路上讀中西部大草原女孩的故事。

況且，這些磁磚漂亮極了。我興奮地呼喊，看看優素夫，他的頭環繞著一圈光環！他看起來堅忍不拔，但又受到驚嚇，一邊眉毛略微上揚，藝術家怎麼辦到的？那一盆水果，慵懶休息的女人們？

阿卡蘭稍微瀏覽磁磚，禮貌地點點頭。他說，他知道磁磚作品依據的詩。他的評語就結束了。他轉身，走向附近的長凳，坐下，開始講課。

起初，我懷疑他是不是生我的氣。我知道，他和很多穆斯林一樣，偏好避免具象藝術。就在剛剛，四處尋找伊斯蘭藝術之際，我們經過一幅米開朗基羅的素描，還有一整排的希臘半身雕像；他對這些藝術品的關注，彷彿它們是麥當勞廣告。他漠不在乎：對身旁的藝術品不為所動，不過願意坐在被藝術品包圍的長凳上。

後來我問他，我是否冒犯了他，他向我保證沒那回事。他解釋說，純粹是穆斯林不贊同將先知具象化。「描繪他們，等同框限，」他說明，「我尊敬先知，所以不喜歡框限他們。」

一拳打倒我對藝術力量的期望。對阿卡蘭而言，圖象不會延伸想像，只會遏制想像。我像顆洩氣皮球，有點像是被突襲包抄。回顧參觀阿什莫林的那天，我在想，也許我期待看見謝赫展現某種轉變。當然不是宗教上的轉變。但我知道，我希望他觀賞那組磁磚，或一幅提香作品，然後真正看見它們的美，就算只有一兩分鐘也好。我猜想，那是我內心的展示分享會成分作祟，某種對贊同的渴望，如果沒有贊同，至少要有連結。這一年之中，他對我的款待與仁慈，細數不盡，他以無際的慷慨讓我占用他的時間，與我分享他的知識。但我猜想，我也想要他展現某種程度的相互好奇。我想要他像我探索他的世界觀那樣探索我的，只要一下下就足夠。這不是因為我要他改變觀點，我只是要他承認我的觀點也有可取之處。

老實說，他現身阿什莫林一舉，等於已經認可許多我珍視的價值。以北方邦穆斯林男女分隔制度的標準來看，光是同意和我一對一授課，已是重大文化躍進。出生在兄弟和姐妹互不交談的家庭，如今他卻在藝術博物館和一個女人見面，而且還是個不信道的女人。難道我們的對話，不是我珍視的多元主義被付諸行動？當我問他，年輕的你可能無法接受西方文化的哪些元素時，謝赫以得體的態度坦白回答。「舉例來說，我現在跟妳一起坐在這裡，」他說，「要是在納德瓦被人看到我們坐在一起，他們會感到難以置信！一名學者和一個女人！」

他這番話，是以最禮貌的方式告訴我：「我來了，不是嗎？」我們交談。談論死亡、性愛、婚姻、自然、身為人的意義。我們的看法不總是一致，他走向伊斯蘭展廳的途中沒有為西方文明傾倒——那又如何？他這段時間給我的，早已勝過短暫共賞精美藝術。

小說家魯希迪因被指控褻瀆伊斯蘭，生活在何梅尼頒布之死亡威脅的陰影之下，魯希迪推崇文學為一神聖空間，始終是「每個社會唯一……能夠聽見不同聲音對萬事萬物暢所欲言的地方」[7]。《古蘭經》裡沒有多元聲音，只有一個單一、無所不在的聲音。儘管充滿力與美，《古蘭經》文學也不例外。可是對謝赫而言，《古蘭經》的無限不亞於小說家眼中的文學。對我而言，和阿卡蘭一起讀《古蘭經》促使我們談話，即便不到「對萬事萬物暢所欲言」的程度，起碼談論的深度廣度遠超乎我所能想像。最初開始上課，我很清楚伊斯蘭文化有非凡的潛力，能夠擁抱像我所持的觀點。但我沒料到一個保守的穆斯林學校學者，竟有我原先預期在穆斯林進步分子身上看到的潛力。

我們置身穆斯林文化殘跡間，在博物館的木頭長凳展開當日授課，那天的課程提醒我，界限跨越是非常複雜的。我們聊到許多穆斯林社會有迎娶女童的普遍習慣。我當然憤怒地抗議。她們受教育的權利呢？個人選擇？對職業的期待？簡言之就是老調重彈。

謝赫聆聽——然後建議我反觀西方文明。我們只需回顧約三百年前的歐洲歷史，回到工業革命發生之前，就會發現童婚的歷史足跡。沒有公立學校，沒有逃學專家，沒有兒童權利宣言，也沒有未成年法令。我本來怒火攻心，但經過阿卡蘭提醒西方價值是人為爭取而非與生俱來之後，我稍微冷靜了一點。我眼中的真理，源於一段革命不斷的歷史——政治、工業和個人面向的革命。女孩上學的權利和童年，並非如巨岩或海洋般亙古亙今的自然風景。權利是經過爭取，然後創造的。謝赫的提醒令人精神奕奕，我的文化是個活的傳統，透過反覆制定正義的基準所建立。

「在特定文化、特定背景之中長大，我們的思維變得太固著，以致無法產生不同的想法，」謝赫邊說邊拿起他的外套，「認清全貌很不容易。」

委婉指出撐起西方道德規範的大梁之後，他為了做昏禮先行離開。

我在博物館長凳又坐了半晌，被各式各樣伊斯蘭文物環抱著。十二世紀中亞的綠松石碗。以赤褐色和青金石色顏料上色的伊茲尼克磁磚。一盞埃及的清真寺燈。阿卡蘭離開後，我感到莫名失落。他去清真寺了，而我留下來欣賞伊斯蘭文化之美，但不用對伊斯蘭信仰照單全收，就像當年的父親一樣。直到接近課程尾聲，我才看見這一年計畫的諷刺之處。學習謝赫的信仰讓我能夠實踐自己的信仰。我相信，人因試圖理解他人而完整，我們的課程就像對我信念致敬的儀式。倘若他徹底被我的世界觀說服，或我被他說服，我們說不定會破壞這份友誼的脆弱生態系統，因為使這份友誼更豐富且更不尋常的正是我們的分歧。因為若說瞭解分歧是我個人重視的價值觀之一，它絕對也是《古蘭經》倡導的重要價值觀。《古蘭經》說，唯有透過差異性，才能真正認識自己身為人的形狀和分量：

> 眾人啊！我確已從一男一女創造你們，
> 我使你們成為許多民族和宗族，
> 以便你們互相認識。（四十九章：十三節）

還有以便我們認識自己。若我沒有用一年時間嘗試從阿卡蘭的視角觀看世界，我辨識不出我自己世界觀的輪廓。

作者的話

儘管書裡提到的事件都是真的，我偶爾會為了保持主題明確和敘事流暢，在時間上壓縮或重新安排事件始末。除非在內文或注釋另做說明，本書通篇引用的《古蘭經》取自克里利《古蘭經新譯》（*The Quran: A New Translation*, Chicago: Starlatch, 2004）。

伊斯蘭用語解釋

adab：教養。指有涵養、品行端正，以及舉止仁慈的穆斯林文化概念。

alhamdulillah：阿拉伯文，意思是「萬贊歸主」。

alim：穆斯林宗教學者。

alima：女性穆斯林宗教學者

amir：領袖之意。

aya：字面意義為跡象或訊息，顯見於真主的傑作之中。或指《古蘭經》的小節。

biryani：印度香飯。南亞米飯料理。

chador：伊朗女人穿的遮蓋頭和身體的包覆式罩袍。

dawa：號召。勸人歸從伊斯蘭。

fatwa：伊斯蘭教令。由宗教學者頒布的不具法律約束力的法律意見。

faqih：伊斯蘭法學家。

fiqh：伊斯蘭法學。建立在推理論證之上的法律系統。因出於人為，所以會變動，不可與伊斯蘭法律混淆，也不等於出自《古蘭經》的不變的、神聖的啟示。

hadith：聖訓。先知穆罕默德的言行。除了《古蘭經》之外，穆斯林認識其信仰的另一個知識根源。

hafiz：背誦者。背下整本《古蘭經》的人。

hajj：朝聖。到麥加的朝聖之旅，每個生理和經濟許可的穆斯林必須做的事。

halal：被允許的（清真）。伊斯蘭法律許可的商品和行為。

hanif：哈尼夫。對阿拉伯半島上前伊斯蘭時代一神論者的稱呼，儘管不屬於基督教或猶太教，但也拒絕異教徒的偶像崇拜。

haram：被禁止的。伊斯蘭法律禁止的商品和行為。

hijab：穿著樸實的穆斯林用語；此外，也是指用來覆蓋女性頭髮的頭巾。

hijra：遷徙。指穆罕默德及其友伴們在西元六二二年從麥加移居至麥地那，此事件是伊斯蘭曆紀元的起點。

hikma：智慧。

ibada：對神的敬仰。

ihram：受戒狀態。朝聖者在到麥加參拜期間所維持的神聖純潔狀態。

ilm：學問。

ijaza：教統證書。

imaan：信仰。

inshallah：若真主意欲。穆斯林提及未來可能發生的事時會說的話。

isnad：傳述鏈。展示一則聖訓之有效性的傳述世系。

itikaf：靈修。在清真寺內的靈修閉關，通常在齋戒月的最後十天舉辦。

jahiliyya：蒙昧狀態。指前伊斯蘭時代的阿拉伯半島；伊斯蘭主義者用此語暗示有違伊斯蘭精神的行為。

jihad：聖戰。指奮鬥，可以是武裝鬥爭，或為個人成長所做的努力。

jilbab：寬鬆罩袍，目的是遮蔽女性的身體曲線。

jinn：精靈。真主從煙霧創造出的生物；英文單字「genie」（精靈）的根源。

Kaaba：卡巴聖殿。位於麥加的黑色立方體，前伊斯蘭時代阿拉伯半島偶像的住所，伊斯蘭到來後的真主聖殿。

kafir：不信道者。

karakul：卡拉庫爾（帽）。指一種綿羊的羊毛和毛皮，以及以之做成的帽子，戴的人通常是中亞和南亞男性。

khutbah：清真寺伊瑪目的佈道演講。

madrasa：穆斯林學校。伊斯蘭宗教神學院。

mahram：男性監護人。一個女人因親戚關係永遠不得與之結婚的男人，像是父親，兄弟，叔伯或兒子。在沙烏地阿拉伯監護系統下，沙國女人若要旅行或唸書，必須取得一名男性監護人的允許；外國女人進行朝聖或小朝聖必須有一名男性監護人陪同。

maulana：毛拉納。對穆斯林學者或博學之人的尊稱，在南亞尤其普遍。

masjid：清真寺。

mehr：聘禮。新郎或他的家人在結婚時給新娘的錢或商品。

mufti：伊斯蘭法律專家。受伊斯蘭法律專業訓練的學者，有發布伊斯蘭教令（fatwa）的資格。

muhaddith：聖訓專家

mujahidin：聖戰士。

mullah：毛拉、宗教導師。學識淵博的穆斯林，受宗教研究領域的教育。

niqab：面紗。遮蔽女性整張臉、只露出眼睛的面紗。

purdah：男女分隔制度

qibla：禮拜方向。卡巴天房的方向，也就是穆斯林禮拜的方向。

qiwamah：丈夫給妻子的保護與生活費。

Ramadan：齋戒月。伊斯蘭曆的第九個月，也是先知穆罕默德第一次聽見《古蘭經》訊息的月分。在這個月，穆斯林在日出至日落之間禁食。

sabr：耐心，忍耐。

shahada：清真言。信奉伊斯蘭的宣告，宣告時必須說：「萬物非主，唯有真主；穆罕默德，是主使者。」

shalwar kameez：莎爾瓦卡米茲。南亞和中亞女性穿的長衫搭寬鬆褲子。

sharia：伊斯蘭法。字面意思是「通往水源的路」；從《古蘭經》和聖訓流傳下來的道德和倫理價值觀，是神聖之道。

shehrwani：雪望尼。南亞男性穿的正式長大衣。

Sheikh：謝赫。字面意思是「年長男人」，對宗教學者以及部落、地方領袖的尊稱，

shirk：以物配主。伊斯蘭最嚴重的罪。

sira：先知穆罕默德的傳統傳記。

sunna：先知傳統。先知穆罕默德立下的模範，來自他的聲明、行為，以及相信的事。

sura：《古蘭經》的篇章。

tafsir：《古蘭經》詮釋學。

taqwa：虔信精神。即真主意識。

tawaf：繞行聖殿。朝聖或小朝聖之朝聖者環繞卡巴聖殿七圈的儀式。

thobe：波斯灣諸國男性穿的長袍。

ulama：伊斯蘭學者們（alim的複數）。

umma：全球穆斯林社群。

umra：小朝。次要的麥加朝聖之旅，需要做的儀式比大朝少。

wudu：小淨。在從事穆斯林禮拜之前的儀式性沐浴。

Zamzam：在麥加一座靠近卡巴天房的滲滲泉水。

zenankhaneh：家中專屬女性的空間。

zina：婚外性行為。

注釋

序言　行旅地圖

1 "The 2002 UNC Summer Reading Program of the Qur'an: A National Controversy," 存取於April 28, 2014, www.unc.edu/~cernst/quran.htm.

2 "Muslims" in "The Global Religious Landscape: A Report on the Size and Distribution of the World's Major Religious Groups as of 2010," December 2012, Pew Forum on Religion and Public Life，存取於March 19, 2014, www.pewforum.org/2012/12/18/global-religious-landscape-muslim/.

3 自此以降本書凡引用《古蘭經》經文超過兩行處，將於內文直接注明章數：節數。

4 "Bush Says It Is Time for Action," CNN.com, November 6, 2001，存取於March 20, 2014, http://edition.cnn.com/2001/US/11/06/ret.bush.coalition/index.html.

5 Mohammad Akram Nadwi, Madrasah Life: A Student's Day at Nadwat al-Ulama (London: Turath Publishing, 2007), p. 13.

6 Thomas Carlyle, On Heroes, Hero Worship and the Heroic in History, edited by Carl Niemeyer (Lincoln: University of Nebraska Press, 1966), p. 64.

7 Ibid., p. 65.

第一章　二十五個字說明《古蘭經》

1 Carla Power, "A Secret History," New York Times Magazine, February 25, 2007，存取於April 13, 2014, www.nytimes.com/2007/02/25/magazine/25wwinEssay.t.html?r=0.

2 I. Goldziher, "Adab," Encyclopaedia of Islam, First Edition (1913–36), edited by M. T. Houtsma, T. W. Arnold, R. Basset, and R. Hartmann, Brill Online, 2014，存取於March 27, 2014, http://referenceworks.brillonline.com/entries/encyclopaedia-of-islam-1/adab-SIM0300.

3 Mahmoud M. Ayoub, The Qur'an and Its Interpreters, vol. 1 (Albany: SUNY Press, 1984), p. 44.

4 Ibid., p. 45

5 阿拉伯文的〈法諦海〉有二十五字或二十九字兩種，端看有沒有把太斯米（Bismillah，也就是，出現在每個章節最開始的句子「奉至仁至慈的真主之名」，第九章除外）算進去。英文翻譯把這個句子變得相當冗長。

6 伊斯蘭女性主義學者瓦杜德提出，真主的至大、獨一和不可分割，使早期性別階級無法建立。參見Amina Wadud, Inside the Gender Jihad: Women's Reform in Islam (Oxford: Oneworld Publication, 2006), pp. 24–32.

7 有關對〈法諦海〉最後一句發表意見者的簡單討論，請參見Ayoub, The Qur'an and Its Interpreters, vol. 1, p. 49.

8 "Jonathan Miller" in The Yale Book of Quotations, edited by Fred R. Shapiro (New Haven: Yale University Press, 2006), p. 518.

9 Fazlur Rahman, Major Themes of the Qur'an (Chicago: University of Chicago Press, 1980), p. 166.

第二章　一個美國人到東方

1 Carla Power, "An American Childhood in Afghanistan," Vogue, December 2001, p. 86.

2 James A. Bill, The Eagle and the Lion: The Tragedy of American-Iranian Relations (New Haven: Yale University Press, 1988), pp. 182–83.

3 Charlotte Curtis, "Neighbors Go Visiting in Iran's Tents," New York Times, October 16, 1971.

4 Jalal Al-e Ahmad, Plagued by the West (Gharbzadegi), translated by Paul Sprachman (Delmor, NY: Columbia University Center for Iranian Studies, 1982), p. 67.

5 Bill, Eagle and the Lion, p. 381.

6 Mojtaba Mahdavi, "Ayatollah Khomeini," in The Oxford Handbook of Islam and Politics, edited by John L. Esposito and Emad El-Din Shahin (New York: Oxford University Press, 2013), p. 183.

7 Edward Giradet, Afghanistan: The Soviet War (New York: Routledge, 2011), p. 94.

8 Edward W. Said, Orientalism: Western Conceptions of the Orient (Penguin Books, 1978), epigraph.

9 Carla Power, "City of Secrets," Newsweek International, July 13, 1998, p. 14.

10 Power, "City of Secrets," p. 13.

第三章　一個穆斯林到西方

1 Malise Ruthven, A Satanic Affair: Salman Rushdie and the Rage of Islam (London: Chatto and Windus, 1990), p. 2.

2 MyBeliefs.co.uk，存取於March 20, 2014, http://mybeliefs.co.uk/2012/04/26/dr-akram-nadwis-disastrous-mistake/.

3 Akram Nadwi's Strange Views, akramnadwi.wordpress.com/2012/09/18/akram-nadwis-strange-views-onseggregation/[sic].

4 Robin Wright, "Don't Fear All Islamists, Fear Salafis," New York Times, August 19, 2012，存取於April 13, 2014, www.nytimes.com/2012/08/20/opinion/don't-fear-all-islamists-fear-salafis.html?_r=0

5 請參見"Rejected 'Modernism': Women Speakers Addressing Mixed Gatherings,"存取於March 20, 2014, www.central-mosque.com/index.php/Civil/free-mixing.html.

6 原文引自Karen Armstrong, Muhammad: A Biography of the Prophet (San Francisco: HarperSanFrancisco,

7 1992), p. 89.

8 John L. Esposito and Dalia Mogahed, Who Speaks for Islam? What a Billion Muslims Really Think (New York: Gallup Press, 2007) p. 11.

9 Ibn Ishaq, The Life of Muhammad, translated by Alfred Guillaume (Oxford: Oxford University Press, 1955), p. 232.

10 Shariati, preaching against the Shah's regime: 請參見，Shariati's lecture "Approaches to the Understanding of Islam" in On the Sociology of Islam: Lectures by Ali Shariati, translated by Hamid Algar (Oneonta: Mizan Press, 1979), p. 3.

11 Armstrong, Muhammad, pp. 29– 38.

12 Ibid., p. 37.

13 Shaykh Mohammad Akram Nadwi, Rites of Purification, Prayers and Funerals, vol. 1 of Al-Fiqh Al-Islami According to the Hanafi Madhhab (London: Angelwing Media 2007), p. 289.

14 Jonathan A. C. Brown, Muhammad: A Very Short Introduction (Oxford: Oxford University Press, 2011), pp. 99–100.

15 Fay Weldon, Sacred Cows (London: Chatto & Windus, 1989), p. 6.

第四章　前往印度穆斯林學校的公路旅行

1. Carla Power, "The Muslim Moderator," Newsweek International, August 19, 2002, p. 57.
2. Mohammad Akram Nadwi, al-Muhaddithat: The Women Scholars in Islam (Oxford: Interface Publications, 2013), p. 40.
3. "Text: President Bush Addresses the Nation," Washington Post, September 20, 2001，存取於March 20, 2014, http:// www.washingtonpost.com/wp-srv/nation/specials/attacked/transcripts/bushaddress092001.html.
4. Muhammad Qasim Zaman, The Ulama in Contemporary Islam: Custodians of Change (Princeton: Princeton University Press, 2002), p. 69.
5. Nadwi, Madrasah Life, p. 95.

第五章　一個移民的禮拜墊

1 Muhammad Akram Nadwi, "Manners in Islam,"演講講義，未出版。

2 請參見Olivier Roy對激進化的解釋，Globalised Islam: The Search for a New Ummah (London: Hurst, 2004), pp. 308–19.

第六章　穆斯林家庭在牛津

1 Asfaneh Najmabadi, "Feminism in an Islamic Republic: 'Years of Hardship, Years of Growth,' " in Islam, Gender and Social Change, edited by Yvonne Yazbeck Haddad and John L. Esposito (New York: Oxford University Press, 1998), p. 60.

2 Thomas Cleary, The Quran: A New Translation (Chicago: Starlatch, 2004), 5:91.

3 Cleary, Quran, 31:18.

4 Virginia Woolf, "Professions for Women," in The Death of the Moth and Other Essays (Middlesex: Penguin Books, 1961), p. 202.

5 Nadwi, al-Muhaddithat, p. 37.

第七章　被遺忘的九千名女人

1 Power, "City of Secrets," p. 11.

2 在阿卡蘭之前，至少有兩名伊斯蘭歷史編纂家，寫過關於一小群女性聖訓專家的歷史。一個世紀前，知名德國東方學家伊格納茲・戈德齊赫（Ignaz Goldziher）估計中世界穆斯林學者有百分之十五為女性。一九九四年，耶路撒冷希伯來大學的學者魯斯・洛迪德（Ruth Roded）出版關於伊斯蘭教傳記裡的女性的研究專書，Women in Islamic Biographical Collections: From Ibn Sa'd to Who's Who.

3 Nadwi, al-Muhaddithat, p. 16.

4 Power, "Secret History."
5 Nadwi, al-Muhaddithat, p. 144.
6 Ibid., pp. 57, 75, 112, 169, 201.
7 Power, "Secret History."
8 Ibid.
9 Ibid.

第八章 「小玫瑰」

1 Muhammad Ibn Sa'd, The Women of Madina, translated by Aisha Bewley (London: Ta- Ha Publishers, 1995), p. 46.
2 Armstrong, Muhammad, p. 80.
3 Ibn Sa'd, Women, p. 56.
4 Ibid., p. 69.
5 Leila Ahmed, Women in Gender in Islam: Historical Roots of a Modern Debate (New Haven: Yale University Press, 1992), p. 73.
6 Ibn Sa'd, Women, p. 43.
7 Ibid., p. 44.
8 Ibid., p. 46.
9 Asma Afsaruddin, The First Muslims: History and Memory (Oxford: One world Publications, 2008), p. 66.
10 Hadith no. 493 in "Chapter no. 9, Book of Virtues of the Prayer Hall," last modified March 28, 2014, www.ahadith.co.uk/chapter.php?cid=33 & page=3，存取於March 28, 2014.

11 Leila Ahmed, "Women and the Rise of Islam," in The New Voices of Islam: Reforming Politics and Modernity: A Reader, edited by Mehran Kamrava (London: I. B. Tauris, 2006), p. 183.

12 Nadwi, al-Muhaddithat, p. 195.

13 Tamar Kadari, "Rebekah: Midrash and Aggadah," in Jewish Women: A Comprehensive Historical Encyclopedia, edited by Paula E. Hyman (Jerusalem: Shalvi Publishing, 2006), 線上存取於March 28, 2014, http://jwa.org/encyclopedia/article/rebekah-midrash-and-aggadah.

14 "Mary," 最後修改於August 2, 2011，存取於April 1, 2014, http: www.bbc.co.uk/religions.

15 Carla Power, "Nujood Ali and Shada Nasser: The Voices for Children," Glamour, November 13, 2008，存取於April 26, 2014, www.glamour.com/inspired/women-of-the-year/2008/nujood-ali-and-shada-nasser.

第九章　穿戴面紗和脫下面紗

1 Armstrong, Muhammad, p. 197.

2 Muhsin Khan, trans., Quran, chapter 24, "surat l-nur (The Light)," on corpus.quran.com/translation.jsp?chapter=24&verse=31，存取於April 28, 2014.

3 Ahmed, "Women and the Rise of Islam," p. 191.

4 Wadud, Inside the Gender Jihad, p. 219.

5 Fatima Mernissi, Beyond the Veil: Male-Female Dynamics in Muslim Society, rev. ed. (London: Al Saqi Books, 1985), xvii.

6 Joan Wallach Scott, The Politics of the Veil (Princeton: Princeton University Press, 2007), p. 55.

7 Carla Power, "Taking Baby Steps, for Safety's Sake," Newsweek International, December 28, 1998, p. 16.

8 Carla Power, "Indecent Exposure," Time, November 8, 2007，存取於April 26, 2014, content.time.com/time/ magazine/article/0,9171,1682277,00.html.

9 Cleary, Quran, 2:223.
10 Cleary, Quran, 2:223 (Medina: Ministry of Hajj and Endowments, Kingdom of Saudi Arabia, 1989).
11 Scott Siraj al-Haqq Kugle, "Sexuality, Diversity and Ethics," in Progressive Muslims: On Justice, Gender and Pluralism, edited by Omid Safi (Oxford: Oneworld Publications, 2003), p. 193.
12 Tom Peck, "Timothy Winter: Britain's Most Influential Muslim — And It Was All Down to a Peach," Independent, August 20, 2010，存取於April 29, 2014, www.independent.co.uk/news/people/profiles/timothy-winter-britains-most-influential-muslim-and-it-was-all-down-to-a-peach-2057400.html.
13 Omid Safi, Memories of Muhammad: Why the Prophet Matters (HarperCollins e-books, 2009), p. 107.
14 轉引自演講講義"What Every Muslim Woman Should Know" by Mohammad Akram Nadwi, at Discover Islam UK, Parsons Green, London, March 9, 2013.
15 Said, Orientalism, rev. ed. (London: Penguin Books, 1995), p. 3.
16 Monica Mark, "Nigeria's Yan Daudu Face Persecution in Religious Revival," Guardian, June 11, 2013, p. 21.

第十章　解讀〈婦女章〉

1. "Decoding the 'DNA of Patriarchy' in Muslim Family Laws," Musawah，存取於March 28, 2014, http://www.musawah.org/decoding-dna-patriarchy-muslim-family-laws.
2. Muhammad Marmaduke Pickthall, trans., The Meaning of the Glorious Quran (Dublin: Mentor Books), 4:34.
3. Aslan, No god but God, p. 70.
4. Virginia Woolf, A Room of One's Own (New York: Harcourt Brace Jovanovich, 1929), p. 112.
5. William Blackstone, Commentaries on the Laws of En gland, book 1, chapter 15 (London: 1765)，存取於April 29, 2014, www.ebooks.adelaide.edu.au/b/blackstone/william/comment/book1.15.html.

6. Aslan, No god but God, p. 62.
7. Cleary, Quran, 4:14.
8. Woolf, Room, p. 21.
9. Ibid, p. 23.
10. Ibid., p. 22.
11. Rachel Adler, "The Jew Who Wasn't There," in On Being a Jewish Feminist: A Reader, edited by Susanne Heschel (New York: Schocken Books, 1983), p. 13.
12. 轉引自演講講義Nadwi, "Jinn — What Is Their Benefit to Humans?" February 23, 2013.
13. Wadud, Gender Jihad, p. 161; 以及Cleary, Quran, 30:21.
14. Ziba Mir-Hosseini, "Towards Gender Equality: Muslim Family Laws and the Shari'ah," in Wanted: Equality and Justice in the Muslim Family (Kuala Lumpur: Sisters in Islam, 2009), p. 29.
15. Cleary, Quran, 2:187.

第十一章　朝聖者的行進

1. Al-Salam Institute Umrah 2013 Course Handbook; 未出版文件, al-Salam Institute, 2014.
2. Malise Ruthven, Islam in the World (London: Granta Books, 2006), p. 14.
3. Cleary, Quran, 49:3.
4. Islam's Holiest Site 'Turning into Vegas,' " Independent, September 24, 2011，存取於April 12, 2014, www.independent.co.uk/news/world/middle-east/mecca-for-the-rich-islams-holiest-site-turning-into-vegas-2360114.html.

第十二章　耶穌、瑪利亞和《古蘭經》

1. Ingrid Mattson, The Story of the Quran: Its History and Place in Muslim Life (Oxford: Blackwell, 2008), pp. 192– 93.
2. Aslan, No god but God, p. 17.
3. 若要縝密探索各大信仰彼此討論的潛在陷阱與可能性，參見Amy-Jill Levine, The Misunderstood Jew: The Church and the Scandal of the Jewish Jesus (New York: HarperCollins, 2006). 儘管本書以基督教對猶太教的討論為主，書裡大致的主題，對伊斯蘭與早期一神信仰關係的討論仍有一針見血之效。
4. Cleary, Quran, 3:67.
5. Cleary, Quran, 19:25-6
6. Cleary, Quran, 4:157.
7. Martin Lings, Muhammad: His Life Based on the Earliest Sources (Cambridge: Islamic Texts Society, 1991), p. 101.
8. Ibn Ishaq, The Life of Muhammad, p. 252.
9. Safi , Memories of Muhammad, p. 200.
10. Aslan, No god but God, p. 100.

第十三章　超越政治

1. Safi , Memories of Muhammad, p. 200.
2. www.pbs.org/newshour/updates/military-july-dec96-fatwa-1996/，存取於April 12, 2014; 以及Cleary, Quran, 3:102.
3. Tariq Ramadan, In the Footsteps of the Prophet: Lessons from the Life of Muhammad (Oxford: Oxford University Press, 2007), p. 87.
4. Aslan, No god but God, p. 94.
5. Armstrong, Muhammad, p. 163.

6. "Befriending Christians and Jews," The Religion of Peace，存取於 April 12, 2014, www.thereligionofpeace.com/Quran/009-friends-with-christians-jews.htm.
7. "Islam Question and Answer; General Supervisor: Shaykh Muhammad Saalih al-Munajjid," 存取於 April 12, 2014, http://islamqa.info/en/59879.
8. See Roy, Globalised Islam, pp. 148– 201.

第十四章　法老和他的妻子

1. 穆罕默德・杜拉的影片始終各執一詞。二〇一三年，以色列政府公布對影片的調查結果，宣稱，「沒有證據顯示賈瑪爾（Jamal）和男孩所謂的傷和〔以色列國防軍〕有任何關聯。」
2. 轉引自"A Collection of Hadith on Non-Violence, Peace and Mercy," 存取於 April 28, 2014, www.sufism.org/foundations/hadith/peacehadith-2.
3. Lings, Muhammad, p. 254.
4. Lawrence Wright, "The Man Behind Bin Laden," New Yorker, September 16, 2002，存取於 April 12, 2014, www.newyorker.com/archive/2002/09/16/020916fafact2.
5. Gilles Kepel, Muslim Extremism in Egypt: The Prophet and Pharaoh (Berkeley: University of California Press, 1985), p. 50.
6. Cleary, Quran, 66:11.
7. Kepel, Prophet and Pharaoh, p. 12.
8. Malise Ruthven, A Fury for God: The Islamist Attack on America (London: Granta Books, 2002), p. 91.
9. John Calvert, "'The World Is an Undutiful Boy!': Sayyid Qutb's American Experience," Islam and Christian-Muslim Relations, vol. 11, no. 1, pp. 87–103.
10. www.constitutionofmadina.com, accessed April 28, 2014.

第十五章　戰爭故事

1. 請參見Jonathan Steele, Ghosts of Afghanistan: The Haunted Battleground (London: Portobello Books, 2011).
2. Carla Power, "In the Realm of the Angels," Newsweek International, February 18, 2001，存取於April 13, 2014, www.newsweek.com/realm-angels-155563.
3. Cleary, Quran, 4:76.
4. John L. Esposito, The Future of Islam (New York: Oxford University Press, 2010), p. 49.
5. Bruce Lawrence, The Qur'an: A Biography (Atlantic Books, 2006), p. 181.
6. Marc Sageman, "The Normality of Global Jihadi Terrorism," Journal of International Security Affairs, Spring 2005: 8，存取於April 13, 2014, www.securityaffairs.org/issues/200508/sageman.php .
7. Sayyid Qutb, Milestones，存取於April 12, 2014, majalla.org/books/2005/qutb-nilestone[sic].pdf, p. 48.
8. "Questions & Answers with Shayk Abu Hamza," 發布於March 8, 2002 (7:16a.m.), www.angelfire.com/bc3/johnsonuk/eng/abuhamza.html.
9. Carla Power, Christopher Dickey, et al., "Generation M," Newsweek (Atlantic edition), December 1, 2003，存取於April 12, 2014, www.highbeam.com/doc/1G1-110537991.html.
10. Akbar S. Ahmed, Discovering Islam: Making Sense of Muslim History and Society (Routledge and Kegan Paul, 1988), p. 16.
11. Carla Power and Christopher Dickey, "Muhammad Atta's Neighborhood," Newsweek, December 16, 2002, p. 45.

第十六章　最後一課

1. Allama Muhammad Iqbal, 1914, www.poemhunter.com/allama-muhammad-iqbal/biography/，存取於April 11, 2014.
2. Muhammad Asad, The Road to Mecca (New York: Simon and Schuster, 1954), p. 55.

3. Asad himself told the anecdote to the Islamic Information Service in an interview, "God Man Relationship — Part 2," available on YouTube.
4. Talal Asad, "Muhammad Asad Between Religion and Politics," 存取於 April 12, 2014, www.interactive.net.in/content/muhammad-asad-between-religion-and-politics.
5. Asad, Road to Mecca, p. 308.
6. Ibid., p. 309.

結語　永恆回歸

1. "Part of an Interview with Abdalhaqq Bewley," accessed April 10, 2014, bewley.virtualave.net/interview2.html.
2. Shabbir Ahmed Sayeed and Anand Prakash, "The Islamic Prayer (Salah/Namaaz) and Yoga Togetherness in Mental Health," Indian Journal of Psychiatry, January 2013, 55 (Suppl. 2)，存取於 April 10, 2014, www.ncbi.nlm.nih.gov/pmc/articles/PMC3705686/.
3. Salman Rushdie, "Imaginary Homelands," in Imaginary Homelands: Essays and Criticism 1981–1991 (London: Penguin Books,1992), p. 17.
4. Mustafa Akyol, Islam Without Extremes: A Muslim Case for Liberty (New York: W. W. Norton, 2011), pp. 139–41.
5. "Muslim Americans: No Signs of Growth in Alienation or Support for Extremism" (Pew Research Center, August 2011)，存取於 April 28, 2014, www.people-press.org/2011/08/30/muslim-americans-nosigns-of-growth-in-alienation-or-support-for-extremism/.
6. A. C. Grayling, Ideas Th at Matter: A Personal Guide for the 21st Century (London: Weidenfeld and Nicolson, 2009), p. 164.
7. Salman Rushdie, "Is Nothing Sacred?" in Imaginary Homelands, p. 429.

誌謝

「謝赫」莫哈瑪德．阿卡蘭．納德維及家人慷慨地與我分享他們的時間、知識和無私精神。感謝你們耐心、和善地接受無數小時的訪問、作客，以及這個計畫對你們的其他打擾。

感謝雅祖．艾哈邁德、Tara Bahrampour、布魯斯．勞倫斯教授、梅如妮夏．蘇樂曼，以及Justine Thody對書稿的細心批評。感謝Jane Eesley牧師為基督教對猶太教的討論提供清晰脈絡。感謝Tom Gouttiere提供對一九七〇年代末期喀布爾的建設性洞察。感謝Selina Mills對寫作架構的犀利指導。感謝所有在寫作計畫期間給予支持和鼓勵的人，尼娜．博曼、Sarita Choudhury、Hanna Clements、Caroline Douglas-Pennant、Amy Dulin、Rana Foroohar、Jill Herzig，以及Liz Unna。特別感謝Anne Treeger，尤其是妳的畫作《墨海裡的簡愛》（*Jane Eyre in Oceans of Ink*）。

Irene Skolnick對我當初想法的鼓勵催生了這本書，並且介紹我認識了我的經紀人「作家的神仙教母」Erin Harris，對此我由衷感激。

感謝亨利・霍爾特出版（Henry Holt）的Paul Golob的忠告與敏銳觀察，還有我的編輯Emi Ikkanda以專業、謹慎和熱忱，獨力恢復我對當代出版過程的信心。

最後，安東尼・席立（Seely）和茱利亞與妮可・席立—鮑爾（Seely-Power），我對你們的感謝言語無法形容。

中英文對照表

三劃

女宗教學者	alima
《女聖訓專家：伊斯蘭的女性學者》	al-Muhaddithat: The Women Scholars in Islam
小玫瑰	Humayra
《小朝課程手冊》	Umrah Course Handbook

四劃

不信道者	kafir
巴斯拉	Basra
巴德爾丁·穆罕默德·迦濟	Badr al-Din Muhammad al-Ghazzi

五劃

以物配主	shirk
以薩	Isa
以薩，基督教傳統名為耶穌	Isa
卡巴聖殿	Kaaba
卡拉庫爾帽	karakul hat
古萊須	Quraysh
《古蘭經》〈光明章〉	Nur
《古蘭經》〈至仁主章〉	Al-Rahman
《古蘭經和女人》	Quran and Woman
《古蘭經》〈治權章〉	Dominion
《古蘭經》背誦者、背誦者	hafiz
《古蘭經》〈開端章〉	Al-Fatiha

《古蘭經》〈隊伍〉	al-Zumar
《古蘭經》〈婦女章〉	An-Nisa
《古蘭經》〈雅辛章〉	Ya Sin
《古蘭經》詮釋學	tafsir
《古蘭經》〈筵席〉	The Table
《古蘭經》〈精靈章〉	Surat al-Jinn
《古蘭經》〈儀姆蘭的家屬〉	The Family of Imran
史考特・西拉吉・哈各・庫格爾	Scott Siraj al-Haqq Kugle
市集	bazaar
布哈里聖訓集	Bukhari
札卡里亞	Zakariah
札卡里亞，基督教傳統名為撒迦利亞	Zakariah
正直女子穆斯林學校	Madrasat al-Salihat
瓦里烏拉	Waliullah

六劃

伊夫提哈爾	Iftikhar
伊本—泰彌亞	Ibn Taymiyya
伊本—舒卜魯瑪	Ibn Shubruma
伊朗罩袍、罩袍	chador
伊斯瑪儀勒	Ismail
伊斯蘭之地	Dar al-Islam
伊斯蘭法律	Sharia Law
伊斯蘭法律專家	mufti
伊斯蘭法學	fiqh
伊斯蘭法學家	faqih
《伊斯蘭的女人和性別》	Women and Gender in Islam
《伊斯蘭教的女性和宗教知識傳播》	Women and the Transmission of Religious Knowledge in Islam
伊斯蘭解放黨	Hizb-ut-Tahrir
伊斯蘭團	Jama’at al-Islamiya

伊瑪目穆罕默德・賓—伊斯瑪儀勒・布哈里	Imam Muhammad b. Ismail al- Bukhari
伍斯曼	Uthman
先知傳統、傳統	sunna
全蒙面式罩袍	burqa
安瓦爾・沙達特	Anwar Sadat
安海爾・賽義德・穆爾希	Anhar Sayyad Mursi
有經書的子民	Ahl-e-Kitab
朱哈	Joha

七劃

努赫	Nuh
努赫，基督教傳統名為諾亞	Nuh
沙納瓦茲・阿蘭	Shahnawaz Alam
沙魯克罕	Shah Rukh Khan
男女分隔制度	purdah
男性監護人	mahram
《里程碑》	Milestones

八劃

亞俄固卜，基督教傳統名為雅各	Yacub
受戒狀態、戒衣	ihram
宗教學者、伊斯蘭學者	alim
宗教學者、伊斯蘭學者（複數）	ulama
宗教導師、毛拉	mulla
披巾	dupatta
易卜拉欣，基督教傳統名為亞伯拉罕	Ibrahim
易斯哈格，基督教名為以撒	Ishaq
法蒂瑪・巴泰希亞	Fatimah al-Bataihiyyah
法蒂瑪・莫妮茜	Fatima Mernissi
法蒂瑪・賓特—雅赫亞	Fatima bint Yahya
法蒂瑪・賓特—薩俄德・亥爾	Fatimah bint Sa’d al-Khayr

法蒂瑪・撒馬罕迪亞	Fatimah al-Samarqandiyyah
社群、穆斯林社群	umma
邵德部族	al-Saud
長袍	thobe
阿扎姆加爾	Azamgarh
阿布—巴克爾	Abu Bakr
阿布—巴克爾・夏特里	Abu Bakr al-Shatri
阿布—瓦克特・阿布杜—阿瓦勒・賓—以薩・哈拉威・希吉濟	Abu al-Waqt ‘Abd al-Awwal b. Isa al-Harawi al-Sijzi
阿布杜拉・塔勒里・夏米	Abdullah al-Talli al-Shami
阿布杜哈各・布雷	Abdalhaqq Bewley
阿布杜—迦尼・納布盧希	Abd al-Ghani al-Nabulusi
阿布—法斯・穆罕默德・賓—阿比—哈珊・伊斯坎達里	Abu al-Fath Muhammad b. Abi al-Hasan al-Iskandari
阿布—阿巴斯・阿赫瑪德・賓—阿比—塔里布・哈賈爾	Abu al-Abbas Ahmad b. Abi Talib al-Hajjar
阿布—阿布迪拉・胡笙・賓—穆巴拉克・札比迪	Abu Abdillah al-Husayn b. al-Mubarak al-Zabidi
阿布—阿布迪拉・穆罕默德・賓—優素夫・賓—瑪塔爾・菲拉卜里	Abu Abdillah Muhammad b. Yusuf b. Matar al-Firabri
阿布—阿拉・毛杜迪	Abu l’Ala Maududi
阿布—哈尼法	Abu Hanifa
阿布—哈珊・阿布杜—拉赫曼・賓—穆罕默德・賓—穆札法爾・達伍迪	Abu al-Hasan Abd al-Rahman b. Muhammad b. al-Muzaffar al-Dawudi
阿布—胡萊拉	Abu Huraira
阿布—納斯爾・哈提卜	Abu al-Nasr al-Khatib
阿布達勒—哈基姆・穆拉德	Abdal Hakim Murad
阿布—漢姆札・瑪斯里	Abu Hamza al-Masri
阿布—穆罕默德・阿布杜拉・賓—罕穆雅・薩拉赫希	Abu Muhammad Abdullah b. Hammuyah al-Sarakhsi
阿布—蘇斐揚	Abu Sufyan
阿伊夏	Aisha

阿伊夏・布黎	Aisha Bewley
阿伊夏・賓特—伊本—阿布杜—哈迪	Aisha bint Ibn Abd al-Hadi
阿米娜・瓦杜德	Amina Wadud
阿克巴爾	Akbar
阿里	Ali
阿里・夏里亞提	Ali Shariati
阿里・穆塔基	Ali Muttaqi
阿思瑪・賽伊德	Asma Sayeed
非友即敵	al-wala wa al-bara

九劃

信仰	imaan
哈卡尼亞穆斯林學校	Madrasa Haqqania
哈姆札・優素夫	Hamza Yusuf
哈提卜・巴格達迪	al-Khatib al-Baghdadi
哈菲茲	Hafez
哈菈	Hala
哈蒂嘉	Khadija
哈嘉爾	Hajar
宣禮員	mu'adhdhin
炫耀	riyaa
耐心	sabr
胡代比亞和約	Treaty of Hudaybiyah

十劃

夏芭娜	Shabana
夏菲儀	Shafi
娜迪雅	Nadia
《家庭關係法》	al-Mudawwana
烏姆—妲爾達	Umm al-Darda

烏姆—基蘭姆・卡里瑪・賓特—阿赫瑪德・伊本—穆罕默德・伊本—哈提姆・瑪爾瓦濟亞	Umm al-Kiram Karimah bint Ahmad ibn Muhammad ibn Hatim al-Maarwaziyyah
烏姆—撒拉瑪	Umm Salamah
烏胡德之役	Battle of Uhud
真主、阿拉、安拉	Allah
祖拜爾	Zubair
祖蕾哈	Zuleikha
神聖宗教	Din-i-Ilahi
神學士	Talib
神獸布拉克	Buraq
納吉姆丁・穆罕默德・迦濟	Najm al-Din Muhammad al-Ghazzi
納德維	Nadwi
虔信、虔信精神	taqwa
馬利哈巴德路	Malihabad Road
馬亞迪	Maadi

十一劃

副朝	umra
婚外性行為	zina
密契主義者	mystic
教養、穆斯林的教養	adab
紹爾洞穴	Cave of Thawr
莎米娜	Samina
莎爾瓦卡米茲	shalwar kameez
莫哈瑪德・阿卡蘭・納德維	Mohammad Akram Nadwi
章、篇章	sura
《麥加之路》	The Road to Mecca

十二劃

凱塔薩賴	Khetasarai
勞達	Rawdah

提拉清真寺	Tila Mosque
智慧	hikma
朝聖	hajj
朝聖者	hajji
雅祖・艾哈邁德	Arzoo Ahmed
雅斯里卜	Yathrib
雅赫亞，基督教傳統名為施洗者約翰	Yahya

十三劃

傳述鏈	isnad
傳記	sira
塔拉勒	Talal
愛德華・薩依德	Edward Said
督恩特快車	Doon Express
《萬物非主，唯有真主》	No god but God
《聖母進祭祀殿堂》	Presentation of Mary in the Temple
聖訓專家	muhaddith
聖戰、奮戰	jihad
聘禮	mehr
號召	dawa
誠信者	Siddiqeen
賈米	Jami
賈拉勒・艾哈邁德	Jalal Al-e-Ahmad
賈漢國王	Shah Jahan
跡象	aya
達吾德，基督教傳統名為大衛	Daoud
雷薩・阿斯蘭	Reza Aslan

十四劃

嘎札里	Ghazali
圖爾基・費薩爾親王	Prince Turki al-Faisal
對神的敬仰	ibada

漢巴里	Hanbali
滲滲泉	Zamzam spring
瑪立基	Maliki
瑪爾嫣	Maryam
精靈	jinn
蒙昧時期	jahiliyya
領袖	amir

十五劃

寬鬆罩袍	jilbab
審判日	Day of Requital
德奧班德教派	Deobandi
德奧班德學院	Darul Uloom Deoband
歐米德・薩菲	Omid Safi
遷徙	hijra

十六劃

學問	ilm
戰爭之地	Dar al-Harb
穆巴拉克	Hosni Mubarak
穆札米勒	Muzzammil
穆罕默德・伊各巴勒	Muhammad Iqbal
穆罕默德・杜拉	Mohammed al-Durrah
穆罕默德・阿塔	Mohammed Atta
穆罕默德・阿薩德	Muhammad Asad
穆罕默德・馬默杜克・皮克索爾	Muhammad Marmaduke Pickthall
穆罕默德・賓—阿布杜—拉札克・哈提卜	Muhammad b. Abd al-Razzaq al-Khatib
穆罕默德・賓—嘎希姆	Muhammad bin Qasim
穆罕默德・穆爾西	Mohamed Morsi
穆斯林學校	madrasa
穆斯塔法・阿克約爾	Mustafa Akyol

穆薩，基督教傳統名為摩西	Musa
頭巾	hijab
駱駝之役	Battle of the Camel

十七劃

蕾拉・艾哈邁德	Leila Ahmed
《薔薇園》	Gulistan
講道	khutbah
謝赫優素夫・卡拉達維	Sheikh Yusuf Qaradawi
賽義德—古特卜	Sayyid Qutb

十八劃

禮拜方向	qibla
禮薩・汗	Reza Shah
薩米・哈克	Sami-ul-Haq
薩迪	Saadi
薩菲婭	Safiyya

十九劃

《關於穆罕默德》	Memories of Muhammad
麗莉・慕尼爾	Lily Munir

二十劃

勸從伊斯蘭之地	Dar al-Dawa
蘇菲主義	Sufism
蘇菲行者	Sufi
蘇菲道團	Sufi order

二十四劃

靈修	itikaf

認識伊斯蘭 02

古蘭似海

用生活見證伊斯蘭聖典的真諦（二版）

If the Oceans Were Ink : An Unlikely Friendship and a Journey to the Heart of the Quran

作　　者　卡拉・鮑爾（Carla Power）
譯　　者　葉品岑
編　　輯　王家軒、邱建智
協力編輯　黃楷君
校　　對　陳佩伶
排　　版　李秀菊

企劃總監　蔡慧華
行銷專員　張意婷
社　　長　郭重興
發 行 人　曾大福
出版發行　八旗文化／遠足文化事業股份有限公司
地　　址　新北市新店區民權路108-3號8樓
電　　話　02-22181417
傳　　真　02-86671065
客服專線　0800-221029
信　　箱　gusa0601@gmail.com
Facebook　facebook.com/gusapublishing
Blog　gusapublishing.blogspot.com
法律顧問　華洋法律事務所／蘇文生律師

封面設計　蕭旭芳
印　　刷　前進彩藝有限公司
定　　價　520元
二版一刷　2023年2月
ISBN　978-626-7129-39-5（紙本）、978-626-7234-18-1（EPUB）、978-626-7234-17-4（PDF）

國家圖書館出版品預行編目（CIP）資料

古蘭似海：用生活見證伊斯蘭聖典的真諦／卡拉・鮑爾（Carla Power）著；葉品岑譯. -- 二版. -- 新北市：八旗文化出版：遠足文化事業股份有限公司發行, 民112.02　面；　公分. --（認識伊斯蘭；2）
譯自：If the oceans were ink : an unlikely friendship and a journey to the heart of the Quran.
ISBN 978-626-7129-39-5（平裝）

1.CST: 鮑爾 (Power, Carla) 2.CST: 可蘭經 3.CST: 傳記 4.CST: 伊斯蘭教

258　　111008570